国家社科基金项目
西藏民族大学中国史博士点建设文库

丹曲 主编

杨学东 李祈越 著

# 西藏方志文献研究

学苑出版社

图书在版编目（CIP）数据

西藏方志文献研究 / 杨学东，李祈越著 . —北京：学苑出版社，2024.4

ISBN 978-7-5077-6943-2

Ⅰ.①西… Ⅱ.①杨… ②李… Ⅲ.①西藏—地方志—文献—研究 Ⅳ.① K297.5

中国国家版本馆 CIP 数据核字（2024）第 080010 号

出 版 人：洪文雄
责任编辑：杨　雷
出版发行：学苑出版社
社　　址：北京市丰台区南方庄 2 号院 1 号楼
邮政编码：100079
网　　址：www.book001.com
电子邮箱：xueyuanpress@163.com
联系电话：010-67601101（营销部）、010-67603091（总编室）
印 刷 厂：廊坊市印艺阁数字科技有限公司
开本尺寸：787 mm×1092 mm　1/16
印　　张：16
字　　数：245 千字
版　　次：2024 年 4 月第 1 版
印　　次：2024 年 4 月第 1 次印刷
定　　价：96.00 元

# 总 序

历史学是以研究人类社会的过去为起点，而以服务于当今时代发展为归宿，不了解历史则不了解当下。重视历史、研究历史、借鉴历史，是中华民族文化的优良传统，司马迁撰写《史记》旨在"网罗天下放失旧闻，王迹所兴，原始察终，见盛观衰"，司马光编纂《资治通鉴》目的在于"鉴前代之兴衰，考当今之得失"，都体现出历史学对社会发展的功用。中国共产党对于学习历史、研究历史给予高度重视。毛泽东、邓小平等老一代国家领导人都反复强调学习历史的必要性，从中汲取治国安邦的历史经验。2019年中国历史研究院成立，习近平总书记发去贺信，充分肯定了历史学在社会发展中的重要作用，强调今日的中国是对历史的继承和发展，新时代坚持和发展中国特色社会主义，更加需要系统研究中国历史和文化，更加需要深刻把握人类发展历史规律，在对历史的深入思考中汲取智慧、走向未来。学史明理、学史增信、学史崇德、学史力行，这是当前我党对全社会学习历史，尤其是学习党史提出的要求，为历史研究指明了方向，充分表明历史学科的重要性。

藏族历史与文化作为中华历史文明的重要组成部分，是中国历史文化研究的不可或缺的内容。在悠久的中华民族历史演进的长河中，藏族创造了古老灿烂的历史文化，尤其从元代西藏地方正式纳入中央政府统辖后，藏族同汉族和中国其他民族一起创造了更为绚丽多彩的中华文明。然而，一些分裂势力无视历史事实，肆意歪曲历史事实，散布西藏独立谬论，散布"文化灭绝论"，否认民主改革以来西藏经济社会发展的巨大变化，凡此种种行径在国内外都产生了不良影响。因此，加强以研究藏族历史与文化为特色的中国史学科具有十分重要的意义。

2020年，习近平总书记在中央第七次西藏工作座谈会上指出："要深入开展党史、新中国史、改革开放史、社会主义发展史教育，深入开展西藏地方和祖国关系史教育，引导各族群众树立正确的国家观、历史观、民族观、文化观、宗教观。"从西藏社会发展来看，研究历史、学习历史更是不可缺少的，认真研究西藏地方和祖国关系史、藏族史、藏族与其他少数民族关系史，澄清历史真相，旗帜鲜明地反对分裂，树立正确的历史观，是反分裂斗争的一大内容。

西藏民族大学自20世纪50年代建校以来，一直重视历史文化学科的建设，造就了一代接一代学术名家。在学科研究和教学不断发展提高的过程中，我校逐渐形成了自身的研究特色，产生不少重要科研成果。

西藏地方与中央政府关系的研究，是藏族史研究的重要内容，关系到西藏地方与祖国关系的重大问题，在反分裂势力斗争中具有重要地位。我校很早就重视该方向研究和教学，60年代初曾成立教研室，70年代末即组成由顾祖成主持的专门团队系统辑录整理《明实录》中的藏族史料，80年代初《明实录藏族史料》《清实录藏族史料》两部十三集正式出版。随后撰写了《西藏地方与中央政府关系史》《明清治藏史要》《西藏地方与中央政府关系简明教程》等，并相继出版，在学术界产生了广泛而良好的影响。截至目前，我校仍在继续深化研究这一重要课题，近几年来，围绕西藏地方与祖国关系史，连续获批了五项国家社会科学基金项目。

藏族传统文化与传承在我校中国史学科中也有深厚的基础，多年来，我们主要针对分裂势力蓄意散布的"文化灭绝论"，深入研究藏族历史文化，科研成果丰硕。出版的专著有《西藏审美文化》《西藏古代科技简史》《西藏密教史》《西藏佛教史》《甘肃藏族史》《藏传佛教萨迦派发展史》《清代藏学历史文献研究》《宋代民族法制相关问题研究》等，为新时代党的民族政策提供了历史佐证，同时推动了中华民族共同体基础性问题的研究进程。

藏族史学与文献作为基础学科，为藏族史研究提供着强有力的支持作用。孙林的《藏族史学发展史纲要》至今仍是本学科领域的权威著作，为本研究方向奠定了雄厚的基础。目前，我们正在进一步从事藏族文献翻译、藏族历史编纂学、藏族文献学的研究，力图将本研究领域推向更深层次，为澄清藏族历史、论证西藏历史上就是中国一部分提供客观的史料。

历史地理是中国史研究的重要内容，多年来本学科有不少学者从事西藏历史地理的研究，取得了丰富的成果。近年来，我校重点研究历史地理与旅游文化、佛教文化对历史地理影响等，与当前西藏社会发展紧密联系，不仅为中国史研究奠定了基础，还为西藏现代化建设提供了智力支持。

西藏经济史也是我校积累较为深厚的学科研究方向，出版了狄方耀的《西藏经济学概论》、陈崇凯的《西藏地方经济史》等优秀著作。目前，我们主要着眼于20世纪西藏经济史的研究，尤其关注西藏民主改革以后西藏经济发展历程，为批驳分裂势力的荒谬言论，同时也为西藏社会经济进一步发展提供政策支持。

我校中国史研究的五个方向都有深度的学术积累。我们研究方向与目标明确，五个方向相互配合，将历史与现实结合起来，紧紧围绕国家战略和西藏社会发展的重大战略需求，维护西藏社会稳定，促进西藏经济文化发展。

第一，通过深入挖掘、整理、分析史料，可以澄清历史事实，从根本上批驳分裂势力的谬论，维护祖国统一、促进民族团结，铸牢中华民族共同体意识。

第二，通过对藏族历史文化与传承的研究，能够清楚地展现藏族传统文化在当今社会得到很好的传承与发展的事实，增强藏族人民对党和国家的向心力，为国家的长治久安奠定基础。

第三，藏族是中华民族大家庭的重要一员，通过对藏族历史与文化的进一步深入研究，可以为书写整个中华民族的历史奠定一定的基础，推动中国史学科的发展。

2006年我校获得专门史硕士学位授权，2011年获得中国史一级学科硕士学位授权，目前开设中国古代史、历史文献学、中国近现代史、专门史四个二级学科，为西藏培养了不少优秀的人才。为了进一步推动学科发展，更好地服务于西藏社会发展，我们民族研究院组织专家学者分工合作编纂这套"中国史博士点建设文库"，旨在致力于中国史博士点建设，更好地推动我校学科建设之发展，推动我校历史学研究更上一层楼。这套丛书的编纂出版，既是对我校研究成果的展示，更包含了我们对学科发展的殷切期望。在党的二十大即将胜利召开之际，谨以这部丛书，作为我校科研的一份献礼。

丹曲

西藏民族大学民族研究院

2022 年 7 月 7 日

# 目 录

绪 论 ··········································································································· 1

## 第一章 西藏地理概况与政区沿革 ······················································ 5
 第一节 西藏地理概况 ·········································································· 5
 第二节 西藏政区沿革 ·········································································· 9

## 第二章 准噶尔乱藏与西藏方志编纂 ················································· 12
 第一节 李凤彩《藏纪概》 ································································ 12
 第二节 雍正《四川通志·西域》 ···················································· 17
 第三节 乾隆《雅州府志·西域》 ···················································· 20
 第四节 子铭氏《西域全书》 ···························································· 26

## 第三章 《西域全书》《西藏志》影响下的西藏方志编纂 ············· 44
 第一节 佚名《西藏志》 ···································································· 44
 第二节 佚名《西藏志考》 ································································ 46
 第三节 佚名《西藏考》 ···································································· 47
 第四节 张海《西藏纪述》 ································································ 50
 第五节 萧腾麟《西藏见闻录》 ························································ 53
 第六节 杨应琚《西宁府新志·武备志·西藏》 ···························· 61
 第七节 佚名《西藏记》 ···································································· 66
 第八节 陈克绳《西域遗闻》 ···························································· 70

## 第四章　廓尔喀侵藏与西藏方志编纂 76
第一节　马扬、盛绳祖《卫藏图识》 76
第二节　和琳、松筠、和宁《卫藏通志》 90
第三节　松筠《西招图略》(含《西藏图说》) 94
第四节　嘉庆《四川通志·西域志》 99

## 第五章　边疆危机与西藏方志编纂 104
第一节　黄沛翘《西藏图考》 104
第二节　山县初男《西藏通览》 113
第三节　许光世、蔡晋成《西藏新志》 130
第四节　马吉符《藏政撷要》 135
第五节　邵钦权《卫藏揽要》 140
第六节　陈观浔《西藏志》 142
第七节　胡炳熊《藏事举要》 146
第八节　尹扶一《西藏纪要》 148
第九节　石青阳《藏事纪要初稿》 150
第十节　洪涤尘《西藏史地大纲》 153
第十一节　蒙藏委员会《昌都调查报告》 162
第十二节　法尊《现代西藏》 166

## 第六章　川边改革、中央使藏与西藏方志编纂 171
第一节　刘赞廷西藏图志——以《昌都县图志》为中心 171
第二节　蓝世铤《西藏》、王维栋《西藏》 182
第三节　吴忠信《西藏纪要》 191

## 第七章　汉文西藏方志概述·········194
### 第一节　官修少私撰多·········194
### 第二节　藏事起藏志出·········195
### 第三节　大多属于简志·········197
### 第四节　所谓"方志"·········198

## 第八章　汉文西藏方志之比较研究·········199
### 第一节　纵向研究·········199
### 第二节　横向研究·········203

## 第九章　藏文西藏方志概述·········208
### 第一节　寺志·········208
### 第二节　地理志·········210
### 第三节　行路指南·········211

## 附　录·········213
### 一、《西藏志》抄本与刻本校勘举隅·········213
### 二、李梦皋《拉萨厅志》伪书考·········223
### 三、《中国地方志联合目录》著录西藏方志指瑕·········236
### 四、汉文西藏方志一览表·········242

# 绪 论

方志，是对一个地区自然、社会、人文诸事的历史与现状全面系统的记录，是中国特有的历史文献。

关于方志的起源众说纷纭，但比较一致的看法是，方志在宋代进入定型期，元明时期有了新发展。元代以纂修一统志著称后世。明代修志迅速发展，数量与种类皆有大幅增加。清代则把古代方志的纂修推向了顶峰，上自全国，下至省府州县乡镇，莫不有志。截至1949年，存世的历代方志8264种，其中清代5865种，[①]数量之多，范围之广，可谓空前。

中国方志的类型有主体与支流之分。主体类型按行政区划而定，全国性的为"一统志"，如《大明一统志》《大清一统志》；省级的为"通志"，如《河南通志》《陕西通志》等；州、府、县、乡、镇也各有州志、府志、县志、乡志和里镇志；此外，还有卫志、关志、盐井志、土司志等。支流类型就自然对象分有山志、水志、湖志、塘志、河志等，就人文对象分有书院志、古迹志、寺观志、游览志、路桥志等。另外，记一方之琐闻、轶事，兼及政治、经济、文化的杂志也属此类。

汉文西藏方志的编纂发轫于清初，至中华人民共和国成立前，共产生40余部。从全国范围来看，这个数量是极低的。即便如此，这些为数不多的西藏方志对于我们深入了解清代、民国时期西藏的政经诸事、山川道里、风土民俗、物产商贸等大有裨益。因此，每一部西藏方志都弥足珍贵，都值得我们格外重视。

有清一代，康熙、乾隆、嘉庆曾三次编纂《大清一统志》，每次纂修之前均

---

[①] 中国科学院北京天文台《中国地方志联合目录》，中华书局1985年。

通令全国各地先行纂修各类方志。特别是在雍正时期，颁布各省府州县志60年一修之令。由于最高统治者的大力提倡，编修方志在全国蔚然成风。与全国其他行省不同，清廷在西藏采取的是派出驻藏大臣、因俗而治的政策，这导致青藏高原没有规模庞大的汉人文官群体。加之占西藏主导地位的是佛教信仰与藏族文化，迥异于汉地的儒家文化传统，难以形成有计划、大范围修志的风气，而屈指可数的汉文西藏方志多因藏事骤起，由相关人员临时编纂，有极大偶然性。且多非官方主导，主要由个人完成。

康熙五十六年（1717年），准噶尔侵入西藏，拉藏汗身死。翌年，清廷派军入藏平定准噶尔，被准噶尔全歼于藏北。康熙五十九年（1720年），清廷又遣青海、四川两路大军入藏，准噶尔被彻底击溃，李凤彩《藏纪概》、子铭氏《西域全书》便与平定准噶尔与西藏善后相关。

乾隆初年至乾隆十六年前后，此时期西藏政局相对稳定，在《西域全书》《西藏志》等志书影响下，涌现出一批质量较高的汉文西藏方志，基于《西域全书》内容进行编纂者，如佚名《西藏志考》、佚名《西藏志》、佚名《西藏考》等。而张海《西藏纪述》、萧腾麟《西藏见闻录》、陈克绳《西域遗闻》则是根据《西藏志考》《西藏志》等书，再结合作者在西藏、康区驻守或转饷时的切身经历编纂而成。

乾隆末年，廓尔喀两次发动侵略战争，清廷两次派兵入藏平定廓尔喀。马扬与盛绳祖《卫藏图识》、佚名《卫藏通志》、松筠《西招图略》即与平定廓尔喀及藏内善后相关。

近代国门洞开，以英国为首的西方列强纷纷闯入，中国边疆亦出现了严重危机。此时期的有识之士，通过编纂西藏方志，积极向国人介绍西藏重要的战略地位，提醒国人关注西藏问题，共同谋划抚藏御英之策，如黄沛翘《西藏图考》、马吉符《藏政撷要》、邵钦权《卫藏揽要》、胡炳熊《藏事举要》、尹扶一《西藏纪要》、石青阳《藏事纪要初稿》、洪涤尘《西藏史地大纲》等。其间，帝国主义阵营中亦有专事西藏方志编纂，为侵略做准备者，如日本人山县初男《西藏通览》。

清末民初，中央政府经营川边地区，曾追随川滇边务大臣兼驻藏大臣赵尔丰固土安民、改土归流的刘赞廷以一己之力编纂了西康47县方志，其中涉及藏东地区方志17种。亦有时任蒙藏委员会委员长的吴忠信奉使入藏主持第十四辈达赖坐床典礼时对西藏实地考察后编纂的《西藏纪要》。以上几种西藏方志之编纂，同样与藏事密切相关。

本文研究的汉文西藏方志的地域范围：以清代、民国西藏地域范围为限；本文研究的时间范围：清代至民国。1985年出版的《中国地方志联合目录》是迄今为止收录地方志最为完备的工具书，所著录的西藏方志自然也较为全面与科学。本文研究的汉文西藏方志即以《中国地方志联合目录》著录为基础。同时，对其漏收者予以增补，误收者予以剔除。本文共研究汉文西藏方志48部，其中，清代19部，民国29部。

丰富的方志是研究中国历史文化不可或缺的历史文献，也是我们了解地情的重要资料。通过方志能够较为全面、系统、准确地了解社会发展的情况，能为今天研究问题、制定政策提供可靠历史依据。正因为如此，各级政府高度关注方志，十分重视旧志资料的整理、开发与利用。与此同时，学术领域的各个学科也顺应潮流，从不同的角度发掘、整理、研究方志，希望能为我国方志的开发利用提供不同思路。作为史志领域的学者和方志编纂工作者也日趋活跃起来，广泛开展方志的研究工作，并已取得了一些引人注目的成果。在此形势下，研究西藏方志不仅具有重要的学术理论价值，而且也有一定的现实意义。

# 第一章 西藏地理概况与政区沿革

方志综合记述了一个地区的自然、地理、政治、经济、文化等各方面的历史和现状，其中地理概况与政区沿革是方志最重要的记载内容。了解西藏的地理概况及行政区划的变迁，有助于我们把握西藏方志编纂和发展的脉络及特点。

## 第一节 西藏地理概况

西藏位于青藏高原的主体部分西藏高原上。西藏高原是由一系列巨大的山系、高原面、宽谷和湖盆组成。南北最长约 1000 千米，东西最宽达 2000 千米，总面积 120 多万平方千米，居全国第二位。西藏地处中国西南边疆，北界昆仑山、唐古拉山与新疆维吾尔自治区及青海省毗邻，东隔金沙江与四川省相望，东南接云南省，西临克什米尔地区，南与印度、尼泊尔、不丹、缅甸接壤，国境线长 2500 多千米。

### 一、高大的山系

西藏高原是世界屋脊青藏高原的核心，分布着许多知名的高大山系，大致按东西向排列，自北而南主要有四组：昆仑山，喀喇昆仑山—唐古拉山，冈底斯山—念青唐古拉山和喜马拉雅山脉。横断山脉沿南北向排列，一枝独秀。这些山脉在高原西端形成帕米尔"山结",在东端形成横断山"山束"。①

喜马拉雅山,位于西藏高原南侧,由许多平行的山脉组成,从南到北依次有锡伐利克山、小喜马拉雅山和大喜马拉雅山。后者又可分为三段:即普兰以西至印度南迦帕尔巴特峰为西喜马拉雅;普兰(纳木那尼峰)至亚东—帕里(绰莫拉利峰)为中喜马拉雅;亚东—帕里至雅鲁藏布江大拐弯(南迦巴瓦峰)为东喜马拉雅。东西长2400千米,南北宽200—300千米,平均海拔6000米以上,其中8000米以上的山峰有11座。世界第一高峰——海拔8848.86米的珠穆朗玛峰即雄踞于此,被人们称为地球"第三极"。喜马拉雅山主体部分,位于中国和印度、尼泊尔的交界线上,山上发育着巨大的现代冰川。在恒河众多支流的切割下,形成一条条深达数千米的峡谷通道,成为中国与印度、尼泊尔、不丹等邻国和南亚次大陆进行商业贸易与文化交流的捷径。

冈底斯—念青唐古拉山,位于西藏中部,是藏北与藏南、藏东南的分界线,也是西藏外流河与内流河的分界线。东起昌都嘉黎,东南与横断山伯舒拉岭相接,西至阿里狮泉河,南界印度河上源噶尔藏布和雅鲁藏布谷地,东西长约1400千米。主体是冈底斯山脉,有"众山之根"或"众水之源"的美誉,长约1040千米,主峰冈仁波齐海拔6714米,为著名的宗教神山。

喀喇昆仑山,是连接帕米尔高原和喜马拉雅山、唐古拉山的链环,位于青藏高原西北侧。它是仅次于喜马拉雅山脉的高大山脉,世界第二高峰乔戈里峰即耸立在这里。喀喇昆仑山口则是新疆通往克什米尔的交通孔道,喀喇昆仑山脉往东连接着唐古拉,后者是西藏与青海的界山,中国第一大河长江即发源于唐古拉山最高峰——海拔6621米的各拉丹冬峰。

昆仑山,耸立在青藏高原北部,东西长2500千米,南北宽150千米,是中国大陆中部地形的骨架,西藏和新疆之间的界山,有"亚洲脊柱"之称。

在西藏东部,则是南北向排列的横断山脉,高山与峡谷相间,自西至东依次为:伯舒拉岭—高黎贡山、怒江谷地,他念他翁山—怒山、澜沧江谷地,宁静山—

---

① 徐华鑫编著《西藏自治区地理》,西藏人民出版社1986年,第28—33页。

云岭，金沙江谷地，雀儿山—沙鲁里山、雅砻江谷地等。

西藏地区多山而且多高大山脉的自然地理环境，影响到西藏的植物种类、经济发展特征及与外界的联系规模。

## 二、河流与湖泊

西藏的河流，按其归宿划分，有四大水系：太平洋水系、印度洋水系、藏北内流水系和藏南内流水系。

太平洋水系由金沙江和澜沧江流域组成，位于西藏东部横断山地区，大致与山脉走向一致，呈北西—南东向。

印度洋水系所占面积52.7万余平方千米，占西藏外流水系总面积的89.6%，为太平洋水系面积的8.6倍，该水系有东流转而南流的河流，也有向西北方向外流的河流，主要包括雅鲁藏布江、怒江、吉太曲、察隅曲、丹龙曲、西巴霞曲、朋曲和朗钦藏布（象泉河）、森格藏布（狮泉河）等，相继汇入恒河、印度河。

藏北内流水系位于西藏北部，占西藏内流水系总面积的95.6%。其中较大的河流有汇入纳木错的测曲，汇入色林错的扎加藏布、扎根藏布，汇入鄂错的永珠藏布，汇入达则错的波仓藏布等。较大的河流多分布在本水系的东南部，且多为常年性河流。愈往北部，河流愈短小，且绝大多数为间歇性河流。

藏南内流水系，主要分布在喜马拉雅山以北，雅鲁藏布江流域以南地区。主要由玛旁雍错—拉昂错流域、佩枯错—错戳龙流域、错姆折林—定结错流域、多庆错—嘎拉错流域、羊卓雍错—普莫雍错—哲古错流域等组成。[①]

西藏湖泊面积广阔，数目众多。面积大于1平方千米的有612个，超过500平方千米的有7个，其中3个超过1000平方千米。西藏湖泊98%为内陆湖，只有极少部分属于外流湖。内陆湖绝大多数分布在藏北地区，色林错流域湖泊总面

---

① 中国科学院青藏高原综合科学考察队《西藏河流与湖泊》，科学出版社1984年，第5—9页。

积为3262平方千米，扎日南木错流域湖泊总面积为1147平方千米，纳木错流域湖泊总面积为1920平方千米，集中分布在今黑河至阿里公路以南的藏北南部地区。①

## 三、复杂的地形

西藏处在喜马拉雅山脉，昆仑山脉、唐古拉山脉和横断山脉的环抱之中，地形相对复杂，大致可分为四个地区类型。②

藏北高原地区：即"羌塘"地区，介于昆仑山脉、唐古拉山脉与冈底斯—念青唐古拉山脉之间，海拔在4500米以上，面积约占全区的三分之二，地面基本是连片的天然草场，成为西藏的主要牧业区，牲畜以绵羊、山羊和牦牛为主。只有在西部马甲藏布（孔雀河）、朗钦藏布及森格藏布河流，分布着面积不大的农业区。

藏南谷地地区：即一江三河地区，位于冈底斯山和喜马拉雅山之间，雅鲁藏布江从中穿过，形成以拉萨河、年楚河、尼洋河等众多支流河谷为中心的平原地带，是西藏农业生产的主要基地，雅鲁藏布江流域内的耕地约占全区耕地总面积的65%，土质良好，是西藏地方历史悠久的农区，人口密集。该区农作物品种多样，除了耐寒的青稞之外，还有小麦、豌豆、油菜以及蚕豆、荞麦、马铃薯等。

藏东高山峡谷地区：即横断山脉和金沙江、怒江、澜沧江三江流域地区，是西藏的农、林、牧混合区，农业占较大比重，林业资源丰富，水利潜能较大。森林和田野多分布在山腰，山顶常有终年不化的积雪，景色十分秀美。

喜马拉雅山地：这里汇聚着众多世界较高的山峰，平均海拔6000米左右。该区与印度、尼泊尔、不丹等国家接壤。山区西部气候干燥寒冷，植被稀少，东

---

① 中国科学院青藏高原综合科学考察队《西藏河流与湖泊》，科学出版社1984年，第115—120页。

② 西藏自治区概况编写组《西藏自治区概况》，西藏人民出版社1984年，第2—3页。

部则雨量充沛，植物茂盛。喜马拉雅山北斜面，以缓坡与藏南谷地相连，分布着广阔的低山丘陵和盆地，有一定的发展农牧业的条件。

## 第二节 西藏政区沿革

公元 7 世纪初，松赞干布完成了统一青藏高原诸部族的大业，建立起吐蕃王朝。据记载，松赞干布时，吐蕃被划分为"五茹六十一千户"，即卫茹、夭茹、叶茹、茹拉和苏毗茹。五茹基本覆盖了卫藏地区。五茹之外还包括象雄，大体包括今阿里地区。五茹及象雄各 10 个千户，苏毗茹 11 个千户，共计六十一千户。[①] 吐蕃的五茹和千户的划分是按地域而非按氏族，因而是超越氏族部落血缘关系的王朝行政机构。各千户之下又划分为若干个部落，这些部落实际上就是吐蕃王朝的一级行政机构。

元朝，吐蕃地区正式纳入了国家版图和直接治理的体系之内。既称吐蕃，也称乌思藏。元朝统治者主要靠笼络吐蕃佛教上层人士实施对吐蕃的管辖，故不在吐蕃设行省，而是特设一个中央机构——宣政院，将整个吐蕃地区作为宣政院的辖地。在宣政院下，设置三个官府分管吐蕃地区的军政事务。一是吐蕃等路宣慰使司都元帅府主要管辖今西藏昌都东部地区、四川阿坝、甘孜两个藏族自治州大部分地区；二是吐蕃等处宣慰使司都元帅府主要管辖今甘肃、青海两省的藏区和四川阿坝、甘孜两个藏族自治州北部地区；三是乌思藏纳里速古鲁孙等三路宣慰使司都元帅府，辖地包括前藏、后藏及阿里三部。西藏地方行政方面，元朝将西藏划分为十三万户，其中，后藏有六个万户：拉堆绛万户、拉堆洛万户、羊卓万户、香万户、曲弥万户、夏鲁万户，前藏有七个万户：雅桑万户、帕竹万户、达陇万户、蔡巴万户、止贡万户、嘉玛万户、甲域哇万户。从此，元朝在西藏的地

---

① 拉巴平措、陈庆英总主编，张云、林冠群主编《西藏通史·吐蕃卷》下，中国藏学出版社 2016 年，第 330—333 页。

方基层建置，就确定下来了。这样，西藏地方从下到上的政权建设基本完成，西藏同全国其他地方一样，纳入了元中央王朝的统一管辖体制。①

明朝在西藏的施政，基本上沿袭了元朝的政策。明政府通过乌思藏行都指挥使司、朵甘行都指挥使司及俄力思军民元帅府对西藏实施管辖。乌思藏行都指挥使司辖区包括前藏（今拉萨）、后藏（今日喀则）及其周边地区。朵甘行都指挥使司辖区包括今甘肃、青海藏族聚居区，西藏昌都，四川甘孜及阿坝部分地区，即传统地理概念上的"安多"和"康"两部分藏族聚居区。俄力思军民元帅府，元代译作"纳里速古鲁孙"，管辖整个阿里（今西藏阿里地区及境外拉达克）。元朝末期，绛曲坚赞取代萨迦正式建立帕木竹巴地方政权，成为西藏地区的实际统治者。明朝承认元朝对帕木竹巴首领绛曲坚赞的分封，令其继续管理地方军政与宗教实务。绛曲坚赞在元代十三万户基础上，推行新的行政区划制度，将全藏划分为日喀则、乃东、贡噶、琼结、仁蚌、沃喀等十三个宗（相当于内地的县）。宗的最高统治者称为"宗本"，三年一任，类似内地的流官。这是西藏地方政治结构上的一项创举，"宗"作为西藏地方基层行政单位一直保持实行到1959年。

清康熙五十九年（1720年），清政府接管西藏事务，彻底结束了蒙古和硕特部在西藏地区的统治，并从雍正五年（1727年）起在西藏设立驻藏大臣，加强对西藏的直接管理。雍正四年（1726年），清政府划分西藏和四川、云南疆界，将昌都、洛隆宗、桑昂曲宗等地划归西藏管辖；将中甸、阿墩子（德钦）、维西划归云南管辖；巴塘、里塘、德格等地划归四川管辖；雍正九年（1731年），清政府划分了驻藏大臣和青海办事大臣的管辖地界，将原属蒙古和硕特部管辖的藏北和黄河源以南的游牧部落79部族拆分，其中，39部族划归西藏。至此，西藏的疆域大体确定。清代以达赖喇嘛为首的西藏地方政府（噶厦）和以班禅额尔德尼为首的喇章，是统治西藏地方的最高行政机构，分驻于前藏拉萨和后藏日喀则。在他们所辖的地区，其行政组织可分为两级，即"宗"或"谿"，又合称为"宗谿"一级，以及在宗谿之下的基层组织"谿卡"（庄园）或部落（牧区）一级。有清一代，

---

① 赵云田《中国治边机构史》，中国藏学出版社2002年，第187页。

西藏地方共设有 100 多个宗、谿。除了宗谿、谿卡的主要地方行政机构之外，西藏还有部分拥有自治权的地方政教系统和社会组织形态，主要有萨迦法王辖地、察木多大呼图克图辖区、波密土王辖地、拉甲里法王辖地、三十九族地等。

民国时期西藏地方官制沿袭清代旧制，实行中央派遣官吏与地方"自治官吏"双轨制。西藏地方所属的行政区域，实行自治制。北洋政府时期，中央政府派驻西藏的最高行政官是西藏办事长官（后改称为驻藏办事长官）。民国十九年（1930年），南京国民政府在拉萨成立蒙藏委员会驻藏办事处。西藏地方行政机构由达赖的噶厦和班禅的堪布会议厅组成，构成了西藏地方政教合一的政权。民国西藏全境分前藏、后藏、阿里三部。其地方政权的基本单位为"宗"和"谿"。西藏全境原有 123 宗，后来略有增减。大宗或重要地方则设置基巧，管理 3 宗或 5 宗的事务。民国时期，西藏地方政府共辖有 6 个基巧：日喀则基巧辖后藏 16 宗，昌都基巧管理金沙江以西 22 宗，绛曲基巧管辖黑河及藏北 14 宗，山南基巧管辖雅鲁藏布江以南 30 宗，阿里基巧管辖 11 宗，卓木基巧辖地仅卓木一宗。

清末曾实施改土归流政策的川边特区，在民国初年撤府、州、厅、理事官，统一县治。在金沙江以西的昌都地区、那曲地区、林芝地区设盐井、三岩、宁静（芒康）、贡觉、察雅、昌都、恩达、科麦（桑昂曲宗）、察隅（杂瑜）、九集（类乌齐）、硕多（硕督）、嘉黎、太昭（工布江达）等 13 个县。1932 年，这 13 个县正式划归西藏地方政府管辖。

# 第二章　准噶尔乱藏与西藏方志编纂

康熙五十六年（1717年），以策妄阿拉布坦为首的准噶尔部入侵西藏，杀死拉藏汗，开始了在西藏长达两年的残暴统治。康熙五十七年（1718年）清廷派出额伦特等人自青海率军入藏，遭准噶尔军围攻，全军覆没于藏北。康熙五十九年（1720年），朝廷又遣延信、噶尔弼等分青海、四川两路率军入藏平乱。同年8月，准噶尔军被彻底击溃。第一部汉文西藏方志——《藏纪概》便是在清军平定准噶尔的背景下产生的；驱逐准噶尔势力后，清廷开始在西藏驻军，《西域全书》即是著者于驻藏军队轮换之机在藏留心考察的结果。

## 第一节　李凤彩《藏纪概》

关于《藏纪概》，吴丰培先生曾有如下评价："迄乎清代，入藏者夥，始有方志纪程之作，然大都成书于雍乾以后……此书之成，远在雍正五年以前，较早之作，更足珍视，故列于藏地志乘之首，以为藏志最早之本。"[1] 作为汉文西藏方志史上的第一部志书，《藏纪概》的出现具有里程碑的意义。

---

[1] 马大正等整理《吴丰培边事题跋集》，新疆人民出版社1998年，第123页。

## 一、作者及成书

《藏纪概》作者李凤彩，生卒年不详。字廷仪，号铁船，江西省永修人。康熙五十三年（1714年）考中武举。康熙五十八年（1719年）随从山东总兵李麟护送达赖喇嘛进藏。撰有《西藏行军纪略》两卷。实际上，《藏纪概》作者不只李凤彩一人。该书分三卷，"卷之初"署"修江铁船居士纪次、吴陵奎峰山人读辑"，"卷之次"署"修江铁船居士辑编、吴陵奎峰山人辑订"，"卷之尾"署"修江铁船居士述编、吴陵奎峰山人辑订"。铁船居士即李凤彩，奎峰山人生平已不可考。但奎峰山人的"读辑""辑订"，说明其亦参与了《藏纪概》的编纂。

关于编纂缘起，李凤彩在"藏纪概原由"一节中自述道："近遭测妄跳梁道其宰僧策伦夺敦都等，与拉藏汗仇杀，遂踞其地二年，番民受其荼毒，黄教被其侮辱。我圣祖仁育万方，义师天讨，彩以书生从戎，典登镇部兵随履斯地。驻居数月，见其人之老成达事者，询其建置沿革，即明世事俱不能详考其系脉，姑就目击耳受者述之奎峰……铁船本孝廉，效力行间，进履其地，不但降彝安藏，功绩居多，而且留心风土，采访番情，以备一朝之纪载，供纬划之考稽，归来述其见闻如此。"① 康熙五十六年（1717年），准噶尔汗策妄阿拉布坦派遣策凌敦多布攻占西藏，杀拉藏汗。康熙五十七年（1718年），清廷派兵平准失败。康熙五十九年（1720年），再次兵分两路进藏：一路由征西将军噶尔弼、四川永宁协副将岳钟琪等率滇、川等满汉官兵，由康定出发入藏；一路由平逆将军延信、固原提督马继伯、山东登州总兵官李麟等率陕、甘满汉官兵从西宁出发，并由延信等护送七世达赖喇嘛进藏。"登镇部兵"即山东登州总兵李麟部，李凤彩以书生身份从军，跟随登州总兵李麟进藏平乱。在藏驻军的半年时间，李凤彩留心藏地风土人情，采访咨诹当地耆老，归来后向奎峰山人讲述其在藏见闻，二人共同参考邸抄、三路大军入藏路线等文献，由奎峰山人执笔，对李凤彩原稿加以整理辑订，是为《藏纪概》。

---

① 李凤彩《藏纪概》，国家图书馆藏民国二十六年印本。

关于《藏纪概》的成书时间，吴丰培先生认为是清雍正五年（1727年）之前。《中国地方志联合目录》将该书成书时间定为清雍正间。我们也可结合书中所载史事推测成书时间的下限。书中述及康熙五十九年（1720年）清中央政府派兵入藏平定准噶尔扰藏之事。"卷之初"记述康熙六十年（1721年）"圣祖仁皇帝御制论地理水源文"，该御制文中提及康熙六十年二月初四日抚远大将军允禵的奏折。《藏纪概》卷首有清人唐肇所撰写的叙，此叙落款为"雍正五年夏至前唐肇撰。"综上，笔者认为，《藏纪概》的成书时间大概在康熙六十年至雍正五年之间。

《藏纪概》分为三卷："卷之初"除抄录邸抄所载清圣祖仁皇帝御制论地理水源文，主要记作者所在部队由青海西宁进入西藏拉萨的行军过程；"卷之次"记四川、云南两地入藏程途。李凤彩随军是从西宁出发入藏，又从川藏线返回，而滇藏路线，应是参考了其他文献；"卷之尾"记西藏的天异、土则、附国、种类、产作、招迹等，涉及天文、地理、人种、物产、民俗等。这部分内容主要依据李凤彩的记述编写而成。

## 二、《藏纪概》的史料价值

《藏纪概》中绝大部分内容来自作者李凤彩的亲身经历与考察结果，因此，该书所载诸多史事尤其是关于当时西藏政教格局发展变化的记载，可信度较高，可作为相关研究的第一手资料。对此，吴丰培先生已指出："首卷附平藏之事，当时进兵情形，均身历目击之谈，尤可据为信史也。"[1]

首先，"卷之初"中的"清军由西宁入藏的行军征程"，对清军入藏路途中所经历的诸如粮草短缺等困难以及应对、决策过程的记载十分详明。如"（康熙五十九年）时六月二十日，越数日，各路大兵到齐，在路经行两月风雪、瘴疠，天寒草短，马皆疲瘠，粮运在后，住营牧马。待至半月。粮尚未到斗米、百金，

---

[1] 马大正等整理《吴丰培边事题跋集》，新疆人民出版社1998年，第123页。

人有饥色。又数日，粮始陆续运到。然途次驼支倒毙过半，粮亦仅存十之三四，较之原估藏粮尚不敷满汉官兵裹带。是时已七月中旬，兵势仓皇，粮少马缺，不能前进。"这些第一手资料，对于后世了解康熙五十九年（1720年）清军由西宁进兵至拉萨戡乱途中所遭遇的困难大有帮助，同时可补《清实录》《西藏志》《卫藏通志》及同时期其他一些行军纪程记载的不足。其次，书中记载了清军在入藏途中曾遭遇的败绩："九月初二日，渡哈喇乌素，山险河急，一望凄凉，即故将军额伦忒战没处。河之南北岸，故垒犹存，白骨山积。将军驻营，下令率兵掩埋遗骨，阴风惨淡，鬼哭神啼，见者莫不伤心。"此类比较负面的记载在《清实录》等官方文献中是难以看到的，故可补相关史料之阙。关于由四川、云南等地入藏路线的记载尤为珍贵。其中，关于川藏路线的记载和较早的吴廷伟《定藏纪程》、焦应旂《藏程纪略》的记载不尽相同。而有关滇藏路线的记载与较早的杜昌丁《藏行纪程》也不完全一致。值得一提的是，因李凤彩并未走过滇藏路线，故该部分内容应为有所借鉴。其所借鉴的资料，一定是不同于甚或早于以上提及的"纪程"之作。①

## 三、《藏纪概》的文献价值②

### 1. 为西藏方志编纂开创了范式

第一，篇目设置独树一帜。结合西藏实际，创立了独具西藏文化特色的类目名称，最有代表性的就是"天异""土则""附国""招迹"等。具体来说，"天异"主要叙述的是西藏的天文与气候状况，"土则"重点记述拉萨地区的疆域、城郭、山水、田地、村落等情况，"附国"着重记述后套、后藏、拉萨以西及以北地区的自然情况，"招迹"主要记述西藏地区的风俗。这在同时期及此后的内地方志

---

① 柳森《〈藏纪概〉成书背景与文献价值》，《文津学志》第5辑，国家图书馆出版社2012年，第136页。

② 柳森《〈藏纪概〉成书背景与文献价值》，《文津学志》第5辑，国家图书馆出版社2012年，第137页。

中是难得一见的。

第二，开创了"程站"的记载模式。这种关于入藏程途、路线的类目记述模式，被此后成书的藏志广泛效仿和沿袭，也为从交通方面记录和研究汉藏文化交流提供了重要参考。

第三，记述内容广泛。书中不仅介绍西藏的山川、地理、疆域、津梁、交通及关隘等基本情况，也涉及西藏的民族、宗教、僧侣、寺庙、衣冠、饮食、宴会、生育、占卜、医药、丧葬、商业、娼妓、婚嫁、礼仪等诸多方面的内容。这一内容多元的编纂模式，也为后世修纂西藏方志者所继承和发扬。值得注意的是，关于民俗文化，作者的着眼点在于记录并比较西藏文化与内地文化的不同，这也为后世留下有了有关西藏特殊文化的珍贵记录。

### 2. 对雍正《四川通志·西域》的影响[①]

《四川通志·西域》修纂于雍正十一年（1733年），于乾隆元年（1736年）刊行。该志卷二十一"西域"乃沿袭古代称谓，实际上指称的是广大藏区。《四川通志·西域》对《藏纪概》的内容进行了大胆抄录，试举几例：

| 《藏纪概》 | | 《四川通志·西域》 | |
|---|---|---|---|
| 藏天异 | 日月明晦，雷电震作，较中华无异。少晴霁，多雨多霏，微少滂沛。夜不见露。秋冬终有薄雪，不厚积。秋末春初俱有薄雪冰雹，平时稀见…… | 天异 | 日月明晦，雷电震作，较中华无异。少晴霁，多阴雨。夜亦有露。秋终有薄霜，雪不厚积。秋末春初各处有薄雪冰雹，平时稀见……[②] |

---

① 柳森《〈藏纪概〉成书背景与文献价值》，《文津学志》第5辑，国家图书馆出版社2012年，第139页。

② （清）黄廷桂，（清）宪德《四川通志》，国家图书馆藏乾隆元年刻本。

续表

| | 《藏纪概》 | | 《四川通志·西域》 |
|---|---|---|---|
| 藏土则 | 乌斯藏地田有水旱,土地平衍。现在活佛及藏王所都:活佛立床之处为布达拉,藏王所居为招。南北袤长将四十里,东西延广四五百里。陆可驰马,中间包贯于河,水流东去,亦駃急。清波涟漪,澄澈见底。招内夹河两聚落皆临河岸,并无城郭,就聚落居人。所住碉楼相联,以为捍御。似中华一大村镇。崇山围绕,隘口险峻,诚有"一夫当关,万夫莫开"之固。 | 土则 | 乌斯藏田有水旱,土地平衍。现在活佛及藏王所都:活佛之立床处为布达拉,藏王所居为诏。南北袤长将四十里,东西延广四五百里。陆可驰马,中贯河道,水流东南,不甚快急。清波涟漪,澄澈见底。诏内夹河两聚落皆临白水江,为藏地之中央,番夷僧俗,商贾杂处,其地广二里许。诏中楼殿衙署,街道马市,井井可观。四周无城郭,就居人所住,碉楼环绕,相联以为藩篱,似中华一大村落。其余村庄星罗棋布。外则崇山围绕,隘口险峻,诚有"一夫当关,万夫莫开"之势。 |
| 西藏种类 | 农,遇春和水至,耕耘锄耨水田旱地,各乘时力作。较中华农事不大殊异。只牛微小,有牛五支作一具者。工,各色皆有。匠作丹青,累丝尤属巧异。木石匠亦玲珑奇巧。 | 人事 | 农,遇春和水至,耕耘锄耨,水田旱地,各乘时力作……工匠各色皆有。木石工玲珑细腻。丹青,累丝尤属巧异。 |

此外,《四川通志·西域》之"附国""喇嘛""人事"等内容亦分别抄录《藏纪概》之"藏附国""藏喇嘛""藏人事",此不赘述。

## 第二节 雍正《四川通志·西域》

雍正《四川通志》是由四川总督黄廷桂监修、张晋生等编纂的一部省志。该志卷二十一为《西域志》,记载了今四川康定以西,直至今拉萨及周围地区的概况。《西域志》虽然存于《四川通志》中,但独立来看,亦可以视为较成熟的西藏方志。

## 一、成书背景

雍正七年（1729年），黄廷桂等奉敕修撰《四川通志》。书中内容记至雍正十三年（1735年），书前窦启瑛所作序落款"乾隆元年二月五日"。由此可知该志编纂于雍正时期，刊行于乾隆元年（1736年）。《四川通志·西域》从成书时间上看虽然略晚于"藏地志乘之首"的《藏纪概》，但后者属于私人撰述，《四川通志》的修纂则集合了众人之力，属官方行为，可以视为官方修藏志的先河。

清代前期，人们往往将西藏称为"西域"，这可能是受明代的影响。清初所修《明史》也将乌斯藏（西藏）记入《西域》。任乃强先生认为，清初"西藏"名称尚不通用，其后才逐渐固定。"当西藏名称尚未固定时，撰述之士，竟称异名，以炫世俗。"[①]据任乃强先生考证，除"西藏"外，还曾有六种名称，"西域"即其中一种。《四川通志·西域志》将整个西藏称作"西域"，但其涵盖的范围超出了西藏一域。该志是将大渡河以西所有地区均视为西域。其记载从打箭炉开始，再记里塘、巴塘，然后再记乍丫、乂木多、类乌齐、洛隆宗、硕板多、达隆宗、拉里、工布江达，最后记西藏。需要注意的是，正文中之西藏特指今拉萨一带的地区。这样，把打箭炉、里塘、巴塘等也列入西域了。之所以如此记载，是大一统观念在起作用。《四川通志·凡例》称："前藏后藏去京师将二万里，非独边塞，且属绝徼。我皇上德威四讫，无远弗届，是以前后藏均隶职方，咸遵正朔。今于西藏一类，疆域、形势、户口、贡赋之属，各条详载，而一统无外之模，于兹见已。"[②]从康熙皇帝提出"三藏阿里之地俱入版图"[③]大一统观念后，朝野上下无不抱此观念，视野远涉万里之外的绝徼之地，《四川通志》作为官修志书，必然会将这一理念贯穿其中。

---

① 任乃强著，西藏社会科学院整理《西康图经》，西藏藏文古籍出版社2000年，第48页。
② （清）黄廷桂，（清）宪德《四川通志》，国家图书馆藏乾隆元年刻本。
③ 《清圣祖实录》卷二百九十"康熙五十九年十一月辛巳"，中华书局1986年，第4页。

## 二、体例特点

除"西藏"外,《四川通志·西域》的每一地区都设置沿革、星野、疆域、形势、城池、关隘、户口、贡赋、津梁、塘铺、山川、古迹、祠庙、公署、寺观、职官、风俗、管辖地方、物产等19个类目。在此基础上,编纂者又结合西藏的具体情况,创设了具有西藏特色的体例。"西藏"设有沿革、疆域、形势、关隘、贡赋、户口、塘铺、山川、古迹、寺庙、风俗、管辖地方头人、物产、天异、土则、附国、种类、喇嘛、人事、自成都府至西藏路程、康熙皇帝御制论地理水源文、碑文等21目。《四川通志·西域·西藏》有不少类目名称借鉴《藏纪概》,如"天异、土则、附国、种类、喇嘛、人事"等均是。

## 三、内容特点

一般情况下,方志的材料来源主要是史志文献、政府档案以及相关调查所得。《四川通志·西域·西藏》在贡赋、户口方面的内容利用了官方档案。如记西藏户口:"雍正十年,分归西藏管辖番民共四十族,计四千八百八十五户,一万七千六百九十八口。""管辖地方头人"类目所记各地统辖区域人口十分详细,说明康雍时期对西藏及各土司所管辖区域的人口、赋税等已登记造册。这些记载有很高的史料价值。

除较多地利用政府档案外,《四川通志·西域·西藏》还参考了不少史志文献,然其并未注明出处。经仔细比对后发现,有多处采录了《藏纪概》文字内容,如"天异、土则、附国、种类、喇嘛、人事"等,主要来自《藏纪概》的"藏天异""藏土则""藏附国""藏种类""藏喇嘛""藏人事"。很多内容基本是直接抄录,几乎不作修改。甚至将《藏纪概》的失误也抄录了过来。如"种类"称:"按唐古特即突厥,查典籍所载,突厥本西戎小国,始见于晋,渐盛于梁,自侵克土门之后遂强大。"这句话完全抄自《藏纪概》,而后者又受到康熙皇帝的影响。康熙帝在论水源谕旨中云:"今之图伯特,即唐之突厥",康熙帝的这一错误论断,《藏纪概》

《四川通志》均照录而不考其是否符合历史事实。再如，《藏纪概》称："今王师定藏，其方目诣按军门服降导路，始知其地包联藏招。"这句话出现于《藏纪概》中是合适的，因为康熙五十九年（1720年）平定准噶尔之乱，《藏纪概》成书在康熙六十年至雍正五年间。但《四川通志》编纂于雍正末年，再直接抄录《藏纪概》原文，称"今王师定藏"，显然是不合适的。

雍正《四川通志·西域志》的类目划分很细，然而其内容却往往简略。如"形势"一目，只有一句话"山高水秀，宛然福地洞天"。对于西藏风俗，称："信佛崇僧，生子半为喇嘛，至于死丧，或付鹰犬，或投水火，其习俗也。"人文风俗是西藏文化的重要组成部分，也是最能体现西藏文化独特性的地方，有很多内容可以介绍，但《西域志》只是一笔带过。考虑到这是一部以四川为主的通志，似不必苛求。

## 第三节 乾隆《雅州府志·西域》

### 一、成书及内容

《雅州府志》由时任雅州知府曹抡彬编纂。根据自序，曹抡彬戊午（乾隆三年，1738年）春来雅州任上。数月后，在前任知府张植所撰未成之郡志基础上，广搜博采，与其六弟曹抡翰一同编订该志。"始事于三年之小春"，"小春"即乾隆三年（1738年）冬，落款署为"乾隆四年，岁在屠维协洽之榴月既望"，"屠维协洽"即己未，乾隆四年（1739年）也，"榴月"即农历五月。从乾隆三年冬至乾隆四年五月，历时半年，《雅州府志》即告编成。

全志共16卷，卷一为序、凡例、舆图等，卷二卷三为星野、疆域、山川、城池、寺观、古迹等，卷四卷五为赋役、户口、风俗、物产及经济等内容，卷六至卷十为礼仪、学校、官制、选举、兵制等，卷十一为土司情况，卷十二西域，卷十三夷律、西域路程，卷十四至十六为艺文。卷十二西域，由东向西，依次记载里塘、巴塘、乍丫、察木多、洛隆宗、硕般多、达陇宗、拉里、工布江达、西藏等地区。每一地区皆按疆域、形胜、风俗、塘铺、寺庙、山川、土产、古迹等目分别予以介绍。西藏篇所设类目除了疆域、形胜、风俗、塘铺、新设塘铺、户口、贡赋、管辖地方头人、寺庙、古迹、山川、关隘、土产等 13 目，还包括有西藏特色的藏天异、藏土则、藏附国、藏种类、藏喇嘛、藏人事等 6 目，共 19 目。

雍正八年（1730 年）设雅州府同知分驻打箭炉后，雅州府所辖区域扩展至雅砻江边，这在卷一《雅州府舆图》中可以清楚看到。但巴塘、里塘虽划归四川管辖却并不属雅州府，再往西就更在雅州府辖地之外了。显然，乾隆《雅州府志》设西藏篇目已经超出雅州府范围。修志惯例，府志只记一府之事，不能"越境而书"。《雅州府志》记府境外之事，犯了修志忌讳，主纂曹抡彬不可能不知，但为何要专设西藏篇目越境而书呢？赴任雅州知府不久，曹抡彬即撰《饬州县条陈修城添兵议》，有言："雅州一府，界在边陲，正当西藏往来大道"，"松潘、建昌、雅州皆属边地，而雅州尤当西藏之冲"。正是基于这样的认识，曹氏在卷一"凡例"中明确指出："今西藏悉归版图"，"我朝德威远播，四夷归心，是以前后藏均隶职方，咸遵正朔，故另列一类，详载疆域、形势、户口、贡赋，以昭一统无外之模"。这几段话将纂者为求"致用"坚持越境而书的目的说得非常明白。"在治藏大方略之下，如此越境而书虽不合清代一般修志之例，但这正是这部府志的价值所在，更与章学诚所提倡的'非示观美，将求实用也'的修志主张契合。"①

## 二、材料来源

《雅州府志·西域·西藏》的材料来源只有一个，即雍正《四川通志·西域》。雍正《四川通志·西域》是按打箭炉、里塘、巴塘、乍丫、察木多、类乌齐、洛

---

① 赵心愚《乾隆〈雅州府志〉中的西藏篇目及其资料来源》，《中央民族大学学报》2006 年第 6 期。

隆宗、硕般多、达陇宗、拉里、工布江达、西藏的顺序记载，《雅州府志·西域》仅删去了打箭炉与类乌齐两地，其余全部保留，类目名称及目次全然相同。西藏篇更是如此。《雅州府志·西域·西藏》共设有疆域、形胜、风俗、塘铺、新设塘铺、户口、贡赋、管辖地方头人、寺庙、古迹、山川、关隘、土产、藏天异、藏土则、藏附国、藏种类、藏喇嘛、藏人事等19目，这与《四川通志·西域·西藏》疆域、形势、关隘、贡赋、户口、塘铺、新设铺站、山川、古迹、寺庙、风俗、管辖地方头人、物产、天异、土则、附国、种类、喇嘛、人事、路程、碑记等21目相比，除删去"路程""碑记"两目，调整个别目次外，余皆相同。

除目名及目次外，《雅州府志·西域·西藏》亦全抄雍正《四川通志·西域·西藏》，如"贡赋"载：

> 西藏辖下每年共纳贡马九十二匹，牦牛一千五百九支，犏牛七十二支，羊一千三百七十支。又赏给达赖喇嘛辖下每年共认纳粮银一千五百二十二两，米一百刻，青稞九百刻，麦二百零五刻，莞豆三百三十刻，马二十匹，骡三十四头，犏牛三十五支，牸牛三百九十支，羊一千三百四十九支，盐五百五十三支，豹皮三张，猞猁狲皮一张，酥油一百八十刻，茶三十五甑。①

"户口"载：

> 雍正十年，分归西藏管辖共四十族，计四千八百八十五户，一万七千六百九十八口。又赏给达赖喇嘛自汉人寺起至竭磋止，共二十三处，大小头人一百七十八名，番民一万一千八百五十七户。②

再来看《四川通志·西域·西藏》"贡赋"：

---

① （清）曹抡彬、（清）曹抡翰《雅州府志》，成文出版社1969年，第32页。
② （清）曹抡彬、（清）曹抡翰《雅州府志》，成文出版社1969年，第31页。

西藏辖下每年共认纳贡马九十二匹，牦牛一千五百九支，犏牛七十二支，羊一千三百七十支。又赏给达赖喇嘛辖下每年共认纳粮银一千五百二十二两，米一百刻，青稞九百刻，麦二百五刻，豌豆三百三十刻，马二十匹，骡三十四匹，犏牛三十五支，牦牛三百九十支，羊一千三百四十九支，盐五百五十三支，豹皮三张，猞猁狲皮一张，酥油一百八十刻，茶三十五甑。①

"户口"：

雍正十年，分归西藏管辖番民共四十族，计四千八百八十五户，一万七千六百九十八口。又赏给达赖喇嘛自汉人寺起至竭磋止，共二十三处，大小头人一百七十八名，番民一万一千八百五十七户。②

乾隆四年修成的《雅州府志》，其西藏之贡赋、户口等资料完全抄录雍正十三年（1735年）所编《四川通志》，昭昭明矣。其余17目均属此类情况，兹不赘言。

有学者曾撰文指出《雅州府志·西域·西藏》材料来自《藏纪概》，③或是《藏纪概》对《雅州府志·西域》影响很大，④此种表述难称准确，如上所述，《雅州府志·西域·西藏》的内容来自雍正《四川通志·西域·西藏》，而非《藏纪概》。不妨再举一例，《雅州府志·西域·西藏》之"藏附国"载：

康吉奈所住国在藏之西南，兵力甚强。归服圣朝，亦奉活佛。

---

① （清）黄廷桂、（清）宪德《四川通志》，国家图书馆藏乾隆元年刻本，第38页。
② （清）黄廷桂、（清）宪德《四川通志》，国家图书馆藏乾隆元年刻本，第38—39页。
③ 赵心愚《乾隆〈雅州府志〉中的西藏篇目及其资料来源》，《中央民族大学学报》2006年第6期。
④ 柳森《〈藏纪概〉成书背景与文献价值》，《文津学志》第5辑，国家图书馆出版社2012年，第141页。

> 后套在招西边，相距五百余里，属藏王管辖。土宜美饶，产枣。
> 后藏在招之南，将千里，近云南界，亦奉活佛教，班禅佛主之。①

这一段内容与《四川通志·西域·西藏》之"附国"完全一致，与《藏纪概》"附国"虽类目名称一致，但内容有较大差异：

> 后套在大招西边，相距五百里余，属藏王管辖。土产枣，土宜美饶。
> 后藏在招之南，将千里，入云南近，亦奉活佛教。土宜美饶。
> 招中河布打里，北岸有山，名哈打里，旧为达赖喇嘛居处。山有浮图□□座，傍有小河，水亦清。
> 哈打里山后有小湖，土人呼为□□湖。湖小石桥，湖四围有水田。土农每年种插稻禾。
> 招之近河可以作圩蓄水，土人即耕种稻禾，故招中有白米。
> 招中所包大河，河面随水阔狭，澄彻见底，多绿松石。圆顶如丸。然淘泥显石，身有大于象者，故滩外别河中有小绿松石，便易取可得为用。
> 两招之人来往此河俱用船济渡，河中水云入冬冻结冰，不厚，亦不久易消。招近地有桥，分木石营造，壮大观。为田可耕种之土，俱平衍肥沃。山石亦岭崎磊砢。
> 招西有山□□，上多奇松，虬盘高大，松上百鸟楼巢。②

《藏纪概》"附国"除介绍后套、后藏两个附属国外，还记载了大招（拉萨）附近的河流、丘山等地质情况。或许认为《藏纪概》"附国"记述杂乱无章，《四川通志》及《雅州府志》遂将该目中"后套""后藏"两国单独摘出，再补充进

---

① （清）曹抡彬、（清）曹抡翰《雅州府志》，成文出版社1969年，第45页。
② （清）李凤彩《藏纪概》，中央民族学院图书馆编《中国民族史地资料丛刊》，1978年，第81页。

康吉奈所住一国，这样"附国"目就名实相副了。同时将河流、丘山等内容归并到"土则"目中：

> 乌斯藏田有水旱，土地平衍，活佛及藏王所都。活佛立床处为布达拉，藏王所居为诏。南北袤长四十里，东西延广四五百里。陆可驰马，中贯河道，水流东南，不甚快急。清波涟漪，澄彻见底。招内夹河两聚部落，临白水江，为藏地之中央，番夷、僧俗、商贾杂处。其地广二里许，招中楼殿、衙署、街道、马市井井可观。四围无城郭，就居人所碉楼环绕相联，以为藩篱，似中华一大村镇。其余村庄，星罗棋布，外则崇山围绕，隘口险峻，诚有一夫当关万夫莫开之势。考其开辟，不知何始，番语指为佛地。东通四川，东南达云南界，东北向潘州暨湟中，达中华。驿马入藏路程另有里数。正南千里，通后藏。西北由后套穿衣里直达泽旺蒙古部落，土人云，有万里之远。西抵后套，西南向大西洋海边。
>
> 招中河名白水江，江北起石山曰布打喇，为达赖喇嘛居处。山有金银浮图三座，傍有小河，水清。布打喇山后有小湖，湖中水阁、桥梁、凫鹥咸具焉。
>
> 招之北一处畜水为圩，土人种稻其中，故招中多白米。招中白水江，江面随水阔狭，澄彻见底，中多绿松石。顶如盆盎然。淘泥掘石，身大于象。惟他河中有小绿石，易取适用。藏人来往此江，俱用船筏济渡，云江水入冬结冰不厚，日出则消。藏近地桥梁甚多，木石营造，颇壮观。
>
> 藏中田土肥美，山石多巉岩。藏中山多奇松虬蟠屈曲。松上百鸟巢焉。[1][2]

以上内容，《四川通志》及《雅州府志》记载相同。其中，第一段即《藏纪概》"土则"目的内容，第二至第四段乃《四川通志》《雅州府志》将《藏纪概》"附国"

---

① （清）黄廷桂、（清）宪德《四川通志》，国家图书馆藏乾隆元年刻本，第52页。
② （清）曹抡彬、（清）曹抡翰《雅州府志》，成文出版社1969年，第44页。

编排不合理的内容移入者。经过这样的编辑处理,"土则""附国"目就显得合理多了。该例也说明,《雅州府志·西域·西藏》,参考的并非《藏纪概》,而是雍正《四川通志·西域》。

《雅州府志·西域·西藏》全抄雍正《四川通志·西域·西藏》之内容,未能提供第一手的材料,其文献价值不高,在利用其文献时尤需注意。

## 第四节 子铭氏《西域全书》

《西域全书》是乾隆初年一部极具文献价值的西藏方志,深刻影响了有清一代西藏方志的编纂,《西藏志考》《西藏志》《西藏考》《西藏记》《西藏见闻录》《西宁府新志·武备志·西藏》《卫藏图识》《卫藏通志》等一批志书的编纂都直接或间接受到该书影响。但该书自问世后便长期湮没无闻,文献绝少提及,唯清人慕寿祺在《山水调查记》中有百余字介绍。[①] 该书原稿本是否存世不得而知,仅有一增补本现藏于南京图书馆。[②] 刘凤强《〈西域全书〉考——兼论〈西藏志考〉、〈西藏志〉的编纂问题》[③] 一文对南图藏《西域全书》首做了较为全面的考察,学界得以重新"发现"这部西藏志书。

### 一、作者及成书

《西域全书》卷首有 3 篇序,其中 1 篇为作者自序,为便于论述,现将该序全文移录如下:

---

① (清)慕寿祺《史料五编甘宁青史略》,广文书局 1972 年,第 42 页。
② (清)子铭氏《西域全书》,南京图书馆藏,抄本,四册,不分卷。
③ 刘凤强《〈西域全书〉考——兼论〈西藏志考〉、〈西藏志〉的编纂问题》,《史学史研究》2014 年第 4 期。

西藏一国，虽蛮貊之邦，彝类杂繁，乃番回戎达之聚薮，诸鉴多不之载。阅皇明舆图中，止及西域贡献之国，并内番天竺等国名，旁若他书所载，西吐蕃、西戎一笔略过，概不得其详。予弃学入幕，壬子岁从军，身履其地，目击其人，乃知别是一天世界。爰是于公暇无寥之际，采察彝风，摭拾前迹，勉学效颦，将山川形势、疆圉广阔、地土之生产、天道之寒暑、人民之美恶，胪列成册。第搜罗易富，考核难详，绘图纪里亦恐不能悉其三之二。然于风俗好尚，固形容未尽周细，而其大要不敢俱违其实。至达赖喇嘛六世之传、三朝之封，皆考其印册而详者。番夷回达人物之形、衣冠之制，系睏其影度而辑者。其于疾病、死丧、婚姻、礼节、兵革、差徭、界址、寺庙、时令、刑律，靡不确较，群采谘诹，纤微录之。聊以记其所历，敢云能资抚楫之一助耶。

乾隆元年暮春月之朔锦城玉沙道子铭氏撰辑。①

根据该序，知《西域全书》作者为子铭氏，锦城（今成都）人。因其没有传记、墓志铭、行状等直接文献可资借鉴，唯有通过该序方能了解其生平一二。子铭氏于壬子岁即雍正十年随军进藏。据《西域全书·历代事迹》载："雍正十年……副都统李柱、西宁镇周开捷特奉命统领四川督标中协副将张可才，游守各二员，兵一千名进藏，更换都统僧格、统领迈禄并永昌副将马纪师旧任川陕官兵。"此为驻藏军队正常轮值，子铭氏应于此时随张可才之川军入藏。在藏期间，他留心考察西藏历史、地理、风俗、人情等，对西藏有了较为深入的了解，《西域全书》即在此基础上编纂而成。

根据自序，是书于"乾隆元年暮春"完稿。另两篇序所署时间，旭池序为"乾隆元年丙辰岁暮春月"，② 花册繁序为"丙辰初夏"，③ 都与这一时间大体相当，基

---

① （清）子铭氏《西域全书》，南京图书馆藏，抄本，四册，不分卷。
② （清）子铭氏《西域全书》，南京图书馆藏，抄本，四册，不分卷。
③ （清）子铭氏《西域全书》，南京图书馆藏，抄本，四册，不分卷。

本可以确定《西域全书》成书于乾隆元年暮春，即三月。但书中有几处记载了乾隆元年三月之后的事。如"历代事实"目记载"……京差侍卫等由西宁出口于四月之望二日抵召。至六月于各寺念经毕……侍卫郝章京永同中协张圣学率领旧驻将兵五百余人，护送章嘉呼图克兔于七月之望，起程回川。"又，"道途全载"目后附余光图"乾隆壬戌年"即乾隆七年奏书等，说明南京图书馆所藏《西域全书》曾经后人增补，已非原稿本。

## 二、材料来源

据作者自述，书中有关喇嘛世系及历次受册封等情况"皆考其印册而详者"，参考的是清廷颁给达赖喇嘛的印章、敕书等档案资料；关于藏民形体及服饰的图像"系瞻其影度而辑者"，乃作者在藏期间留心观摩并汇集而成；至于界址、风俗、制度等内容则"群采谘诹，纤微录之"，亦是得自作者实地勘查、访问。此外，其"历代事实"一目，对唐时吐蕃的介绍较为详细，宋、元时期却未提及，明代也寥寥数语。但对于清代西藏历史，从明末达赖喇嘛派使者抵达盛京至雍正末年史事，记载十分详明，涉及的时间、地点、人物均一一标出，说明作者利用了当时的档案典册，故能详此略彼。值得注意的是，《西域全书》并未参考《藏纪概》与《四川通志·西域》二书。所以，基本可以认定，除了参考当时的档案资料，《西域全书》的材料主要来自作者在藏地的实地调查及搜访。

## 三、史料价值

《西域全书》"历代事实""封爵职衔"记述清初至雍正末年西藏之复杂史事，有些记载仅见于该书，可补《清实录》及其他史书之不足，试举几例：

1."历代事实"记康熙帝初次遣军入藏驱逐准部，北路南路两军皆为准部所败时云："策冷敦多布分兵遏我粮饷，军中食尽，将士枵腹，至哈拉乌素为贼所困，全军饿毙。其提督康泰至拉里之西，为贼僧黑喇嘛诱杀"，此事为康熙、雍正二朝所讳言，赖《西域全书》得以保存。

2. 同目又记雍正二年（1724年）"敕封西天大善自在佛率领天下释教达赖喇嘛，予以金册印"。此一大事不见于《清实录》，始见于雍正末年成书之《四川通志·西域·西藏》："雍正二年，钦颁达赖喇嘛金册金宝，印系西天自在佛总理天下释教普通日赤拉坦喇达赖喇嘛之印，清字、蒙古字、汉字、夷字四样篆文。"又，稍后成书之张海《西藏纪述》记印文亦多出"大善"二字，"总理"亦作"率领"。此一诏书现存于西藏自治区档案馆，日期作雍正元年六月十日，《西域全书》作雍正二年，当是诏书抵达拉萨的时间。

3. 同目又记雍正元年（1723年）抚远大将军年羹尧遣川滇兵入藏。按：此指青海罗卜藏丹津叛后，年羹尧遵旨派周瑛领川军于年底抵拉萨，郝玉麟领滇军北上驻昌都事。因年羹尧在三年获罪于皇帝，被责令自裁，故同时及后来西藏史书多删去年羹尧之姓名。

4. 同目又记雍正七年（1729年）秋，散秩大臣"周瑛被劾回京就讯"。按：此乃周瑛在藏与领军自北路入藏之迈禄不协，且自川军中选人组班唱戏等事为四川提督黄廷桂所揭发弹劾，并由查郎阿、岳钟琪奉旨查实之结果，散见于当时诸臣汉满文奏折。周瑛撤回受审后，被发往驻阿尔泰山清军北路傅尔丹军营效力赎罪，事见《平定准噶尔方略》。

5. 在雍正七年查郎阿返回内地后，留驻西藏的军队的更换，其决定见于《实录》而执行情况尚不明了，唯《西域全书·历代事实》记载得具体明晰。按，第一次在雍正九年（1731年），《实录》雍正九年二月乙巳条上谕云："查从前派往之兵，系陕西一千名、四川一千名，今陕西兵丁，现有征剿准噶尔之事，难以派往西藏。四川新募充伍之兵甚多，著提督黄廷桂、巡抚宪德酌量于新旧兵丁内拣选二千名，前往西藏，将从前驻藏之兵换回。其弁员等，自总兵以至千、把亦应更换。若大员内一时不得职衔相当之人，可拣选干员，加衔委署前往。"①《西

---

① 中国藏学研究中心，中国第一历史档案馆等合编《元以来西藏地方与中央政府关系档案史料汇编》第2册，中国藏学出版社1993年，第459页。

域全书》云:"(九年)夏六月,护军统领青保,大理寺正卿苗寿,泰宁协副将加总兵衔杨大立领川兵千五百来藏换副都统马腊及旧驻藏并台汛川陕兵一千五百名……"据《实录》知杨大立即随查郎阿入藏之一副将武官,曾护送达赖喇嘛移住里塘并至泰宁任护卫之责。但《西域全书》又记:"(十年)杨大立旋因事解京。"此事不见于他书,原因不明。此后,《实录》雍正十年(1732年)四月辛卯条记"升湖广宝庆副将周起凤为陕西西宁总兵官,统领四川兵丁驻扎西藏"。①壬辰条记"谕兵部,正兰旗满洲副都统李柱,著前往西藏,更换迈禄回京。……约计川兵赴藏换班之期,李柱自京驰驿赴川,与兵丁一同进藏。"②而《西域全书》则更详细地说:李柱、周起凤、张可才及游守各二员,兵一千名更换僧格、迈禄、马纪师旧驻川陕官兵,而李柱至甲工(今西藏边坝县加贡)病故,冬十二月,总兵官周起凤领兵抵藏。这是第二次驻藏军队的更换。雍正十二年(1734年)又有驻藏官兵内部调整。《西域全书·历代事实》云:"其驻扎察木多滇兵全议撤回,汛塘川兵千名内,减撤四百,派都司一员统领,移驻察木多。"现据同年四月初八日革职云南提督,时统兵驻扎察木多之张耀祖奏折云:"驻察木多地方滇省官兵撤回,定于四月初十日起程,川督黄廷桂命都司杨鹤于四月初七日率兵前来驻扎",③此事得到证实。《西域全书》所谓"汛塘川兵千名",似指驻守川藏全线塘站的川军,从其中拨出400人移至昌都,自此昌都及拉萨等地全由川军驻守。

6.《西域全书·封爵职衔》记雍正十年(1732年)封策零汪盏尔、通巴、钟子三人为头等噶隆,此事《实录》失收。"按:策零汪盏尔即《实录》雍正六年十二月丁亥条下记经颇罗鼐推荐,由查郎阿呈报被中央任命为噶伦之策凌旺札尔,他即藏文名著《颇罗鼐传》的作者。通巴即《颇罗鼐传》记与策凌旺札尔同

---

① 中国藏学研究中心,中国第一历史档案馆等合编《元以来西藏地方与中央政府关系档案史料汇编》第2册,中国藏学出版社1993年,第462页。

② 中国藏学研究中心,中国第一历史档案馆等合编《元以来西藏地方与中央政府关系档案史料汇编》第2册,中国藏学出版社1993年,第465页。

③ 张书才主编《雍正朝汉文朱批奏折汇编》第二十六册,江苏古籍出版社1989年,第128—129页。

在雍正六年被任命为噶伦之屯氏,《实录》雍正六年十二月丁亥条译作色玉特色布腾。钟子,即《实录》乾隆九年三月丙戌条之布隆灿。"①

7.《西域全书·封爵职衔》又记雍正十二年封达尔札、章陆占巴、巴杂鼐、大衍台吉等为扎萨克头等台吉,按:此封爵事也不见于《实录》,但《实录》记乾隆九年三月丙戌,皇帝为酬赏接待准噶尔入藏熬茶使团有功者,赏给岱绷(按:代本)罗布藏达尔札、章陆占巴、巴札尔鼐、达颜台吉以大缎、官用缎各一端,此4人与《西域全书》所记仅译名不同而已。

《西域全书》关于西藏地区的年节时令、风俗好尚、衣冠饮食、交接礼仪、婚姻嫁娶、生产养育、疾病医药、死丧孝服、占卜吉凶、生易经营、居住房屋、刑法律例等的记述超过全文一半以上,作为民族志来评价,可谓在《新旧唐书·吐蕃传》后数百年间罕见的巨作,在18世纪30年代,其引起内地士人的兴趣并非偶然。

### 四、文献价值

《藏纪概》在清代西藏方志编纂方面有开创之功,但其内容简略,体例不纯,局限性较为明显。《四川通志·西域》则纂修于成都,缺乏对藏地的实际了解,部分类目内容亦过于简单。相较之下,《西域全书》类目设置合理,内容丰赡。更重要的是,该书材料主要得自作者实地观摩、调查,可信度较高。故《西域全书》成书后,即对西藏方志的编纂产生了重大影响,影响最直接也最深刻的是《西藏志考》《西藏志》二书。

**1. 直接影响**
**(1)对《西藏志考》的直接影响**

《西藏志考》目前已知有两部,分别藏于国家图书馆(以下简称"国图本")、

---

① 邓锐龄《读西藏志札记》,《中国藏学》2005年第2期。

中央民族大学图书馆（以下简称"民大本"）。这两部内容相同但类目数量、目次有异，详见下表：

| 《西域全书》 | 民大本《西藏志考》 | 国图本《西藏志考》 |
|---|---|---|
| 拉撒康卫全图 | 无 | 无 |
| 拉撒舆图 | 无 | 无 |
| 戎城全图 | 无 | 无 |
| 人物图形 | 无 | 无 |
| 历代事实 | 四至疆围 | 历代事迹 |
| 四至疆围 | 山川形势 | 封爵职衔 |
| 山川形势 | 寺庙名色 | 设委碟巴 |
| 寺庙名色 | 天时寒暑 | 兵防甲胄 |
| 天时寒暑 | 土地畜产 | 设隘防边 |
| 土地畜产 | 封爵职衔 | 文书征调 |
| 年节时令 | 设委碟巴 | 催科差徭 |
| 属相纪年 | 兵防甲胄 | 表章贡赋 |
| 风俗好尚 | 设隘防边 | 略笔杂叙 |
| 衣冠饮食 | 文书征调 | 西域碑记 |
| 婚姻嫁娶 | 催科差徭 | 四至疆界 |
| 夫妇配偶 | 表章贡赋 | 山川形势 |
| 生产养育 | 略笔杂叙 | 寺庙名色 |
| 死丧孝服 | 台站粮务 | 天时寒暑 |
| 疾病医药 | 西域碑记 | 土地畜产 |
| 占卜吉凶 | 年节时令 | 年节时令 |
| 交接礼仪 | 属相纪年 | 属相纪年 |
| 生易经营 | 风俗好尚 | 风俗好尚 |
| 居住房屋 | 男女衣冠饮食 | 男女衣冠饮食 |
| 刑法律例 | 婚姻嫁娶 | 婚姻嫁娶 |
| 封爵职衔 | 夫妇配偶 | 夫妇配偶 |

续表

| 《西域全书》 | 民大本《西藏志考》 | 国图本《西藏志考》 |
|---|---|---|
| 设委碟巴 | 生产养育 | 生产养育 |
| 兵防甲胄 | 死丧孝服 | 死丧孝服 |
| 设隘防边 | 疾病医药 | 疾病医药 |
| 文书征调 | 占卜吉凶 | 占卜吉凶 |
| 催科差徭 | 交接礼仪 | 交接礼仪 |
| 表章贡赋 | 生易经营 | 生易经营 |
| 招徕土地 | 居住房屋 | 居住房屋 |
| 历代碑记 | 刑法律例 | 刑法律例 |
| 台站粮务 | 程途全载 | |
| 略笔杂叙 | | |
| 考遗 | | |
| 道途全载 | | |

民大本共 30 目，与之相比，国图本少了"程途全载""台站粮务"两目，但多出"历代事迹"。民大本有些类目较国图本内容为详。如民大本"四至疆圉"目最后一段介绍西藏的四至八到，国图本则无；民大本"居住房屋"目介绍拉萨房屋较大者，罗列屋名之后，注文又介绍方位、层高、容纳人数、何人曾住等内容，国图本亦无。另外，民大本卷首无序，国图本则有两序，但都删去了作者。其实，两序均来自《西域全书》，序一为花册繁所作，序二为旭池所作。将介绍《西域全书》之序文原封不动挪至《西藏志考》前，甚至连"《西藏志考》一书，义目未及见"①之语也保留下来。既然为《西藏志考》作序，又说未见过该书，岂非笑话？南图藏《西域全书》卷首 3 序均有明确的撰人及时间，国图本《西藏图考》仅具序文内容，且多文字舛讹。其草率粗疏如此，亦可视为抄录《西域全书》之一证。

民大本《西藏志考》亦由抄录《西域全书》而成，证据有二。第一，民大本

---

① 佚名《西藏志考》序，国家图书馆藏。

"年节时令"文前书有"西藏志考"四字,此为提示该书之书名。无独有偶,"道途全载"文前亦题有四字,却非"西藏志考",而是"西域全书"。南图藏《西域全书·道途全载》文前亦题有西域全书四字,猜测民大本在抄录《西域全书》时因疏忽忘记了修改。第二,《西域全书·道途全载》是以日记形式详细记录每日行军路程、里数。民大本"程途全载"与《西域全书》内容完全一致,也分13条线路,按路程、里数一一详记,唯一区别是不载日期,显然是后者有意删去。但在"自西藏至布鲁克巴路途"记载中,出现了"雍正十三年正月初二日,自藏差委千总李仁赍送敕赐布鲁克巴诺彦林亲等三部落敕印记录"①这与民大本"道途全载"全文不载日期体例不符,应是抄录时未能将此处日期删除彻底。

民大本、国图本《西藏志考》抄录《西域全书》时几乎不作任何改动,除了类目名称不作变更,内容也几乎全文照搬,以民大本"催科差徭"目为例,对比如下表:

| 《西域全书·催科差徭》 | 民大本《西藏志考·催科差徭》 |
| --- | --- |
| 西藏地瘠民贫,差物有限,其马匹多系由霍耳一带及西海等处来者,价值俱颇昂。中马自十七八两至二十两不等。所征收钱粮按照各地出产,或牛羊、柴草、麦豆、青稞、氆氇、毛毡、皮张等物,或马奶酒、酥油、鸡猪、野牲、菓食、金、银、铜、铁各照所产上纳。设有公所名曰商上,凡上纳食物等项以及罪犯应罚钱财俱存公所,以备公用,并每年喇嘛念经之费。至于土民之服役者,名曰乌拉…… | 西藏地瘠民贫,产物有限,其马匹多系由霍耳一带及西海等处来者,价值颇昂。中马自十六七两至二十余两不等。所征收钱粮照各地所产,或牛羊、柴草、麦豆、青稞、氆氇、毛毡、皮张等物,或马奶酒、酥油、鸡猪、野牲、菓食、金、银、铜、铁各照出产上纳。设有公所名曰商上,凡上纳食物等类以及罪犯应罚钱财俱存公所,以冲公用,并每年喇嘛念经之费。至于土民之服役者,名曰乌拉…… |

民大本30目,其中29目都属于以上这种情况;国图本29目,其中28目属于这种情况。两种《西藏志考》唯"略笔杂叙"目与《西域全书·略笔杂叙》对

---

① 佚名《西藏志考》序,国家图书馆藏。

应不上，但与《西域全书·招徕土地》内容一致。考虑到《西域全书·略笔杂叙》曾经后人增补，增补者很可能将该目原有内容，即记载内附部落巴勒布、布鲁克巴及七十九族的文字隶于新设类目"招徕土地"下，这样才名实相副，而将补入的杂记西藏部落、风俗、人口等的文字置于"略笔杂叙"下。若果真如此，二种《西藏志考·略笔杂叙》所载当为《西域全书》的原貌。换言之，两种《西藏志考》是在《西域全书》原稿本基础上编纂而成。

民大本、国图本《西藏志考》也偶有对抄录内容稍作删节者，如南图藏《西域全书·封爵职衔》最末一句"诸彦和硕气于雍正三年三月初三日病故，贝勒颇罗鼐奏请将伊弟色陈哈袭职为台吉"，"兵防甲胄"最末一句"气至四月内，则派拨出驻各隘口，一以牧放，一以放边"，"文书征调"最后一句"其文书案宗三年一清，旧案俱焚不存"，民大本、国图本俱无。"表章贡赋"介绍藏地进贡方物，提及两种木碗："其木碗有二种，一曰扎不扎呀，木色微黄，坚绵有细文，云能避诸毒。每一个价有值十数金以至数十金者。一曰拉姓，木色微黄，花文略大，亦能避恶，其价亦有数两者，不能枚举。"民大本、国图本亦皆无。《西域全书》这些类目的内容，文意自成一体，不似后来所补。两种《西藏志考》同时在这些类目下缺少相应文字，表明二者并非分别抄自《西域全书》，而是相互之间存在抄录关系。从内容详略及文字错讹情况来看，国图本抄民大本的可能性更大，同时也参考了《西域全书》。

**（2）对《西藏志》的直接影响**

《西藏志》，未著撰人。原以抄本流传，和宁于乾隆五十三年（1788年）得之成都，并于乾隆五十七年（1792年）付梓。其"封爵"目有"旋晋封颇罗鼐为多罗郡王"[①]之记载，根据《清实录》，颇罗鼐于乾隆四年（1739年）被封为郡王，则《西藏志》成书不会早于乾隆四年。

与《西藏志考》抄录《西域全书》原稿本不同，《西藏志》是在《西域全书》增补本基础上完成的。前文提及属于《西域全书》增补而不见于两种《西藏志考》

---

① 《西藏研究》编辑部编辑《西藏志卫藏通志》，西藏人民出版社1982年，第33页。

者，如"历代事实"所记乾隆元年（1736年）四月、六月、七月事，"略笔杂叙"所记乾隆二年（1737年）事，"道途全载"所记乾隆七年（1742年）事等，悉数被《西藏志》收录。

南图藏《西域全书》共37目，类目名称为四字式，《西藏志》共36目，类目名皆为二字式。除缺少"拉撒康卫全图""拉撒舆图""戎城全图""人物图形"等4目外，《西藏志》全部类目名称、目次均能与《西域全书》对应上，具体情况见下表：

| 《西域全书》类目 | 《西藏志》类目 |
| --- | --- |
| 拉撒康卫全图 | 无 |
| 拉撒舆图 | 无 |
| 戎城全图 | 无 |
| 人物图形 | 无 |
| 历代事实 | 事迹 |
| 四至疆圉 | 疆圉 |
| 山川形势 | 山川 |
| 寺庙名色 | 寺庙 |
| 天时寒暑 | 天时 |
| 土地畜产 | 物产 |
| 年节时令 | 岁节 |
| 属相纪年 | 纪年 |
| 风俗好尚 | 风俗 |
| 衣冠饮食 | 衣冠 |
|  | 饮食 |
| 婚姻嫁娶 | 婚嫁 |
| 夫妇配偶 | 夫妇 |
| 生产养育 | 生育 |
| 死丧孝服 | 丧葬 |

续表

| 《西域全书》类目 | 《西藏志》类目 |
| --- | --- |
| 疾病医药 | 医药 |
| 占卜吉凶 | 占卜 |
| 交接礼仪 | 礼仪 |
|  | 宴会 |
| 生易经营 | 市肆 |
| 居住房屋 | 房舍 |
| 刑法律例 | 刑法 |
| 封爵职衔 | 封爵 |
| 设委碟巴 | 头目 |
| 兵防甲胄 | 兵制 |
| 设隘防边 | 边防 |
| 文书征调 | 征调 |
| 催科差徭 | 赋役 |
| 表章贡赋 | 朝贡 |
| 招徕土地 | 外番 |
| 历代碑记 | 碑文 |
|  | 唐碑 |
| 台站粮务 | 台站 |
|  | 粮台 |
| 略笔杂叙 | 附录 |
| 考遗 |  |
| 道途全载 | 程站 |

不仅类目名称与目次相吻合，内容亦几乎全同，试举一例：

| 《西域全书·历代事迹》 | 《西藏志·事迹》 |
| --- | --- |
| 西藏一隅，诸鉴多未及载。考其地，即西吐蕃也。唐曰乌斯国，明曰乌斯藏，今曰图伯特，又曰唐古忒。居在万峰之中，砺山带河，为西方极胜之区。环山拱合，百原积流成江。自墨竹工卡而下，绕召之南西泻，颇得天地之灵脉。西有布达拉之飞阁层楼，丽色夺目。别蚌、色拉、甘丹、桑鸢四大寺，拱朝于四方。东与川滇联界，西与湟中接壤，通西洋之国达噶斯之地。天文井鬼分野，时岁稍寒，物产有限。地多水泉，人皆以为海眼。春则冻醒而开，夏秋阴雨觉盛。土人分为三部：曰康、曰卫、曰藏。康者，即今之察木多一带；卫者，即西藏拉撒召一带；藏者，乃后藏扎什隆布一带。此三部，皆为番僧之薮，黄教之总汇。其地人民尊敬佛教，敬信喇嘛，所最崇信者如达赖喇嘛、班禅喇嘛、噶吗巴、沙吗纳等辈。其他不迷性之呼图克图，在在皆有…… | 西藏一隅，诸鉴多未详载。考其地，即西吐蕃也。唐曰乌斯国，明曰乌斯藏，今曰图伯特，又曰唐古忒。居在万峰之中，为西方极胜之区。环山拱合，百源汇流，自墨竹工卡而下，绕召之南西泻，颇得天地之灵脉。布达拉之阁层楼，丽色夺目。哲蚌、色拉、甘丹、桑鸢四大寺，拱朝于四方。东与川滇联界，西与青海接壤，其直抵河湟，通西洋达噶斯。天文井鬼分野，时岁稍寒，物产无几。地多水泉，土人以为海眼。春则冻醒，夏秋阴雨觉盛。土人分为三部：曰康、曰卫、曰藏。康者，即今之察木多一路；卫者，即西藏拉萨召一带；藏者，乃后藏扎什隆布一带。此三部，皆为番僧之渊薮，黄教之总汇。其地人民尊尚佛教，敬信喇嘛，所最崇信者如达赖喇嘛、班禅喇嘛、噶吗巴、沙吗纳等辈。其他不迷性之呼图克图，在在皆有…… |

像这种只改动个别字，其余全盘抄录的情况，在《西藏志》中最为普遍，全部36目基本属于这种情况。

此外，偶有略加删节者。如，《西域全书·居住房屋》除介绍自打箭炉至后藏等处房屋构造、装饰方面的特点，尚记拉撒境内能容住百人之大房，一共列举了"干殿岗叉"等32处。先记其名称，次层数、方位，最后记何人曾住等信息。《西藏志·房舍》仅采纳前半部分，舍弃了后半部分。又，《西域全书·道途全载》以日记形式记录作者雍正十年从成都进藏所历途程，如，"七月十六日，自成都省起程至双流县，四十里。十七日，过黄水河、新津河至新津县，五十里……"《西藏志·程站》抄录时将日期部分全部删除，只存程站及里数："成都府四十里至双流县，五十里过黄水河、新津河至新津县……"

亦偶有调整语序者。如,《西域全书·土地畜产》记工布江达风俗:"人颇勇健,盗贼少,民俱贸易,出裁绒、骡子、大头狗。风任人死,碎割喂鹰。如染瘟凶疾死者,砍碎其尸,或山或水分而弃。孝服,百日不梳头,男女衣着同藏内。女发顺披,嫁则将发交叉搭顶上,以红哈达作图,勒头上。其他一切出产、占验、风俗、粮食俱与藏地同。"《西藏志·物产》介绍工布江达时,只有一句"工布江达产栽绒、骡子、大头狗,其余出产同藏。"而关于工布江达风俗人情的记载则移至"风俗"目中。"物产"与"风俗"毕竟不同,《西藏志》如此安排较为合理。《西域全书》亦有"风俗好尚"目,但并未将工布江达之风俗载于此,有欠妥当。又,《西域全书·催科差徭》首句记西藏马皆外来:"西藏地瘠民贫,差物有限。其马匹多系由霍耳一带及西海等处来者。价值俱颇昂。中马自十七八两至二十两不等……"接下来记各地上缴之差物。《西藏志·赋役》将这段引文移至"遇大差则派牛、马、驴、骡,富者应出若干,贫者三四人公摊一头匹"之后,即在记载遇大差役需征募牛马时,顺带提及西藏马皆引进且价昂之事。其实,这一段置于文末或文首皆可。

**(3)对《西藏考》的直接影响**

《西藏考》,不著撰者,成书时间不详,仅知记事至乾隆元年止。赵心愚撰文指出:"《西藏考》的材料应取自《西藏志考》或抄录了后者的相关内容,当然,并非完全照抄,而是有所改动与调整。"①该文得此结论,盖因未能利用南图藏《西域全书》。其实,《西藏考》的编纂亦参考了《西域全书》,理由如下:第一,《西藏考》记"碑文"部分,首列"唐盟碑",次"御制平定西藏碑",次"附录"。"附录"包括"征西将军噶尔弼碑文""登州镇李麟碑文""都察院查郎阿等公碑""西宁镇周开捷碑赞""永昌协马纪师碑赞"等5篇碑文,这与南图藏《西域全书·历代碑记》记述次序、文字完全一致。再核之两种《西藏志考》,仅具"附录"碑文前3篇。

第二,《西藏考》在"碑记"后,紧接着记西藏塘站,这与《西域全书》于

---

① 赵心愚《〈西藏考〉与〈西藏志〉、〈西藏志考〉的关系》,《西藏大学学报》2012年第1期。

碑记后为"台站粮务"的目次吻合。两种《西藏志考》在碑记后为"年节时令"。据此可以认为,《西藏考》抄录自《西域全书》,但不能确定依据的是原稿本还是增补本。

当然,《西藏考》同时也参考了《西藏志考》,详见本书第三章第三节。

**2. 间接影响**

以上受《西域全书》直接影响的三部志书中,《西藏志》对后世影响最大。《西藏记》《卫藏图识》等一批志书编纂时从《西藏志》中采撷大量材料,这些材料的共同远源就是《西域全书》。也许这些志书的纂者没见过甚至也没听过《西域全书》,但事实上,借由《西藏志》,《西域全书》继续发挥着它的影响。

**(1) 对《西藏记》的间接影响**

《西藏记》,不著撰人,乾隆五十九年(1794年)刊入《龙威秘书》。其类目名称与《西藏志》丝毫不差,仅目次不同,内容几乎全同。唯增加乾隆十五年(1750年)颇罗鼐之子朱尔默特那木札勒谋逆伏诛数句,缀记于"事迹""封爵"之末,但误作十六年,则其成书在《西藏志》之后。《西藏志》记程途15条,而《西藏记》仅有"自成都至西藏""自西藏至后藏扎什伦布"程途两条。"自成都至西藏"之注文较《西藏志》增加了一些内容。如"里塘台"下云"昔日年公筑有城堡,欲安设官兵,未行",此处称年羹尧为"年公"。又,"二郎湾"下云"山泽中有吴王庙即吴□□之祠",又,"边坝塘"下云"自昌都至此皆有汉人寺,传为吴□□所建"。

**(2) 对《西藏见闻录》的间接影响**

《西藏见闻录》,萧腾麟编纂。萧氏于乾隆二年(1737年)统领官兵驻镇昌都,历时5年。乾隆九年(1744年)辞归故里,用时3年撰成此书,刊刻行世已在乾隆三十九年(1774年)。《西藏见闻录》共20篇,类目名称、内容与《西藏志》基本相同。但萧氏很少全盘抄录,或删节,或改写,或补充一些材料,或插入一段评论,需仔细对勘才能发现二者间关系。

第一类,在《西藏志》基础上进行删节。这样的例子很多,如《西藏志·疆圉》记西藏东界，其以拉萨为基点，向东依次介绍了藏江、德庆、墨竹工卡、工布江达、拉里、说板多、洛隆宗、昌都等的情况，萧氏则将这部分文字删去。其他如"山川""梵刹""物产"等目均属此类。第二类，在《西藏志》基础上补充材料。如"事迹"目，增加了对"西藏"名称来源的考察，同时补充了很多宋、元、明、清时期有关西藏历史的材料。其他如"兵戎""宴会""医卜"等目属于此类内容。第三类，在《西藏志》基础上加入评论。如"丧葬"目，在抄录《西藏志》内容之后，萧氏有一段议论，论述西藏丧葬风俗的非人道、鄙陋以及其移风易俗的努力。"刑法""喇嘛"等属此类。第四类，在《西藏志》基础上改编。打乱原文顺序，重新予以编排，如"经营"目。萧氏虽然参考了不少传统典籍，但参考最多的还是《西藏志》。

**（3）对《西宁府新志·武备志·西藏》的间接影响**

《西宁府新志》，杨应琚编纂。据书前自序，该书自乾隆丙寅年（十一年）秋七月至丁卯年（十二年）夏五月，历时近一年完成。

由于《西宁府新志·武备志·西藏》只是作为《西宁府新志》的有机组成部分，故内容相对简略。全文共分疆域、形势、山川等25目，与《西藏志》相关的有13目。其中，"人事""医药卜筮""居室""兵防""刑法"等目与《西藏志》所记全同，其余均节选自《西藏志》。如卷首介绍西藏历史部分，主要由节略《西藏志·事迹》而成；"山川"目记禄马岭、瓦合一柱刺山、过脚山等部分皆与《西藏志》记载相合；"户口"目所记颇罗鼐管理前藏后藏部落、人民、寺庙、喇嘛之数字也与《西藏志·附录》所记相同；"寺庙"目所记仍仲宁翁结巴寺、撒家寺、热正寺，"剌麻"目所载8名活佛，均与《西藏志·寺庙》记载相同；"交接礼仪"目有关噶隆、牒巴、小番见郡王与公之礼以及平交之礼的记载，来自《西藏志·礼仪》；《天时》目下之"历法"来自《西藏志·纪年》；"附国"中关于巴尔布、布鲁克巴之记载来自《西藏志·外番》。

**（4）对《卫藏图识》的影响**

是书由马扬、盛绳祖辑自乾隆五十六年（1791年）。鲁华祝为是书所作序云："友人少云马君以自打箭炉至唐古忒一隅，向无刻本成书，爰同梅溪盛君采《四川通志》中《西域》一卷及无名氏《西域纪事》《西藏志》等书",[1]则二人在编纂时曾征引《西藏志》。

《卫藏图识》分为五卷:"图考"二卷,"识略"二卷,"蛮语"一卷。"识略"卷主要介绍西藏的史地风俗,包括宸翰、源流、疆域等26个类目,其内容基本辑自《西藏志》。其辑录分为全部抄录、部分抄录、略有增补等三类情况:第一类,全部抄录者。如"纪年""兵制""刑法""赋役""征调""头目""衣冠""婚姻""房舍"等目内容完全抄自《西藏志》。其中,"纪年"目合并了《西藏志》的"天时""纪年"两目,"婚姻"目糅合了《西藏志》的"婚嫁""夫妇""生育"等三目内容。第二类,部分抄录者。如"宸翰"目只收"御制平定西藏碑文"一篇,删去了《西藏志》中的另一篇"唐碑"。"疆域""饮食"二目亦是在《西藏志》相应类目基础上进行了一定的删节。第三类,略有增补、改编者。如"封爵"目唯增加乾隆十五年(1750年)朱尔墨特谋反伏诛、除王爵以及乾隆十六年(1751年)敕封西藏地方辅国公、戴绷事;"岁节"目唯增加"幼童跳钺斧舞"及"布达拉飞神"表演等节庆习俗的记载。"丧葬""筮卜""市肆""程站"等目亦属此类。

**(5)对《卫藏通志》的影响**

《卫藏通志》,不著撰人,成书时间不详。据学者考证,是书完成于乾隆末、嘉庆初。[2]书前《提要》云:"《旧藏志》,戊申年得自成都钞本,所载程途、风土、山川颇详,随笔采择,另择分门以纪。"细考其内容,与《西藏志》有关的主要是"山川""寺庙""部落""程站"等四目。如"山川"目将《西藏志·山川》内容全部纳入进来,并在此基础上增加了若干山、川、池、塘的内容,记载也更详明;"寺庙"目亦在《西藏志》所记23座寺庙的基础上,增加了28座。不仅数量,也增加了对每座寺庙历史的追溯;"部落"目与《西藏志·外番》内容相同。"程站"目,"由成都至西藏之程站"完全抄自《卫藏图识》,"由前藏至后藏又自后藏至前藏之程站"则采自《四川通志》所载松筠之《西藏巡边记》;而"札什伦布由

---

[1] (清)马扬、(清)盛绳祖《卫藏图识》,国家图书馆藏乾隆五十七年刻本。
[2] 张羽新《〈卫藏通志〉的著者是和宁》,《西藏研究》1985年第4期。

咱党小路至前藏""前藏至布鲁克巴"等其他 16 条程途则抄自《西藏志》。

通过以上考察可以看出,《西域全书》对清代西藏方志编纂的影响既深且广,毫不夸张地说,它奠定了清代西藏志书体例与内容的基本格局。然而,这样一部重要志书,与《西藏志》内容无差,境遇却有着云泥之别。究其原因,一为私纂,一为官修。官修的《西藏志》在公信力、传播范围等方面具有无可比拟的优势。反观《西域全书》,自整体内容被《西藏志》全盘接收以后,渐渐淡出人们的视野,直至完全被遗忘。客观来说,无论是材料的完备性(《西域全书》类目更全,内容更丰富),还是校勘的精良性(乾隆本《西藏志》文字谬误百余处,[①]《西域全书》则大体不错),《西域全书》都更胜一等。认识到这些,有助于我们重新认识《西域全书》《西藏志》的资料价值与研究价值,进而可以更科学、合理地利用这些材料从事藏学相关研究工作。

---

① 杨学东《乾隆刻本〈西藏志〉校勘举隅》,《西藏民族大学学报》2018 年第 4 期。

# 第三章 《西域全书》《西藏志》影响下的西藏方志编纂

乾隆初年至乾隆十六年前后，此时期西藏政局相对稳定，在《西域全书》《西藏志》等志书影响下，出现了一批有质量的西藏方志。根据内容，可大体分为两类：一类是基于《西域全书》内容进行编纂者，如《西藏志》《西藏志考》《西藏考》等；一类是在西藏或康藏地区驻守或转饷的军旅人员，结合自身经历，再依据《西藏志考》《西藏志》等编纂的一系列藏志，如《西藏纪述》《西藏见闻录》《西域遗闻》等。

## 第一节 佚名《西藏志》

前已论及，《西藏志》是在《西域全书》增补本基础上编纂而成。那《西藏志》编者是谁？成于何时？又因何而编？

### 一、著者及成书

和宁于乾隆五十七年为《西藏志》作序称"传为国朝果亲王撰"。吴丰培先生根据该志"寺庙"目记载第四世班禅喇嘛于乾隆六年（1741年）坐床，而果亲王允礼卒于三年以证此书非果亲王所撰。此后对《西藏志》著者的讨论成热门话题，然至今仍众说纷纭，莫衷一是。[①] 笔者以为，在没有确凿证据的前提下，著者问题不如阙疑。

关于《西藏志》成书时间，其"封爵"目有"旋晋封颇罗鼐为多罗郡王"[②]之记载，根据《清实录》，颇罗鼐于乾隆四年被封为郡王，则《西藏志》成书不会早于乾隆四年。邓锐龄先生指出"卷之三朝贡篇云：'今达赖喇嘛颇罗鼐为一班，班禅喇嘛为一班，各间年一次，差额尔沁进贡。'揆之以《清实录》，此一体制确定于乾隆七年（1742年）正月，则知《西藏志》虽然详叙雍正朝事，其定稿应在乾隆七年之际。"[③]

关于编纂缘起，《西藏志·附录》有一段文字值得注意："乾隆二年，造送理藩院，入《一统志》"，这段文字应该来自《西域全书》"附录"下之注文："造送理藩院文。取卫藏四至、接壤管属、人民户口、喇嘛庙宇、城堡数目。乾隆二年送。"《西域全书》未提及呈送是书至理藩院做何之用，《西藏志》则将其明确为"入《一统志》"。

《大清一统志》首次编纂于康熙时期，因卷帙浩繁，久未成书。雍正时期又重加编辑，仍未完工。至乾隆八年（1743年）方始完成。《西藏志》约编成于乾隆七年之际，恰与《大清一统志》成书时间前后相接。我们是否可以做如下推测：子铭氏撰辑《西域全书》，是为了"聊以记其所历"。但因该书记载西藏史地内容十分完备，且多为第一手材料，可靠性高，乾隆元年成书后，受到驻藏大臣衙门的高度重视。彼时驻藏大臣衙门或许正欲筹编一部西藏方志，以供《大清一统志》采摘，《西域全书》的出现恰好弥补了这个空缺。该书被驻藏大臣衙门征集并于乾隆二年呈送理藩院。彼时，距《大清一统志》告成尚有一段时间，编纂人员有

---

① 张羽新认为《西藏志》与萧腾麟所撰《西藏见闻录》为一书，作者应为萧腾麟，见张羽新《〈西藏志〉即萧腾麟所著〈西藏见闻录〉考》，《文献》1986年第1期；赵心愚认为，果亲王为此书最初的著者或嘱其随从编撰，见赵心愚《清代西藏方志研究》，商务印书馆2016年，第34页。
② 《西藏研究》编辑部编辑《西藏志卫藏通志》，西藏人民出版社1982年，第33页。
③ 邓锐龄《读〈西藏志〉札记》，《中国藏学》2005年第2期。

机会将其间发生的重大藏事增补进《西域全书》。为使《西域全书》看上去更像是一部西藏通志，遂更名为《西藏志》。

## 二、文献价值

《西藏志》全部36目的内容均来自增补本《西域全书》。除改动个别字，或略加增删，或调整语序的情形外，基本上原封不动地采录增补本《西域全书》的内容。《西藏志》成书后，凭借其官书地位，影响和传播范围迅速扩大。时至今日，仍屡为藏学研究者所引用，而《西域全书》则逐渐湮没无闻，被遗忘在历史的角落。可以说，没有《西域全书》，便没有《西藏志》。这是我们在评价《西藏志》时所必须注意的。

《西藏志》有乾隆抄本与刻本之分，现均藏于国家图书馆。乾隆《西藏志》抄本采录《西域全书》时基本不误，乾隆《西藏志》刻本是和宁在成都所得抄本基础上刊雕的，产生讹误较多。1978年，吴丰培先生根据和宁所刊之本，再利用《西藏记》《西藏宗教源流考》等书予以校勘，出版整理本《西藏志》。吴先生虽然纠正了一些，但仍存在不少文字谬误。1982年，《西藏研究》编辑部将吴丰培先生整理的《西藏志》与另一部重要志书《卫藏通志》合刊出版，此即目前流传最广的《西藏志》版本。然而，该版本错讹一仍其旧，这不能完全归咎于吴丰培先生，乃乾隆《西藏志》刻本自身的问题。这些错讹颇影响阅读与利用，故撰专文予以勘谬（见附录一：《西藏志》抄本与刻本校勘举隅）。

## 第二节 佚名《西藏志考》

《西藏志考》不著撰者，成书时间亦不详。目前已知有两部，分别藏于国家图书馆（以下简称"国图本"）、中央民族大学图书馆（以下简称"民大本"）。这两部内容相同，但类目数量、目次略有差异。"民大本"共30目，分别为："四至疆圉""山川形势""寺庙名色""天时寒暑""土地畜产""封爵职衔""设委碟巴""兵防甲胄""设隘防边""文书征调""催科差徭""表章贡赋""略笔杂叙""台站粮务""西域碑记""年节时令""属相纪年""风俗好尚""男女衣冠饮食""婚姻嫁娶""夫妇配偶""生产养育""死丧孝服""疾病医药""占卜吉凶""交接礼仪""生易经营""居住房屋""刑法律例""程途全载"。与之相比,"国图本"《西藏志考》少了"程途全载""台站粮务"2目,但多出"历代事迹"。"民大本"有些类目较"国图本"内容为详。

"民大本"《西藏志考》卷首无序。"国图本"则有两序,细考均来自《西域全书》,序一为花册繁所作,序二为旭池所作,但都删去了作者。在本书"第二章第四节 子铭氏《西域全书》"已考定,"民大本""国图本"两部《西藏志考》全盘照抄乾隆元年成书之《西域全书》,且没有《西域全书》以外的任何材料。虽然同样是以《西域全书》为底本而编纂,内容亦相差无几,但《西藏志》凭借其官书身份,影响了其后一批西藏方志的编纂。相较而言,《西藏志考》的传播范围及被利用程度则远逊于《西藏志》,诚可叹也!

## 第三节 佚名《西藏考》

《西藏考》,不著撰者,成书时间亦不详。光绪年间,赵之谦刻《仰视千七百二十九鹤斋丛书》第二集收录《西藏考》一卷。赵氏所作序云:"不著撰人姓氏,盖雍正初,身至其地者随笔记录之。"[1]

《西藏考》内容较为单薄,只有三个部分:第一,归诚部族。记巴尔布三罕(布颜罕、库库木罕、叶楞罕)奏书、布鲁克巴奏书以及南城、巴卡、徐树、纳克树的定界、管属、贡赋等内容。第二,历代碑记。包括"唐盟碑""御制平定西藏碑"以及"附录"下的五篇碑文(赞)。第三,台站粮务及程途。包括"自

---

[1] (清)赵之谦《仰视千七百二十九鹤斋丛书》,绍兴墨润堂书苑。

成都由打箭炉、察木多至拉萨""从西藏由木鲁乌苏一带至西宁路程"等 15 条路线。

关于材料来源，《西藏考》同时采录了《西藏志考》《西域全书》之材料。首先看《西藏考》与《西藏志考》的关系。《西藏考》记新归附之南城、巴卡、余树、纳克树等处，勘定疆界及管属云："议得千人以上之部落，设千户一名，百人以上者，设百户一名，不及百人者，设百长一名。千户之下，设百户五六名，百户之下，设百长三四名。"①《西藏志考·表章贡赋》载："千户之下设百长五六人，百户之下设百长三四人。"②《西域全书·招徕土地》云："千户之下设百长五六名，百户之下设十长三四名。"③ 说明《西藏考》抄录的是《西藏志考》，而非《西域全书》。再如，《西藏考》"自打箭炉由霍耳碟革草地至察木多路程里数"记载从打箭炉到察木多共计 39 站，1780 里。其程站数及里数与《西藏志考·程途全载》所载相同，但与《西域全书·程途全载》的 39 站，1740 里略有不同。"竹窝过山至勒公松多四十里""勒公松多过普玉隆至甘孜二十里"，《西藏考》《西藏志考》二书记载相同，而《西域全书》所载"竹窝过山至勒公松多"为 35 里，"勒公松多过普玉隆至甘孜"为 30 里。笔者将《西域全书》该段路程所载里数相加，实际应为 1785 里，而非 1740 里，《西域全书》记载有误。《西藏考》每一程站里数及总里数均与《西藏志考》一致，表明其与后者关系更密切。

《西藏考》也同时参考了《西域全书》，理由如下：第一，《西藏考》主要分为归诚部族奏书、历代碑记、台站粮务、程途等几部分，这与《西域全书》的目次："招徕土地（记巴尔布、布鲁克巴奏书内容）、历代碑记、台站粮务……道途全载"吻合。民大本《西藏志考》目次为："略笔杂叙（记归诚部族奏书）、台站粮务、西域碑记、年节时令……程途全载"，其"台站粮务"在"西域碑记"前，与《西藏考》不同（国图本《西藏志考》无程途与台站粮务）。第二，《西藏考》

---

① 佚名《西藏考》，中华书局 1985 年，第 6 页。
② 佚名《西藏志考》，国家图书馆藏，不分卷。
③ （清）子铭氏《西域全书》，南京图书馆藏，抄本，四册，不分卷。

记"碑文"部分，首列"唐盟碑"，次"御制平定西藏碑"，次"附录"。"附录"包括"征西将军噶尔弼碑文""登州镇李麟碑文""都察院查郎阿等公碑""西宁镇周开捷碑赞""永昌协马纪师碑赞"等5篇碑文，这与南图藏《西域全书·历代碑记》记述次序完全一致。再核之民大本与国图本《西藏志考·西域碑记》：先"唐碑"，次"御制平定西藏碑文"，次"征西将军噶尔弼碑文"、次"登州镇李麟碑文"、次"西宁镇周开捷碑赞""永昌协马纪师碑赞""都察院查郎阿等公碑"等5篇碑文。可以看到，5篇碑文的序次，《西藏考》与《西域全书》完全一致，《西藏志考》将"都察院查郎阿等公碑"置于最末，不同于二书的安排。这应该不是巧合，合理的解释就是，《西藏考》同时参考了《西藏志考》与《西域全书》。具体来说，在目次方面，《西藏考》参考了《西域全书》，文字内容方面则完全引用《西藏志考》。

《西藏考》主要由抄录二书而成，但也有重新编辑之处。如，《西域全书》与《西藏志考》"台站粮务"主要记汛地15处、粮务6处。15处汛地为拨浪工、里塘、海子塘、立登三坝、大所、巴塘、江卡、黎树、石板沟、阿足、乍丫、昌都、硕板多、拉里、江达等。每一处均记把总及兵员数量。如，"拨浪工，把总一员，兵十名"。《西藏考》没有参考二书集中记载的形式，而是在"程途"中，涉及某一程站，才在该程站下将把总及兵员数量捎带注明。如"自成都由打箭炉察木多至拉萨路程"中，"麻盖中过剪子湾、拨浪工、大雪山至西俄洛九十里"，其注云："山大，有毒瘴，盗贼出没抢劫。有土百户二名。柴草广。拨浪工地方设有守汛把总一员，汉兵十名。"《西藏志考》《西域全书》注与之相同，唯独缺少"拨浪工地方设有守汛把总一员，汉兵十名"一句。

赵之谦所作序称《西藏考》作者"身至其地者，随笔记录之。"或许作者曾亲历藏地，至于是否"随笔记录"，经过前文分析，已不言自明：《西藏考》完全由抄录《西藏志考》与《西域全书》而成，并未提供有价值的材料，仅在个别处进行了编辑工作。

## 第四节 张海《西藏纪述》

### 一、作者及成书

有关张海生平事迹及编纂《西藏纪述》缘起，可通过书末张海之跋语了解梗概：

> 海初任四川雅州府荣经县尉，辛亥岁委赴口外协办副总理粮务，兼运军饷赴西藏。壬子复解藏饷。癸丑奉部行取口外舆图、户口、风俗，蒙委清查绘画采访，兼剖各土司历年未结夷案。驰驱十月，始获告竣。是年量移泰宁，巡检其地。敕建惠远庙，移驻达赖喇嘛，有钦差护卫，重兵镇守。斯任则管理汉土民情，兼司粮运军务。甲寅冬，果亲王奉命至泰宁抚恤番黎，驻节月余，一切供支，竭蹶承办，幸免遗误。乙卯春，奉果亲王派委，护送达赖喇嘛由类五齐、春奔、色擦、哈拉乌苏等处草地，计行六月，始抵西藏。戊午，升授叙永照磨，复委出口管理里塘粮务。辛酉丁艰。海任川一十三载，奔驰塞外，几及十年，蛮烟、瘴雨、雪窖、冰山，靡不涉历，风俗、人情、语言、服食颇知大概，绘图集记，以志不忘云尔。[①]

根据这段跋语，知张海先后任雅州府荣经县尉、泰宁巡检、叙永照磨等职。久理川边藏区汉土民情，兼司粮运军务事项。自雍正九年（1731年）至雍正十三年（1735年）五年间，曾三次进出西藏，两次是押解军饷，一次是自泰宁护送七世达赖喇嘛回拉萨。雍正十一年（1733年）奉命取口外舆图、户口、风俗、清查、绘画、采访，兼剖各土司历年未结案件。驰驱十月，始得告竣。这些丰富的经历，为张海编纂《西藏纪述》奠定了基础。

关于成书时间，作者自述称"辛酉丁艰。海任川一十三载，奔驰塞外几及十年。蛮烟瘴雨、雪窖冰山靡不涉历，风俗人情、语言服食颇知大概，绘图集记，

---

[①] 张海《西藏纪述》跋，成文出版社1968年。

以志不忘云尔。"辛酉岁（乾隆六年，1741年）张海丁忧回籍，他的十余年川边生涯也就此结束。《西藏纪述》显然是他离开川边后编纂的，时间大概就在乾隆七年（1742年）前后。

## 二、体例特点

《西藏纪述》内容分为"四川雅州府属口内土司"与"雅州府属打箭炉口外新抚土司"两部分，对四川雅州一带土司、千户、百户的状况，如获颁印信、户口钱粮、驻防军士等记载，具体翔实，条理分明。在"雅州府属打箭炉口外新抚土司"部分，依次介绍了里塘、巴塘、江卡、乍丫、察木多、洛隆宗、拉里、巴卡、七十九族、西藏等的情况。西藏部分的记述包括历史事实、地势、风俗、房屋、疆界、管辖地方及户口、关隘、物产、贸易等方面。该书并没有按平目体编排，而是在一整段文字中将以上内容一一铺陈开来，体例编排显得随意。

## 三、内容特点

该书虽名《西藏纪述》，重点却在记四川雅州一带土司。张海在四川任职期间，一定抄录了很多档案材料，故记述各土司之户口、税赋颇详，对于研究乾隆初年雅州、打箭炉一带土司历史具有珍贵的文献价值。

该书的最后一部分记西藏，字数4000余，占全书篇幅四分之一。西藏部分的记述，作者没有标明类目，而是在一整段文字中将以上内容一一叙述，但仍能看出是按照事迹、房屋、风俗、疆界、关隘、衣冠、饮食、婚嫁、丧葬、生育、物产、贸易、打箭炉至西藏道路等顺序介绍的。除"事迹"与"关隘"记载较详外，其余均极为简略，十几字或几十字不等。如"房屋"载："夷民住居喜傍山坡，房屋平顶高楼，覆土作瓦，高三四层不等，俗民碉房。""饮食"云："以酥油奶茶和炒面并牛羊肉为食。官兵出口亦以炒面为粮。炒面，土名糌粑。"西藏部分，作者将重点放在对西藏历史的梳理与关隘的介绍上。

## 四、材料来源

《西藏纪述·事迹》主要参考《西藏志考》（国图本），虽然《西藏志考》《西藏志》均以《西域全书》为基础编纂而内容相同。

《西藏纪述》载："（圣祖仁皇帝）送达赖喇嘛赴藏坐床，封为成教度生达赖喇嘛，并将此方人民土地赐之，居于布达拉，振兴黄教，重衽灾黎"，《西藏志考·历代事迹》记这一段为："敕封成教度生达赖喇嘛，将其地人民赐之居于布达拉，振兴黄教，重衽灾黎……"①《西藏志·事迹》记为"敕封承教度生达赖喇嘛，将其地土人民赐之，居于布达拉。"②《西藏纪述》与《西藏志考》所载相同，《西藏志》则缺少"振兴黄教，重衽灾黎"一句；再如《西藏纪述·事迹》载："（喇撒）旧有城郭，设九门。康熙六十年为定西将军噶尔弼、护国公策旺诺尔布所毁。东南筑石堤，自东北朗路山脚起至布达纳对面小山招拉笔洞止，长十三里，称为神堤。"《西藏志考·历代事迹》记这段神堤长十三里，《西藏志·事迹》记为长约三十里，《西藏纪述》与《西藏志考》所载相同，与《西藏志》不同。据《西域全书·历代事实》载，这段神堤长约三十里。考虑到《西藏志考》文字讹误极多，极有可能将"三十里"误作"十三里"，但《西藏纪述》并未核实，一仍其误。由以上2例可以看出，《西藏纪述》主要采录了《西藏志考》而非《西藏志》的材料。

《西藏纪述》有没有可能跳过《西藏志考》，直接参考《西域全书》呢？仍以这段材料为例，《西域全书》记那位蒙古王公为："策旺罗尔布"，《西藏志考》则记为："策旺诺尔布"；《西域全书》记神堤长约三十里，《西藏志考》为十三里。《西藏纪述》这两处均与《西藏志考》记载相同，说明其引用的是后者。此外，"房屋""风俗""疆界""衣冠""饮食""婚嫁""丧葬""生育""物产""贸易"等目内容，篇幅极小，约400字，仅占全书的2%，亦由概括《西藏志考》而成，

---

① 佚名《西藏志考》，国家图书馆藏，不分卷。
② 《西藏研究》编辑部编辑《西藏志卫藏通志》，西藏人民出版社1982年，第33页。

此不赘述。

《西藏纪述·关隘》记西藏关防要隘尤其详尽。《西域全书》《西藏志考》"设隘边防"目仅记藏地少数关隘，如腾格那尔、余树纳克、纳克产、奔卡立吗尔、生根物角及拉萨附近的浪荡、帕尔等，并且只记派驻千把总、兵员数量。《西藏纪述》记关隘则详尽得多，分别从正东、东北、东南、正北、西北、正西、西南、正南8个方位逐一介绍。如正东："西藏正东要隘则察木多，两河环绕，山重路窄，设桥为防，乃西藏之门户。而嘉玉桥左有敌贡山，道路盘旋，右有恶濯河，源流泛滥，可称险隘。洛隆宗，东接西藏，北通青海，堪云重地。拉里北距玉树，系其咽喉。工布江达，北有碟工，可扼准噶尔，南有长江，堪制诸番，系其保障。墨竹工卡虽近藏地，亦可屯集拒防。"将西藏正东方向的所有关隘如察木多、嘉玉桥、洛隆宗、拉里、工布江达、墨竹工卡等逐个介绍。且介绍重点放在这些关隘的军事战略地位，如察木多是"西藏之门户"，洛隆宗"堪云重地"，拉里"系其咽喉"，工布江达"系其保障"，等等。这部分内容不见于此前的志书，应是作者实地勘察或搜集有关档册资料所得，可补西藏志书之不足。

## 第五节 萧腾麟《西藏见闻录》

### 一、作者及成书

据同治《峡江县志·武功》记载，《西藏见闻录》作者萧腾麟，字十洲，又字绣夫，江西峡江县人。康熙五十三年（1714年）中武举，五十七年（1718年）会魁，选侍卫。雍正间授河南都司，护理怀庆参将，晋川北镇保宁游击，历左右中营。乾隆二年（1737年）率领川兵驻镇察木多，督理西藏台站。三年任期满赶上准噶尔进藏熬茶，以熟悉藏情又留镇两年，后致政归养。

《西藏见闻录》自序中，萧腾麟谈到其撰写此书及搜集材料的经过：驻镇察木多五年中,"凡目之所睹,耳之所闻,躬之所践履者,辄笔之于纸,以志无忘。"①致仕归养家乡后,"取而编为一帙,颜曰《西藏见闻录》。"萧腾麟在序中称"乾隆十有一年,岁次丙寅,季冬月中,浣赐进士出身,诰授中宪大夫,晋怀远将军,予告终养。"也即是说萧腾麟是在乾隆十一年(1746年)后编纂此书。萧氏子萧锡珀在此书后所作跋文中也提到了其父编纂的经过:"乾隆甲子(乾隆九年,1744年),辞政归养,承欢余间,委蛇斗室中,鸡窗灯夜,重取考衷成书……旁搜博览,与古为徒,未尝少息,故西藏之风土人情与夫典籍所载,无不详考而备载也。"②其子所记编书时间为乾隆九年,与萧腾麟的乾隆十一年略有不同。萧氏所记时间更详细,而且记载了与其自身息息相关的职衔变迁,萧氏所记应该不会错,似更可信。但从书中各篇内容来看,萧腾麟自序回避了是书从他书中采录材料一事,而其子的记载则基本符合事实。

该书共两卷,分为事迹、疆域、山川、贡赋、时节、物产、居室、服制、饮食、宴会、嫁娶、医卜、丧葬、梵刹、经营、刑法、兵戎、喇嘛、方语、程途等20目。

## 二、材料来源

在萧腾麟编纂《西藏见闻录》时,已问世的西藏方志有《藏纪概(雍正)》《四川通志·西域志》《西域全书》《西藏志考》《西藏志》。通过文本比较发现,《西藏见闻录》主要参考了《西藏志》的体例与内容。为方便说明二者的关系,列表如下:

---

① (清)萧腾麟《西藏见闻录》序,中央民族学院图书馆编《中国民族史地资料丛刊》,1978年。
② (清)萧腾麟《西藏见闻录》跋,中央民族学院图书馆编《中国民族史地资料丛刊》,1978年。

| 《西藏志》类目 | 《西藏见闻录》类目 | 《西藏见闻录》参考《西藏志》情况 |
|---|---|---|
| 事迹 | 事迹 | 糅合了《西藏志》"事迹""头目"两部分内容，且有所增补 |
| 头目 | | |
| 疆圉 | 疆域 | 全抄《西藏志》，并增入《西藏志·外番》布鲁克巴诺彦林亲与噶毕仇杀事 |
| 山川 | 山川 | 全抄《西藏志》 |
| 寺庙 | 梵刹 | 无 |
| 天时 | 时节 | "天时"内容不尽相同，"纪年""岁节"基本一致 |
| 岁节 | | |
| 纪年 | | |
| 物产 | 物产 | 节录《西藏志·物产》而成 |
| 风俗 | 无 | 无 |
| 衣冠 | 服制 | 全抄《西藏志》 |
| 饮食 | 饮食 | 与《西藏志》不尽相同，当另有所本 |
| 婚嫁 | 嫁娶 | 全抄《西藏志》 |
| 夫妇 | | |
| 生育 | | |
| 丧葬 | 丧葬 | 全抄《西藏志》，增加评论 |
| 医药 | 医卜 | 全抄《西藏志》，有增加 |
| 占卜 | | |
| 礼仪 | 无 | 无 |
| 宴会 | 宴会 | 全抄《西藏志》，有增加 |
| 市肆 | 经营 | 全抄《西藏志》，重新排序 |
| 房舍 | 居室 | 与《西藏志》不尽相同 |
| 刑法 | 刑法 | 全抄《西藏志》 |
| 封爵 | 无 | 无 |
| 头目 | 无 | 无 |
| 兵制 | 兵戎 | 全抄《西藏志》，有增加 |
| 边防 | 无 | 无 |

续表

| 《西藏志》类目 | 《西藏见闻录》类目 | 《西藏见闻录》参考《西藏志》情况 |
|---|---|---|
| 征调 | 无 | 无 |
| 赋役 | 贡赋 | 内容主要参考张海《西藏纪述》 |
| 朝贡 | | |
| 外番 | 无 | 无 |
| 碑文 | 无 | 无 |
| 唐碑 | 无 | 无 |
| 台站 | 无 | 无 |
| 粮台 | 无 | 无 |
| 附录 | 无 | 无 |
| 程站 | 程途 | 全抄《西藏志》 |

《西藏见闻录》是在《西藏志》的基础上编纂而成的。但萧氏很少原封不动地抄录，或是删节，或是改写，或是补充材料，或是加入评论，需仔细对勘才能发现二者间的关系。

第一，在《西藏志》基础上进行删节。这样的例子很多，仅举一例。《西藏见闻录·疆域》记东方边界云：

> 东至巴塘南墩之宁静山为界。按康熙三十八年四川提督唐希尧克复打箭炉定界中渡。嗣五十八年四川永宁协副将岳钟琪招安巴塘里塘二地，四川成都府知府马世珩、四川抚标后营游击黄喜林同招安乍丫、察哇作工、奔达、桑阿那却宗、察木多等处。五十九年，定西将军噶尔弼定藏。雍正三年，四川提督周瑛复定界于南墩宁静山，立分界碑于山巅。岭东巴塘里塘属四川，岭西属西藏，宗叫、察卡、中甸三处属云南。①

---

① （清）萧腾麟《西藏见闻录》，中央民族学院图书馆编《中国民族史地资料丛刊》，1978年，第12页。

再看《西藏志·疆圉》：

> 西藏东至巴塘之南墩宁静山为界。由拉萨行十里许，过机楮河即藏江。其渡设有皮木船，以备通涉。至德庆有纵。凡所谓纵者，系傍山碉房，乃其头目牒巴据险守隘之所，俱是官署。其平地无隘之官署名曰噶。至墨竹工卡皆平川，俱设有纵，设兵守隘，自此东行，道路狭窄，崎岖难行。工布江达、拉里、说板多、洛隆宗、昌都皆为要隘，各安兵设防。按，其地康熙三十八年，提督唐希顺据化林守备王允吉等原报一案，兴师克打箭炉，定界于中渡。康熙五十八年，永宁协副将岳钟琪斩逵哇蓝占巴、布木咱等九人。都统法腊于五月十八日，令永宁协副将岳钟琪领官兵一千，进取巴塘，令成都县教谕杨世禄先行招抚。五月二十六日，巴塘营官结果、翁布二人随杨世禄赍土地户口册，近投副将岳钟琪于奔卡木地方，巴塘、理塘始定。七月，据差成都府同知马世烆、四川提标后营游击黄喜林报，招乍丫、察娃作贡、奔达、桑阿却宗、察木多等处。五十九年，大兵随定西将军噶尔弼于八月定藏。雍正三年，松潘镇总兵官周瑛勘定疆址，始定于南墩宁静山岭上为界，并建分界碑：岭东之巴塘、理塘属四川，岭西属西藏。其中叫察卡、中甸属云南。三处疆界始分。①

仔细比对不难发现，《西藏见闻录·疆域》内容本于《西藏志·疆圉》，萧氏在采录时进行了删节。萧氏抄录时的错误也能说明这点。如康熙年间四川提督唐希顺，萧氏误作"唐希尧"；黄喜林的官职为"四川提标后营游击"，而非萧氏的"四川抚标后营游击"；《西藏志》记周瑛雍正三年为松潘镇总兵官，《西藏见闻录》则记为四川提督。考《清实录》，雍正壬子（雍正十年1732年），周瑛由松潘总兵官升任四川提督。所以，周瑛任四川提督是雍正十年以后的事了。萧氏在编写此条材料时，或许周瑛官任四川提督，但《西藏志》记周瑛勘定宁静山疆界

---

① 《西藏研究》编辑部编辑《西藏志卫藏通志》，西藏人民出版社1982年，第7页。

事在雍正三年（1725年），彼时周瑛还是松潘镇总兵官。萧氏由于粗心致误。以上三处编写失误说明，萧氏是在《西藏志》基础上编纂而成的。

此外，山川、梵刹、物产等目属于此类。

第二，在《西藏志》基础上补充材料。如《西藏见闻录·事迹》，较《西藏志·事迹》补充了很多材料。《西藏见闻录》首次考察了"西藏"名称的来源："考西藏之载于方舆，即周之西戎，汉之西羌，唐之吐蕃也，迄我朝始分其地为三部：曰康，曰卫，曰藏。而人因其名之实繁，遂总其名而称之曰'西藏'。"这是目前我们所见到的较早追溯"西藏"名称来源的记载。对于西藏的历史，此前的西藏志书虽有谈及，但多详于今（清朝）而略于古。在介绍清以前西藏历史时往往一笔带过。《西藏见闻录》弥补了这一缺憾。其增加了很多宋、元、明时期有关西藏历史的材料，使得人们对于西藏历史的认识越来越清楚。清朝时期西藏的历史也增加了很多材料。如雍正三年，《西藏志》只有"抚插类乌齐一带番民"一句，《西藏见闻录》补充了四川提督周瑛"勘理疆界，编缉户口，招抚南城、巴卡、余树、纳克等处各部落，归入版图"等内容。作者在此处还用注释的方式详细列出归附蕃民的具体数目、重新编户及纳赋等内容。又，雍正九年《西藏志》仅记川陕滇官兵换防之事。《西藏见闻录》则增加了"颇罗鼐由贝子晋升贝勒其子升授辅国公""达赖喇嘛及颇罗鼐犒送驻藏官兵酥油炒面牛羊干粮"等事。

兵戎、宴会、医卜等目属于此类内容。

第三，在《西藏志》基础上加入评论。如《西藏见闻录·丧葬》，在抄录《西藏志·丧葬》内容之后，萧氏有一段议论："夫上世不葬其亲，死则委之于壑。而目击狐狸蝇蚋之食嘬，犹不忍而思掩，矧复剐削以食鹰犬，岂尚有人心哉？而彼方以此为孝，亦可哀也已。尤怪其既碎体磔身又于明年内常作佛事，云为亡者洗罪。余谓纵有地狱，想亦不过如此，凌迟舂磨，或阎罗反怜其已受不残酷，刑无可加，亦无俟佛法而后解免者。若谓虑三途六道轮回，则又何不幸而再转为人身耶？嗟乎，狂獠成俗，岂真天性使然？由来相沿为固然耳。他日渐仁摩义久道化成中，岂复长此残忍哉？余尝巡视郊外，见骷髅满沟壑中，皆鹰犬之食余，目击心伤。《周礼》蜡氏掌除骴，有死于道路者，埋而置楬。既宫斯土，余之责也。

乃捐俸募蕃民往拾之。越三日得二千余箧，不能备棺，择高阜地掘二大深池，分纳其中。取余旧衣各一袭，覆而瘗之。后每月检埋一次。始行之初，蕃民争视异事，耳目骇然。朔望日酋长参谒后，饬通事宣谕，我天朝法度，子孙弃父祖尸不葬者，有罪。若有敢于毁伤者，加以极刑。复导以天性之恩爱。虽相沿已久，未能骤更，而微伺所募埋此蕃民，渐有不妨睇视状。迨余奉檄旋师，临行之日，蕃民咸挈楺提筐垂泣。送曰，麻本枏暮雀歪汤拉猂雄耸灭些凝工村桑路董诺学（萧氏注：译：老爷心肠好，撤兵回去，百姓昼夜思想老爷再来）。言词谆恳。余方忆当时感动在此区区，可见转移之不难也。"萧氏这一大段文字论述了西藏丧葬风俗的非人道、鄙陋以及其移风易俗的努力。这段文字占该类目的四分之三篇幅。

刑法、喇嘛等目属此类。

第四，在《西藏志》基础上改编。如《西藏志·经营》云：

> 西藏习俗，贸易经营，男女皆为。一切缝纫专属男子。通用皆银钱，每个重一钱五分，上铸番字花纹，其名曰白丈，以银易钱而用。若贸易碎小之物，以蒙子哈达、茶叶、酥油易换。至市货物商贾，有缠头回民贩卖珠宝，其布疋、绸缎、绫锦等项，皆贩自内地，有白布回民贩卖氆氇、藏锦、卡契缎、布等类，皆贩自布鲁克、巴勒布、天竺等处。有歪物子专卖牛黄、阿魏等物。其他藏茧、藏绸、毡子、氆氇、藏布以及食物诸项，藏番男女皆卖，俱不设铺面桌柜，均以就地摆设而货。

《西藏见闻录·经营》打乱原文顺序，重新予以编排：

> 贸易货殖，男妇皆习其业，就地铺设货物，以作早市。蕃贾辐辏，外来者缠头回回、白布回回、歪物子。货物则玛瑙、玻璃、珊瑚、车渠之属。有粲其宝绫缎霞绮，氆氇、藏锦、棘薪。通用系铸银为钱。每枚重一钱五分，无穿孔，二面凿蕃字花纹名曰白丈。亦有以货易货，彼此交换各称其值者。

《西藏见闻录》这段文字与《西藏志》并非一模一样，但仔细比对可以发现，二者并无实质不同。萧氏不过是把《西藏志》的叙述顺序调整了一下：首先介绍西藏贸易不分男女皆可经营，且就地摆摊不设铺面；次述商人的组成及贸易物品；再述西藏的交易货币及以物易物的交易形式。

前文提到，萧氏在自序中只说将其所记西藏见闻编辑成册，并未提及参考他书情况。经过笔者考察，萧氏虽然参考了不少传统典籍，但参考最多的还是《西藏志》。萧氏似乎有意抹去《西藏志》的痕迹，在抄录过程中进行了一定的"编辑"，这实在算不上光明的做派。

## 三、史料价值

《西藏见闻录·事迹》按照两《唐书》记载，将西藏历史与早期羌族历史联系起来，梳理出一条系统的历史脉络，这是《西藏见闻录》重要价值所在。书前《凡例》指出"前代事迹已详载史册者，录中不复赘述"。故书中对唐代吐蕃记述相对简略。宋代西藏历史向来较为模糊，因当时西藏分裂，社会动荡不安，宋朝国势衰微，西藏与内地联系较少，汉文史书中缺乏对西藏的记载。《西藏见闻录》据前代文献记载了生活于内地的藏族部落的情形，特别是记述了唃厮啰政权。从元代开始，西藏正式纳入中央版图。然因种种原因《西域全书》《西藏志》等均未能将这一段历史记述清楚。而《西藏见闻录》在一定程度上纠正了以往书写的失误。如"自元宪宗于河州置吐蕃宣慰司都元帅府，后世祖复郡县其地，设官分职，遂以吐蕃僧大宝法王、帝师八思巴领之，由是各部首领悉为钳辖矣"。此处记载虽然较为简略，但纠正了康熙以来西藏史志记载之误，明确了元代在西藏"郡县其地，设官分职"这一历史事实。《西藏见闻录》与《西藏志》一样，用了很大篇幅记述清代历史。除个别地方错误，如雍正十二年果亲王赴泰宁，误作雍正十三年之类，其余基本准确。清代历史部分在参考《西藏志》基础上，增加了很多细节内容，使得这部分内容更加丰富充实。《西藏见闻录》对西藏历史的记述对后世藏学文献影响很大，此后学者在论述西藏历史时，基本上不再采用《西藏志》的表述。

## 四、文献价值

《西藏见闻录》首列"方语"类目。《西藏见闻录·卷首》凡例称："天下语音之清浊轻重，系风气水土不同，中原四方已多互异，况徼外乎？第初至其地，鴃舌莫辨，凭通事之传达，保无舛错，因即日用常言，细心译出，便可审而知之矣。"说明萧氏对藏语十分重视。当然，萧氏设立"方语"类目，主要还是为了让进藏人员尽快掌握藏语中的一些常用词汇的读法。"方语"首列汉语，再用汉字注明藏语发音，以注文形式附于其后。如"天（朗）""地（撒）""日（尼吗）""月（达瓦）""星（噶吗）"等。"方语"搜罗了500余个汉语词汇的藏语发音，但并没有列出相应的藏文作对照。所以说，这只是一部速成手册，并非严格意义上的藏汉翻译之作，但其开创之功不容低估。

## 第六节 杨应琚《西宁府新志·武备志·西藏》

### 一、作者及成书

《西宁府新志》，清杨应琚修纂。杨应琚，字佩之，号松门，奉天汉军正白旗人。

杨应琚在青海为官多年，其念"边垂质野，文献无征，是西宁郡志作者为尤难也。余承乏兹土，十有余季，常登土楼之巅，穷浩门之源，俯仰今古，斯地诚戎马之郊，关河之冲矣……我朝圣圣相承，平青海，收蕃族，设郡邑，广学校，可谓万世一遇矣。若使闇而不章，郁而不发，此有司之罪也。"[1] 早在康熙时已通

---

[1] （清）杨应琚《西宁府新志》序，青海人民出版社1988年。

令全国普修省志，雍正时再诏令各省纂修通志，后又颁布各省、府、州、县志每六十年一修的诏令，为《大清一统志》的修纂鸣锣开道。加之康雍乾三朝又是文治武功，修志成风。正在这种时代风气和政治形势的影响及要求下，时任西宁道按察使司佥事的杨应琚在乾隆丙寅（十一年，1746 年）秋七月着手修纂，历时 11 个月，于丁卯（十二年，1747 年）夏五月成书。

《西宁府新志》分星野志、地理志、建置志等共 10 志。其中"武备志"设有西藏专篇。该志《凡例》云："西宁为极边之郡乎，逼介青海，环拱诸番，径通准夷，南达三藏，自古为用武之地。特纂《武备》一志。凡兵制、戎器、驼马以及番族，无不具载。并青海之始末，防范准夷之要隘，西藏之疆域、山川、风俗、户口、天时、人事亦附列焉，使守土握兵者知肯綮云。"该志详列番族远近，塞外四卫存废始末，青海源流，通准噶尔路径以及西藏的山川道里，俾使握兵守土的后来人，知地利，严防范。西藏专篇亦因此而设。

## 二、材料来源

《西宁府新志·武备志·西藏》设有疆域、形势、山川、古迹、土则水利、风俗、物产、关隘、户口、贡赋、人事、交接礼仪、居室、衣冠、刑法、天时、兵防、寺庙、剌嘛、附国、自西宁至藏路程等 21 目。通读全篇可以发现，其内容主要抄自雍正《四川通志·西域·西藏》《西藏志》二书。具体来说，以抄录《四川通志·西域·西藏》为主，抄录《西藏志》为辅。

《西宁府新志·武备志·西藏》设有：疆域、形势、山川、古迹、土则水利、风俗、物产、关隘、户口、贡赋、人事、交接礼仪、居屋、衣冠、刑法、天时、兵防、寺庙、剌嘛、附国、自西宁至藏路程等 21 目。《四川通志·西域·西藏》也分为 21 目，具体为：疆域、形势、关隘、贡赋、户口、塘铺、新设铺站、山川、古迹、寺庙、风俗、管辖地方头人、物产、天异、土则、附国、种类、喇嘛、人事、路程、碑记等。虽然两志目次不甚相同，但《西宁府新志·武备志·西藏》类目名称及数量与《四川通志·西域·西藏》相差无几。《西宁府新志·武备志·西藏》

删去了《四川通志·西域·西藏》的塘铺、新设塘铺、管辖地方头人、种类、碑记等5目，增加了交接礼仪、居室、衣冠、刑法、兵防等5目。新增的这5目来自《西藏志》之礼仪、房舍、衣冠、刑法、兵制等目。

内容方面，《西宁府新志·武备志·西藏》对《四川通志·西域·西藏》，以全部抄录为主，对《西藏志》以摘录为主，亦有部分类目由糅合《四川通志》与《西藏志》内容而成。

1. 全抄雍正《四川通志·西域·西藏》者。如《西宁府新志·武备志·西藏》"关隘"目载：

汤家古索（原注：在西藏东一百八十里，有铁索桥。番民呼为扎桑巴）、东噶尔关（原注：在藏西三十里，南凭大河，北依峻岭，颇称险要）、曲暑关（原注：在布达拉西一百五十里，有铁索桥。为前后藏往来要道）、哈喇乌苏河口（原注：在藏东北一千四百里，皮船为渡。所住居民俱属西藏）、木鲁乌苏河口（原注：在藏东北二千九百里，与西宁部属交界，拨民人四十户于河口住牧，盘诘往来具报）。①

该目记载了"汤家古索"等5处关隘。再来看《四川通志·西域·西藏》"关隘"之记载：

汤家古索（原注：在西藏东一百八十里，有铁索桥。番民呼为扎桑巴）、东噶尔关（原注：在藏西三十里，南凭大河，北倚峻岭，颇称险要）、曲暑关（原注：在布达拉西一百五十里，有铁索桥。为前后藏往来要道）、哈喇乌苏河口（原注：在藏东北一千四百里，皮船为渡。居民俱属西藏）、木鲁乌苏河口（原注：在藏东北二千九百里，与西宁番属交界，拨民人四十户于

---

① （清）杨应琚《西宁府新志》，青海人民出版社1988年，第774页。

河口住牧，盘诘往来具报）。①

《西宁府新志》所列5处关隘与《四川通志》完全一致，甚至注文也全然相同，抄录痕迹十分明显。

此外，山川、土则水利、风俗、物产、贡赋、人事等6目亦全抄《四川通志》。

2. 删节《西藏志》者。如《西宁府新志·武备志·西藏》"交接礼仪"目载：

> 自噶隆、碟巴下至小番，见藏王暨长子，祗卸帽于手，伸舌打半躬，垂手曲腰，各自就坐。凡进见必递哈达，如绫绢手帕，长短不一，亦如中华投刺之意。即平行，亦彼此交换为礼。

再看《西藏志·礼仪》：

> 自噶隆、碟巴下至小番，见郡并公等，俱止卸帽于手，伸舌打半躬，垂手曲腰，各自就坐。凡进见必递哈达一个，如中华投递手本之意。若系平交，则彼此交换为礼，即书信中亦必置一哈达，盖如我之投刺之意。若路遇，则侧立抹帽，垂手打躬。其平民见噶隆、碟巴、头人之礼亦如之。自郡王下至番民，见达赖喇嘛皆卸帽合手三礼拜，曲腰垂手至法坐前，达赖喇嘛以手抹头一下，谓之讨舍手。②

《西宁府新志·武备志·西藏》只节选《西藏志·礼仪》目中噶隆、碟巴下至小番见郡王及公之礼、平交之礼，而将平民见噶隆、碟巴、头人之礼及郡王下至

---

① （清）黄廷桂、（清）宪德撰《四川通志》，国家图书馆藏乾隆元年刻本，卷二十一，第38页。

② 《西藏研究》编辑部编辑《西藏志卫藏通志》，西藏人民出版社1982年，第30页。

番民见达赖喇嘛之礼皆删去。

此外，形势、居室、刑法、兵防等4目均由删节《西藏志》相应类目而成。

3. 糅合《四川通志》与《西藏志》者。如《西宁府新志·武备志·西藏》"附国"载：

> 后套，在大诏西边，相距五百余里，属藏王管辖。土沃产枣。后藏，在诏之南将千里，近云南界，班禅喇嘛主之。土宜美饶。巴尔布国，在藏西南，行两月。其民分为三部：一曰布颜罕，一曰叶楞罕，一曰库库木罕。地产犀牛、孔雀、琥珀，于雍正十一年遣使奉表入都。布鲁克巴国，在藏西南约行月余。天气炎热，产大稻、黍、豆、麦、瓜、果，与中华相类。南行月余，即天竺国界。唐时归附于内，赐给喇嘛印册尚存。其文曰"唐师国宝之印"，于雍正十一年遣使奉表入都。

关于"后套""后藏"的内容抄自雍正《四川通志·西域·西藏》之"附国"目，关于"巴尔布国""布鲁克巴"等内容摘抄自《西藏志·外番》。

融合二志而成的类目尚有多处，择要叙述如下：卷首概述西藏部分，从开篇至"藏王固始汗谓东土有圣人出，遣使达盛京，绕路潜行，数年始至。谚云，喇嘛能世世转生"。摘抄自《西藏志·事迹》。从"第五辈达赖喇嘛入觐，颁给达赖喇嘛册宝固始汗子孙拉藏汗方印一颗"至该段结束，抄自《四川通志·西域·西藏》"事迹"；"户口"目关于前后藏部落、百姓、寺庙、喇嘛等数量的内容抄自《西藏志·附录》，关于雍正十年两次赏给达赖喇嘛若干番民、头人管辖之事的内容，抄自《四川通志·西域·西藏》之"户口"；"天时"目，关于西藏星象的一段抄自《四川通志·西域·西藏》之"天异"，关于西藏闰月的情况抄自《西藏志·纪年》，关于风雨寒暑四时气候的内容抄自《四川通志·西域·西藏》之"天异"；"寺庙"目全抄《四川通志·西域·西藏》之"寺庙"，同时补充进《西藏志》所载仍仲宁翁结巴寺、撒家寺、热正寺等寺庙。《西宁府新志·武备志·西藏》之"寺庙"结尾云："按，西藏寺庙甚夥，不能尽载，择其名尤著者录于右"，这一句见于《西藏志·寺庙》，是为引用后者的直接证据。"喇嘛"目，从篇首至"自是西藏止知奉此喇嘛，诸番王徒拥虚位，不复能施其号令矣"全抄《明史·西域列传》，从"今藏内喇嘛番人最崇信敬礼者前藏达赖喇嘛、后藏班禅喇嘛、西都楞布气"至该目结束，糅合了《西藏志·寺庙》与《四川通志·西域·西藏》之"寺庙"内容。

综上，《西宁府新志·武备志·西藏》引用《四川通志·西域·西藏》者基本为全文抄录，对于《西藏志》则或全抄某段，或摘选全文，很少全部抄录。盖因"西藏"仅是《西宁府新志》中之一篇，非西藏方志专书，这就决定了其篇幅不可能过大，所以模仿《四川通志·西域·西藏》的体例，并引用其材料，同时以《西藏志》的材料作为补充。但因其没有提供更新的西藏方志材料，仅是对旧有藏志内容的重新编辑，难说有什么文献价值。

## 第七节 佚名《西藏记》

《西藏记》不著撰者。该书体例、结构、篇目名称及内容与《西藏志》基本相同，可知《西藏记》应是在《西藏志》基础上修订而成。从书中材料的下限来看，最晚的一条是"封爵"目提到的"除王爵"，这是乾隆十六年（1751年）所定《酌定西藏善后章程十三条》中的内容，可以推知《西藏记》约成书于乾隆十六年或稍后。

虽然与《西藏志》的内容基本相同，但因《西藏记》成书稍晚，故对《西藏志》的内容有所增补及修订，表现在：

第一，《西藏记》对《西藏志》目次进行了较大调整，详见下表：

| 《西藏志》类目 | 《西藏记》类目 |
| --- | --- |
| 事迹 | 碑文 |
| 疆圉 | 封爵 |
| 山川 | 事迹 |
| 寺庙 | 头目 |

续表

| 《西藏志》类目 | 《西藏记》类目 |
|---|---|
| 天时 | 朝贡 |
| 物产 | 兵制 |
| 岁节 | 边防 |
| 纪年 | 征调 |
| 风俗 | 赋役 |
| 衣冠 | 天时 |
| 饮食 | 疆圉 |
| 婚嫁 | 山川 |
| 夫妇 | 寺庙 |
| 生育 | 岁节 |
| 丧葬 | 纪年 |
| 医药 | 风俗 |
| 占卜 | 衣冠 |
| 礼仪 | 物产 |
| 宴会 | 饮食 |
| 市肆 | 婚嫁 |
| 房舍 | 夫妇 |
| 刑法 | 生育 |
| 封爵 | 丧葬 |
| 头目 | 医药 |
| 兵制 | 占卜 |
| 边防 | 礼仪 |
| 征调 | 宴会 |
| 赋役 | 市肆 |
| 朝贡 | 房舍 |
| 外番 | 刑法 |
| 碑文 | 外番 |
| 台站 | 台站 |

续表

| 《西藏志》类目 | 《西藏记》类目 |
| --- | --- |
| 粮台 | 粮台 |
| 附录 | 附录 |
| 程站 | 程站 |
| 事迹 | 碑文 |

《西藏记》将"碑文"一目置于卷首，同时又将"封爵""朝贡""兵制""赋役"等类目提前，反映了编纂者尊皇权、强调大一统之观念。

第二，《西藏记》补充了部分史料。《西藏志》的材料下限为乾隆七年（1742年），《西藏记》则增加了乾隆七年以后的史料。如乾隆十五年（1750年）珠尔墨特那木扎勒叛乱一事、乾隆十六年所定《酌定西藏善后章程十三条》之内容等。

第三，《西藏记》对《西藏志·程站》内容调整、补充幅度最大。《西藏志》记载了"自四川成都抵藏程途""自打箭炉由霍耳迭草地至察木多路程""自察木多由类乌齐草地进藏路程""自西藏由木鲁乌苏一带至西宁路程""自藏出防腾格那尔路程塘口""自藏出防玉树卡伦路程""自藏出防纳克产卡伦路程""自藏出防奔卡立马尔路程"等15条线路，《西藏记》只记了两条线路：自成都省城至西藏程途、西藏至后藏程站里数，其余线路一概删去。《西藏记》对自成都进藏路线作了较大幅度的修订、补充，使其内容更加丰富详细。一是叙程站更详细。如《西藏志》记由"雅州府"至"荥经县"，途经"观音铺""飞龙关""石家桥"三地。《西藏记》记载这段路程则极为详尽："出南门，上严道山，过灵官堂，下凉水井，走对岩、风木了、八步石，六十里至观音铺。出门不远上飞龙关，十五里山顶上有古刹，下山煎茶坪、麻柳湾、下脚、下高桥关，走山脚过大庙至七纵河，过船上岸，共计六十里至荥经县。"[①]再如，《西藏志》记打箭炉至里塘一段，途经折多山、纳哇出卡、瓦碛、东恶洛、上八义、泰宁、卧龙石、八角楼、德庆营、麻盖中、西恶洛、咱吗纳洞、火竹卡等。《西藏记》除这13站之外，尚记有

---

① 佚名《西藏记》，中华书局1985年，第89页。

提茹塘、阿娘坝、人头湾、乱石窖、火坡、大坝。二是增加人文掌故及民俗的记录。《西藏志》记打箭炉，注释云"相传汉诸葛亮铸军器于此，故名，路崎岖。"[①]《西藏记》增补为"地为中华之极西，西夷之极东，乃明正土司住牧处，寒冷异常，三山环绕，二水并流，相传武侯于此造箭，其匠人郭姓所乘一羊已入仙去，有庙在炉，形容古怪，夷人敬而畏之。炉城只有三门，并无墙垣，以山水为城郭，乃四外各种番夷贸易总汇，市茶要区，人烟辐辏，市井繁华，珠宝等物，内地无者，而此反有之。人物衣冠，风俗言语，又自不同。所居之屋，外以虎皮石砌成，内以木为柱，其三五层不等，名曰碉房，能避枪炮。所耕者，豆、麦、青稞。所牧者，牛羊。所食者，酥油、炒麦、奶茶、牛羊肉。所饮者，青稞酿成之酒，夷名曰冲，又曰凼，终年皆冷食。所信者，喇嘛，病不服药，惟延喇嘛念经，燃酥油灯，焚蛮香，旋念蛮经，旋饮蛮酒。所供者则牛肉花果之类。由北走雅纳沟，顺河进，不远名二道桥，有温水塘，上盖房屋，为夷汉沐浴处。蛮妇名曰纱布，又名阿家，均在彼沐浴。计四站，过海子山，一百五十里，即惠远庙，俗名噶达城，《通志》称为肫荅，路通各部番夷，并西宁西海西藏等处。果亲王惠远庙诗云，曙色欢欣动列屯，西南蜀国共朝元，滴苏熬芋充供佛，宣德还称百药樽。"分别从地理、气候、历史典故、饮食、居住、营生、信仰、风俗等诸方面介绍打箭炉，若非亲身经历，必不能记载如此详明。再如《西藏志》"拉里"下注文云："无柴草，微有人户大寺院，驻防官兵，路平，大寒，不产五谷。"《西藏记》增补记曰"宿站。即罗卜公拉岭之脚下也，初名拉岭，讹为拉里。住蓝古巴，系蛮官名，碉房柴草俱有，其地四通八达，远接外番，荒郊荡漾，第一不毛之地。进北沟系走草地，进西沟上山，即拉岭。其山高大陡险，四时冰雪不化。巉岩海岸，险滑难行。凡口外有雪凌之山，所履者冰凌，所载者雨雪，盖不时吹风刮下山顶积雪，甚于自天而降。乘骑者固须下骑，步行者亦常以手代足，疲瘦之牛马支持不住，落岩堕雪者不计其数。沿途白骨填满道路，不独此一山然也。"《西藏志》说"无柴草"，《西藏记》则说"碉房柴草俱有"。《西藏志》说"路平"，《西藏记》记载两条路，

---

① 《西藏研究》编辑部编辑《西藏志卫藏通志》，西藏人民出版社1982年，第49页。

其中一条上拉里山，山高路陡，险滑难行，"落岩堕雪者不计其数"，等等，对《西藏志》的既有修正，也有补充。

第四，纠正了《西藏志》的一些文字谬误。《西藏志·事迹》载西藏四至曰："东与川滇联界，西与青海接壤，其直抵河湟，通西洋达噶斯。"《西藏记·事迹》则订正为："东与川滇联界，西北与青海接壤，其北直抵河湟，西通西洋，西南达噶斯。"又，同篇《西藏志》记："其国之始为君者，乃额勒特莽固礼之后，马克已之子纳礼藏布"，《西藏记》作："马克巴"；同篇《西藏志》载："达赖喇嘛又化生理塘地方，蛮人称为申凹革桑姜错"，《西藏记》作："甲凹革桑姜错"；《西藏志·寺庙》载："桑鸢寺……内供关圣帝君……称尊号曰草塞结波"，《西藏记·寺庙》云："桑鸢寺……内供关圣帝君……称尊号曰革塞结波"；《西藏志·宴会》记："民间宴筵，男女同居，坐亦同坐，彼此相敬"，《西藏记》作："民间宴筵，男女同召，坐亦同坐，彼此相敬。"以上都是《西藏志》讹误而《西藏记》订正之处。

## 第八节 陈克绳《西域遗闻》

### 一、作者及成书

《西域遗闻》作者陈克绳，字希范，又字衡北，浙江归安（今吴兴）人，乾隆二年（1737年）进士。曾任四川保县知县、茂州牧、打箭炉同知等职。参与过大小金川之役。

因该书无自序，张之浚所作序亦无时间要素，只能从书中材料的下限来大致判断成书时间。《西域遗闻·事迹》目载："乾隆十八年三月，命侍郎兆惠赴藏防范准夷。十月回。"[1] 根据这条时间最晚的材料，《西域遗闻》成书应在乾隆十八年（1753年）之后。

---

[1] （清）陈克绳《西域遗闻》，禹贡学会1936年，第14页。

全书分为事迹、疆域、佛氏、风俗、政教、物产、属国、与国、邻番、里巴二塘、川边职官等 11 目。

## 二、材料来源

张之浚所作序引陈氏语称"此余转饷时所身历之途，目击之事，于风饕雪虐中呵冻手录者"。按陈氏所言，该志材料主要得自其身历目击。然细考全文，很多材料系抄自他书。

《西域遗闻》的材料来源主要有三个：一是此前成书的西藏方志；二是《明史》；三是陈氏调查所得的材料。

### 来源一，此前成书的西藏方志

《西域遗闻》参考最多的西藏方志是《西域全书》或《西藏志考》，其次为雍正《四川通志·西域志》。《西域遗闻》在"属番""邻番""里巴二塘""川边职官"等目中较为集中地采用了雍正《四川通志·西域志》的材料。如"里巴二塘"记"番民八千一百五十三户，有大喇嘛寺居堪布，其余各寺喇嘛共九千四百八十余人。"[1] 此条材料摘抄自《四川通志·西域志》中有关巴塘户口的记载。不过，《四川通志·西域志》记载为"百姓共二万八千一百五十三户，共喇嘛九千四百八十众"，[2] 陈氏在抄录过程中漏掉了"二万"两字。

相比之下，《西域遗闻》引用《西域全书》或《西藏志考》的材料最多，可以说除了"川边职官"等几目外，其他各目均如此，其摘抄数量超过了抄自《明史》的部分。由于《西域全书》《西藏志考》二者资料存在密切关系，所以相同材料究竟引自二书中哪一部，实难确定。如，《西域遗闻》"政教"目称"夷律传有三册，一册十二条，一册十三条，一册十六条，所载刑法甚酷"。《西域全书》与《西藏志考》记载相同："蛮人犯法有律例三本，一本十二条，一本十三条，一本十六条，

---

[1] （清）陈克绳《西域遗闻》，禹贡学会 1936 年，第 75 页。
[2] （清）黄廷桂、（清）宪德撰《四川通志》卷二十一西域，国家图书馆藏乾隆元年刻本。

内所载刑法甚酷。"《西藏志》"刑法"的记载是"西藏沿番例三本,计四十一条,所载刑法甚酷。"三书所载比较,显然《西域遗闻》应摘自《西域全书》或《西藏志考》。再如,《西域遗闻·风俗》目记载"良辰令节贝勒设宴",《西域全书》或《西藏志考》均称颇罗鼐为贝勒,《西藏志》则称颇罗鼐为郡王。这也进一步说明,《西域遗闻》系抄录《西域全书》或《西藏志考》。

**来源二,《明史》**

《西域遗闻》抄自《明史》的材料主要集中在"与国""物产""佛氏"等三目中。这里仅举一例。《佛氏》是《西域遗闻》中文字最多的一目,摘自《明史》的材料也最多,占"佛氏"内容的一半以上。从此目开始一直到"自是西方止知奉此僧,诸番徒拥虚位,不复能施其号令矣"止,共1700余字,吴燕绍此处注云"以上均见《明史》"。这段文字摘抄自《明史》卷三三一"西域三"的开始部分,仅个别地方作了文字增删。此目后半部分所载大乘法王、大慈法王、阐化王、护教王、阐教王、辅教王及朵甘和天全六番设马市等内容,同样摘自《明史》"西域三",文字略有删节。摘抄完《明史》有关朵甘的记载后,陈氏加了几段关于清代情况的文字,又将《明史》大慈法王记载中的后半部分从"初,太祖招徕番僧"开始,到记世宗崇道教、益黜浮屠,番僧鲜来朝这一段文字,移到有关大乘法王的内容前,并将《明史》大慈法王记载中关于西天佛子能仁寺僧智光的一段材料单列于其书关于大慈法王的记载之后。

**来源三,陈氏在藏区的身历目睹**

陈氏乾隆三年(1738年)入川后,任过保县知县,茂州知州,乾隆十四年(1749年)又任打箭炉同知,这些地方均在川西北。直到乾隆十八年任嘉定府知府,才离开藏区。从其任职经历及此书中的材料来看,陈氏主要活动于四川藏区,有可能到过察木多即今西藏昌都一带。如该书"疆域"目中有一段材料谈及"黑水",陈氏说:"或又以金沙江为黑水,纰谬更甚。余渡金沙屡矣,碧色澄空,更无纤翳,不可为黑。黑水者,哈喇乌苏也。""余渡金沙屡矣"说明陈氏在打箭炉任上曾多次渡过金沙江,用亲眼所见力证金沙江并非黑色,而为碧绿,真正为黑的是哈喇乌苏河。又如,"风俗"目记气候时称:"炉无暑,里塘夏亦寒。巴塘至昌都皆有暑";"物产"目称"铁斧皆生铁铸,惟察木多有熟铁者。""邻番"目有"南与滇民通贸易,故有稻米"语,等等。对察木多有如此细致的观察,且不见载于他书,说明陈氏的确到过今昌都一带。关于昌都以西,未见有如此详细的记载,或许陈氏确实未曾到过昌都以西地区,因此这一地区的情况只能搜集史志文献或记下所闻。

## 三、《西域遗闻》史料价值[①]

《西域遗闻》所载某些历史不见于他书,具有重要的史料价值。如关于珠尔默特那木札勒事件的具体细节,该书记载较详。乾隆十五年(1750年),西藏发生了珠尔默特那木札勒事件。这一事件对西藏政治产生了极大影响。乾隆帝为确保西藏政局稳定,决定废除原有的藏王制,扶持达赖喇嘛亲政。这一重大变化使西藏形成了政教合一制度。这一事件的经过,《清实录》《清史稿》均有记载。藏文《七世达赖喇嘛传》《噶伦传》《多仁班智达传》等也有记载,但记事稍嫌简略,尤其没有一些重要细节的记载。《西域遗闻》明确谈到这一事件的一些细节。这些内容主要保存在"事迹""佛氏""政教"等目中。陈克绳的这些材料,应是其听到的传闻。他在打箭炉任同知时,具备听到时人对该事件细节的叙述及评论的条件。这些传闻轶事不见于官方记录,但对于从侧面了解珠尔默特那木札勒事件仍有着不可忽视的价值。

又如,"风俗"目较全面地反映了彼时西藏与川、滇毗邻地区间的经济与贸易关系。该目称:"里塘以外,皆南邻滇省丽江、鹤庆两府,彼地民夷,每以茶、烟、布帛、铜器"赴巴塘和相邻西藏各地,通过贸易获得"氆氇、毯、褐、酥油、黄莲、牛羊皮等物。"接着记载这种贸易的时间:"春融前往,秋末始回。"最后,还记载了这种贸易往返的两条大路及以中甸为咽喉的五六条偏僻路径。在"与国"目中提到"歪胡子""札卡拉"从西藏到打箭炉进行贸易。"歪胡子"《西藏志考》

---

[①] 赵心愚《清代西藏方志研究》,商务印书馆2016年,第235页。

《西藏志》中作"歪物子",一般认为指的是新疆维吾尔人。"札卡拉"可能本为"卡札拉",指蒙古人。"歪胡子"与"卡札拉"并非同一种族,陈氏将二者等同。虽然如此,这一材料仍反映了四川藏区的贸易中有经西藏来打箭炉一带的"歪胡子"与"卡札拉"人参与。再如,"与国"与"物产"均提到"白布国"(即今尼泊尔)铸银钱流行西藏事。"物产"称白布国所铸银钱"流传数千里,至于雅郡"。又称"今雅郡奸民仿式制造,杂以铅铜,非老贾未能辨真赝。而银钱之价遂减。"所谓雅郡,主要指打箭炉同知所辖之地,即今康定一带。白布国所铸银钱曾流行西藏事,中外学者多有谈及,但流行西藏之后又在四川藏区流传的情况却鲜有记载,而"雅郡奸民仿式制造"之事,更不见文献记载。这一记载对于乾隆前期西藏及四川藏区经济、金融的研究显然具有重要价值。

## 四、《西域遗闻》的不足[①]

第一,"西域"一词的范围时大时小。狭义的"西域"主要指西藏地区,广义的"西域"则将新疆、中亚甚至西亚等地也包括在内。清初,"西藏"名称尚未固定时,"西域"是当时西藏的一个异名。《西域遗闻·物产》中提到黄连时称"其产西域者,以工布江达为最。""与国"中有"白布国在怒江西南,铸银钱流行西域"的记载,这两处的"西域"均指"西藏"。陈克绳称西藏为"西域"是符合当时的使用习惯的,没有什么不妥。但陈氏随意将"西域"概念扩大化,使这成为广义的"西域",这就有问题了。如"与国"不仅记于阗、撒马尔罕,而且记别失八里、天方、默德那甚至鲁迷等今中亚、西亚国家;"物产"中,不仅记大食国、波斯国,甚至记大秦国的物产,这就与西藏没什么关系了。前文提及,《西域遗闻》抄录了不少《明史》的材料,《明史》"西域传"采用的就是广义的西域。陈氏沿袭雍正《四川通志·西域志》的写法,又将《明史·西域传》的材料不加辨别地抄录进来,使得记载失当。

---

① 赵心愚《清代西藏方志研究》,商务印书馆2016年,第233页。

第二，类目设置不合理。《西域遗闻》共设有 11 个类目，分别为事迹、疆域、佛氏、政教、风俗、物产、属番、与国、邻番、里巴二塘、川边职官。其中"疆域"目内容既有川滇分界，又记西藏四至，还有入藏路程及西藏山川，一目内包括这么多内容，完全可以再细分成几目。如此安排显得十分杂乱，也名实不副。此外，既然是记西藏，最后两目不应该单独设立，以附录形式列于书后更合理。

# 第四章　廓尔喀侵藏与西藏方志编纂

乾隆末年，廓尔喀两次发动侵藏战争，清廷不得不两次派兵入藏平廓，《卫藏图识》即专为入藏平定廓尔喀之清兵了解藏情而编。廓尔喀被驱逐以后，清廷会同达赖、班禅正式颁行了《钦定西藏章程》29条，《章程》的部分内容也反映在彼时编纂的《卫藏通志》中。《西招图略》则反映了平定廓尔喀后，清廷驻藏官员对西藏治理的深入思考。

## 第一节　马扬、盛绳祖《卫藏图识》

《卫藏图识》是乾隆时期一部重要的西藏方志，在清代西藏历史、地理、政治、经济、宗教及民俗等研究方面具有重要的文献价值。该书刊行不久即产生了较大影响，嘉、道期间成书的《卫藏通志》、周蔼联的《西藏纪游》《四川通志·西域志》、姚莹的《康輶纪行》等书较多地采录了该书内容。光绪年间黄沛翘的《西藏图考》，民国时期任乃强的《西康图经》、法国人石泰安的《西藏的文明》也不同程度地参考了该书内容。此书甚至引起当时外国学者的重视，曾先后被译成俄、法、英多种文字在海外传播。

## 一、关于作者

关于《卫藏图识》的纂修者,《中国地方志综录》著录为"马揭,盛绳祖",[①]《中国地方志联合目录》著录为"马揭修,盛绳祖撰",[②]《中国方志大辞典》称"马揭,盛绳祖合纂",[③] 现当代学者也不约而同地遵从这样的说法,似乎这部西藏志书的作者没有什么疑义。然而,崔建英在《〈中国地方志联合目录〉著录商榷》一文中却说:"马揭当是马扬之误,马扬字少云,所据自周琦跋。周跋行书,刻工又拙,易误认。"[④] 崔文意见值得重视。今国家图书馆所藏乾隆刻本《卫藏图识》前有周琦所作序,我们来看这段用行书写就的序:

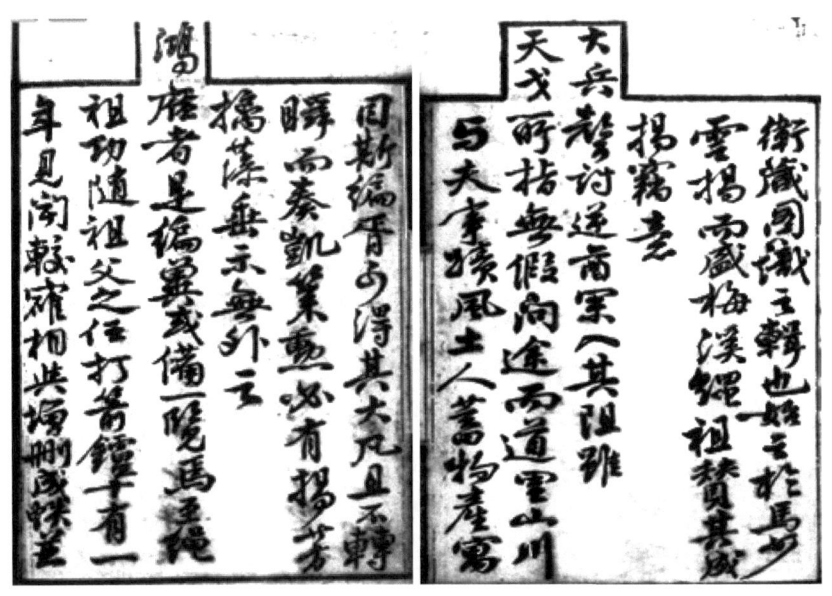

中国国家图书馆藏乾隆五十七年刻本《卫藏图识》

---

[①] 朱士嘉《中国地方志综录》,商务印书馆1956年,第304页。
[②] 中国科学院北京天文台《中国地方志联合目录》,中华书局1978年,第850页。
[③] 《中国方志大辞典》编辑委员会编《中国方志大辞典》,浙江人民出版社1988年,第344页。
[④] 崔建英《崔建英版本目录学文集》,凤凰出版社2012年,第332页。

"《卫藏图识》之辑也，始之于马少云扬，而盛梅溪绳祖赞其成。扬窃意，大兵声讨逆酋，深入其阻，虽天戈所指，无假问途，而道里山川与夫事迹、风土、人畜、物产寓目斯编，胥可得其大凡。且不转瞬而奏凯，策勋必有扬芳摛藻……"①如果说第一个"扬"字不好辨认，容易与"揭"混淆的话，那么第二个"扬"之第二撇明显向左下延伸，第三个"扬芳摛藻"之"扬"，其第二撇向左下延伸得更为清晰，笔画特征皆非"揭"。周琦序末有"书成，述其崖略于后"之语，这说明《卫藏图识》甫一完成，周琦便见到该书。换言之，周琦与《卫藏图识》著者应为同时期之人，且过从较密，故能为该书写序，周序所言较为可靠。据此可以推断，该书著者原本应作"马扬"。《中国科学院图书馆藏中文古籍善本书目》著录该书时，纂修人即作"马扬，盛绳祖"。②目前尚不清楚从何时起《卫藏图识》的著者变成了"马揭、盛绳祖"。又因文献中关于马扬的传记资料失载，无从考索他的生平事迹，以致该书著者传讹至今。

## 二、成书背景及成书时间

《卫藏图识·例言》载："辛亥（乾隆五十六年）之秋，廓尔喀滋扰藏界，天威震赫，命将陈师。自成都以及卫藏，军台林立。其道里山川、人情风土，凡万里从戎者咸欲周知，是书悉详载无遗。"乾隆五十三年（1788年），廓尔喀侵占济咙、聂拉木、宗喀等后藏地区，清廷立即派理藩院侍郎巴忠、四川提督成德、成都将军鄂辉等率兵入藏御敌。然而，巴忠轻率答应了廓尔喀请求讲和条件，并向乾隆谎报已收复廓尔喀所占西藏土地。乾隆五十六年（1791年），廓尔喀第二次发动侵藏战争。乾隆帝对这次平廓战争极为重视，任命嘉勇公福康安为大将军，带兵火速入藏。后又从金川、四川调兵支援。《卫藏图识》即专为平定廓尔喀之入藏

---

① （清）马扬、（清）盛绳祖《卫藏图识》，国家图书馆藏乾隆五十七年刻本。
② 中国科学院图书馆编《中国科学院图书馆藏中文古籍善本书目》，科学出版社1994年，第834页。

清兵了解藏情而编。至于成书时间，鲁华祝为该书所作序，落款署为乾隆五十七年壬子岁清和月，则《卫藏图识》成书时间当在乾隆五十六至五十七年间。

### 三、材料来源

至于编纂该书所参考的材料，鲁华祝《卫藏图识》序云："友人少云马君以自打箭炉至唐古忒一隅向无刻本成书，爰同梅溪盛君采《四川通志》中《西域》一卷及无名氏《西域纪事》《西藏志》等书，删其繁者，聚其散者，整齐其错杂者，大旨折衷于《大清会典》，额曰《卫藏图识》。"则该书材料主要采自雍正《四川通志·西域》、无名氏《西域纪事》《西藏志》等书。无名氏《西域纪事》今已不传，具体采录情况已不可考。但《卫藏图识》的绝大部分内容都可以在《西藏志》雍正《四川通志·西域》中找到出处，这使得考察其材料来源成为可能。

该书分为五卷，其中"图考"二卷，"识略"二卷，末附"蛮语"一卷。

"图考"卷以图为主，介绍从成都进藏的里程、驿站和藏民分布情况，有"程站图"8幅，"番民种类图"18幅，"拉萨佛境图"1幅，"卫藏全图"1幅。其中，"番民种类图"载有卫藏所属打箭炉、里塘、巴塘、西藏、阿里噶尔渡、木鲁乌素、布鲁克巴、貉㺄茹巴、巴勒布等男女番民图。这部分人物图像或直接出自《皇清职贡图》，[①]或取材于《皇清职贡图》。《皇清职贡图》编纂于乾隆十六年（1751年），卷二载有西藏所属卫藏、阿尔、喀木、布鲁克巴、穆安巴、巴哷喀木、密尼雅克、鲁康布札各地男女图像各一幅。《卫藏图识》中的"西藏番民图""西藏番妇图""布鲁克巴番民图""布鲁克巴番妇图""珞瑜茹巴番民图""珞瑜茹巴番妇图"等六幅人物图像分别与《皇清职贡图》阿尔、喀木诸番民图、番妇图，布鲁克巴番人

---

① 《皇清职贡图》，清代官修地理著作，自乾隆十六年（1751年）开始编辑，至二十八年完成，共九卷。第一卷载朝、英、法、日、荷、俄等20余国。第二卷以下分载西藏、新疆、东北、福建、湖南、广东、广西、甘肃、四川、云南、贵州各地。该书记述各国及国内各民族的历史、生产、生活和风俗等，对研究清朝与各国关系及民族关系有重要的参考价值。

《卫藏图识》中的人物形象

《皇清职贡图》中的人物形象

图、番妇图，鲁康布札番人图、番妇图相同。

"程站图"以图导文，按东起成都，西至聂拉木全长4900余千米的行军路线，详细记述每日行走里程、打尖和宿营的位置，以及沿途道路、桥涵、气候、景物、藏民习俗、柴草供应及打箭炉、察木多、拉里、拉萨等城镇的情况。"拉萨佛境图"是一张拉萨佛寺分布图，"卫藏全图"为西藏全境地图，以上三图虽然都无经纬，也无比例尺，只是根据目测所画的地图，更不知辑自何处，但其价值仍不可小觑。

"识略"卷主要介绍西藏的史地风俗，包括宸翰、源流、疆域、封爵、朝贡、纪年、岁节、兵制、刑法、赋役、征调、头目、衣冠、饮食、礼仪、婚姻、丧葬、房舍、医药、卜筮、市肆、工匠、山川、寺庙、物产、摭记等26个类目，其内容基本辑自《西藏志》，部分辑自正史、雍正《四川通志·西域》《西藏见闻录》等书。其辑录分为全部抄录、部分抄录、略有增补等三种情况：

第一种，全部抄录者

《卫藏图识》的"纪年""兵制""刑法""赋役""征调""头目""衣冠""婚姻""房舍"等目内容完全抄自《西藏志》。其中，"纪年"目合并了《西藏志》的"天时""纪年"两目，"婚姻"目糅合了《西藏志》的"婚嫁""夫妇""生育"等三目内容。

第二种，部分抄录者

部分摘自正史者。《卫藏图识·西藏源流考》主要从正史中辑录材料。其追溯西藏源流时节录了《后汉书·西羌传》的内容，介绍唐代吐蕃事迹的部分节录自《旧唐书·吐蕃传》，记载宋代吐蕃情况的文字节录自《宋史·吐蕃传》，元代吐蕃概况的文字节录自《元史·释老》，明代乌期藏概况的内容节录自《明史·外国·乌斯藏》；部分抄录《西藏志》者。如《卫藏图识·宸翰》目只收"御制平定西藏碑文"一篇，删去了《西藏志》中的另一篇"唐碑（唐蕃会盟碑）"。"疆域""饮食"二目亦是在《西藏志》相应类目基础上进行了一定的删节；部分抄自雍正《四川通志·西域》者。如"物产"目，《卫藏图识》即是按照雍正《四川通志·西域》先打箭炉，再里塘、巴塘、乍丫、察木多、类伍齐、洛隆宗、硕般多、达隆宗、拉里、工布江达，最后西藏的顺序依次介绍各地出产情况的，但文字略有删节。

第三种，略有增补、改编者

《卫藏图识·封爵》目基本为《西藏志》内容，但后者记事止于乾隆十三年（1748年）。《卫藏图识》增加了乾隆十五年（1750年）朱尔墨特谋反伏诛、除王爵以及乾隆十六年敕封西藏地方辅国公、戴绷事；"岁节"目与《西藏志》基本相同，但增加"幼童跳钺斧舞"及"布达拉飞神"表演等节庆习俗的记载。"丧葬"目与《西藏志》相同，唯结尾处增加一句"大概其俗重壮轻老恶病终，以战殁为甲第"，对西藏丧葬习俗有自己的评判；"筮卜"目与《西藏志》相同，唯结尾处新增一句"又有筮，遇事辄翻检其经，以告占者，吉凶俱详注经上，其辞义与中国神签相类"；"市肆"目与《西藏志》相同，唯结尾处新增一句，"市中设碟巴一人，平价值，禁争讼，即外番至藏贸易者亦必有头人同来讥禁"；"程站"目主要记由成都至西藏之程站。相较《西藏志》所记"自成都抵藏程途"，《卫藏图识》对这段程途的记载更为详尽。如记由成都至新津县这段程途，《西藏志》云："成都府四十里至双流县，五十里（原文注：过黄水河，新津河）至新津县。"正文与注文共24字。《卫藏图识》正文加注文共167字，是《西藏志》的近7倍。不仅交代了沿途打尖与夜宿之处，而且记载程站细大不捐，所经里数一一标出；"蛮语"目是在《西藏见闻录·方语》基础上改编而成的。《西藏见闻录·方语》收词453个，未分门类。《卫藏图识》"蛮语"收词增至473个，并对所列藏语词汇作了明确分类，共分为天文、地理、时令、人物、身体、宫室、器用、饮食、衣服、声色、释教、文史、方隅、花木、鸟兽、珍宝、香药、数目、人事等19类。此外,《卫藏图识·工匠》目为他书所无，系《卫藏图识》首创。其云："西藏木石工匠俱极精巧，凡金、银、铜、锡、累丝穿珠，作器皿及妇女首饰，皆与中国同，而雕镂玲珑，人物花卉无不象形维肖。"内容虽稍嫌简略，却可补他书所缺。

### 三、文献价值及影响

《卫藏图识》主要由辑录《西藏志》等书内容而成，但马扬、盛绳祖二人在材料甄选方面下了一番功夫。比如,《西藏志》在记载西藏史地风物方面较为全面，但失之简略。《卫藏图识》基本保留了《西藏志》原有类目，在此基础上调整、删并类属，使分类更趋合理。同时，适当增加相应类目的内容，使其更为充实。加之盛绳祖在川康生活十余年，对藏事耳闻目睹甚多，也增加了该书材料的可信度。因反映西藏史地风物较为全面、周详、可信,《卫藏图识》对后世藏学著作之编纂及研究影响颇大。

例如,《卫藏图识·市肆》目，主要介绍西藏贸易所用货币、本地贸易物品种类、外来贸易之物品及男女分工等情况。该目内容与《西藏志·市肆》基本一致，仅句序略有调整，显系根据后者材料编纂而成。唯结尾处新增一句："市中设碟巴一人，平价值，禁争讼，即外番至藏贸易者亦必有头人同来讥禁。"当贸易达到一定规模后，为保证交易双方的利益，需设有市场监管人员以平衡物价，调解贸易纠纷，《卫藏图识》提及的"碟巴"就是这样的角色。此前的藏学文献中未见类似的记载，《卫藏图识》及时、准确地反映了西藏贸易的这一变化，因此文献价值极高，后世藏学著作如嘉庆《四川通志·西域志》、周蔼联《西藏纪游》(又名《竺国纪游》)、郑光祖《西藏纪闻》、黄沛翘《西藏图考》等介绍西藏贸易时均采纳《卫藏图识》的记载。为便于说明，兹列表如下：

《卫藏图识》"市肆"目与诸书记载对照

|  | 市肆 |
|---|---|
| 《西藏志》 | 西藏习俗，贸易经营，男女皆为。一切缝纫，专属男子，通用皆银钱，每个重一钱五分，上铸番字花纹，其名曰白丈，以银易钱而用。若易贸碎小之物，以蒙子哈达、茶叶、酥油易换。至市中货物商贾，有缠头回民贩卖珠宝，其布疋、绸缎、绫锦等项，皆贩自内地。有白布回民贩卖氆氇、藏锦、卡契缎、布等类，皆贩自布鲁克、巴勒布、天竺等处，有歪物子专卖牛黄、阿魏等物。其他藏茧、藏绸、毡子、氆氇、藏布以及食物诸项，藏番男女皆卖，俱不设铺面桌柜，均以就地摆设而货。① |
| 《卫藏图识》 | 西藏贸易用银钱，每枚重一钱五分，上有番字花纹，亦以银易钱而用。所市有藏茧、羊绒、毡子、氆氇、藏香、藏布及食物如葡萄、核桃等。藏番男妇皆卖但不设阛阓，惟席地货之。至绸缎、绫锦皆贩自内地。其贸易经营，妇女尤多，而缝纫则专属男子。外番商贾有缠头回民贩卖珠宝，白布回民卖氆氇、藏锦、卡契缎、布皆贩自布鲁克巴、巴勒布、天竺等处。有歪物子专贩牛黄、阿魏。市中设碟巴一人，平价值、禁争讼。即外番至藏贸易者，亦必有头人同来讥禁。② |

---

① 《西藏研究》编辑部编辑《西藏志卫藏通志》，西藏人民出版社1982年，第31页。
② (清)马扬、(清)盛绳祖《卫藏图识》，国家图书馆藏乾隆五十七年刻本，"识略"上卷。

续表

| | 市肆 |
|---|---|
| 嘉庆《四川通志·西域志》 | 西藏贸易用银钱，每枚重一钱五分，上有番字花纹，亦以银易钱而用。所市有藏茧、羊绒、毡子、氆氇、藏香、藏布及食物如葡萄、核桃等。藏番男妇皆卖但不设阛阓，惟席地货之。至绸缎、绫锦皆贩自内地。其贸易经营，妇女尤多，而缝纫则专属男子。外番商贾有缠头回民贩卖珠宝，白布回民卖氆氇、藏锦、卡契缎、布皆贩自布鲁克巴、巴勒布、天竺等处。有歪物子专贩牛黄、阿魏。市中设碟巴一人，平价值、禁争讼。即外番至藏贸易者，亦必有头人同来讥禁。① |
| 《西藏纪游》 | 西藏交易多凭妇女，而缝纫则专属男子。其缠头所市珠宝、白布，回回所市氆氇、藏锦、卡契缎、布皆贩自布鲁克巴、巴勒布、天竺等处。有歪物子专贩牛黄、阿魏（原注：歪物子不知隶何部落，予未亲睹其人）。市设碟巴一人，平价值、禁争讼，所谓市平也。其外番至藏贩易者，亦必有头人同来讥呵焉。② |
| 《西藏纪闻》 | 西藏贸易用银钱，每枚重一钱五分，上有番字花纹，亦以银易钱而用。所市有藏茧、羊绒、毡子、氆氇、藏香、藏布及食物如葡萄、核桃等物（原注：详物产）。藏番男妇皆卖但不设阛阓，惟席地货之。至绸缎、绫锦皆贩自内地。其贸易经营，妇女尤多，而缝纫则专属男子。外番商贾有缠头回民贩卖珠宝，白布回民卖氆氇、藏锦、卡契缎、布皆贩自布鲁克巴、巴勒布、天竺等处。有歪物子专贩牛黄、阿魏。市中设碟巴一人，平价值、禁争讼。即外番至藏贸易者，亦必有头人同来讥禁。③ |

---

① （清）常明、（清）杨芳灿等《四川通志》（嘉庆），凤凰出版社2011年，第8册卷194，第389页。

② （清）周霭联撰，张江华点校《西藏纪游》，中国藏学出版社2006年，第94页。

③ （清）郑光祖《舟车所至》，中国书店1991年，第38页。

续表

| | 市肆 |
|---|---|
| 《西藏图考》 | 西藏贸易用银钱，每枚重一钱五分，上有番字花纹，亦以银易钱而用。所市有藏茧、羊绒、毡子、氆氇、藏香、藏布及食物如葡萄、核桃等物。藏番男妇皆卖但不设阛阓，惟席地货之。至绸缎、绫锦皆贩自内地。其贸易经营，妇女尤多，而缝纫则专属男子。外番商贾有缠头回民贩卖珠宝，白布回民卖氆氇、藏锦、卡契缎、布皆贩自布鲁克巴、巴勒布、天竺等处。有歪物子专贩牛黄、阿魏。市中设碟巴一人，平价值、禁争讼。即外番至藏贸易者，亦必有头人同来讥禁。[1] |

从上表可以看出，《西藏纪游》市肆目删去了"贸易银钱"前半部内容，余下文字与《卫藏图识》完全相同；而嘉庆《四川通志·西域志》、郑光祖《西藏纪闻》、黄沛翘《西藏图考》则是一字不差地抄录《卫藏图识》。正因《卫藏图识》所记西藏贸易更为周详、准确，故能被多方征引。

再如，《卫藏图识》岁节目主要介绍西藏一年当中的节日，从正月初一新年达赖喇嘛设宴与戏款待汉番官员，一直到十二月二十九日木鹿寺跳神逐鬼之戏，历数一遍。该目内容亦基本源自《西藏志》，唯于新年节庆习俗一段较《西藏志》为详，主要增加了"幼童跳钺斧舞"及"布达拉飞神"表演等内容。类似内容在和宁稍后成书的《西藏赋》中亦有记述："吹领人之云箫，声喧兜率；舞伾童之月斧，乐奏侏离。乃有挺身蹠险，撒手飞绳。（正月二日，作飞绳戏，从布达拉最高楼上系长绳四条，斜坠山下，钉桩拴固。一人在楼角，手执白旗二，唱番歌毕，骑绳俯身直下。如是者三。绳长三十余丈。后藏花寨子番民专习此技。岁应一差，免其余徭。内地缘竿、踏绳，不足观也。）"[2] 说明当时布达拉确有此种风俗。但《西藏赋》对"月斧"舞仅一笔带过，"飞绳"表演记载较详，可与《卫藏图识》互补。然而，后世藏学著作如姚莹《康輶纪行》、任乃强《西康图经》、石泰安《西

---

[1] （清）黄沛翘《西藏图考》，文海出版社1965年，第372页。

[2] （清）和宁著，池万兴、严寅春校注《西藏赋》，齐鲁书社2013年，第111页。

藏的文明》等，更多引用的还是《卫藏图识》的这条记载：

《卫藏图识》"岁节"与诸书记载对照

| | 岁节 |
|---|---|
| 《西藏志》 | 西藏年节，如腊月大，以元日为年，小，以初二为年。凡商民停市者三日，各以茶、酒、果、肉等食物互相馈送为礼。郡王于元日设宴布达拉，请汉番官员及头人过年。① |
| 《卫藏图识》 | 行岁亦以建寅孟春为岁首，元旦为一岁之始，节令多与内地不同。如十二月大建，则以元日为年节。小建则以初二日为年节。每遇年节，凡商民停市者三日，各以茶酒果食物相馈为礼。其日达赖喇嘛设宴于布达拉上，延汉番官会饮。有跳钺斧之戏。选幼童十余人，著采衣，戴白布圈帽，足系小铃，手执斧钺，前列设鼓十余面，司鼓者亦装束如前。凡觥筹交错时，相向而舞，听鼓声之渊渊而缀兆，疾徐咸中节。揆其义，盖古之万舞与？越日，观飞神，乃后藏番民供此役。以皮索数十丈，系于布达拉山寺，上下人捷如猱，攀援而上，以木板护于胸，手足四舒而下，如矢离弦，如燕掠水，亦异观也。② |
| 《康輶纪行》 | 西藏行岁，亦以建寅孟春为岁首，节令多与内地不同。如十二月大建，则以元日为年节，小建则以初二日为年节。每逢年节，商民停市三日，各以茶酒果食物相馈为礼。其日达赖剌麻设宴于布达拉上，延汉蕃官会饮，有跳钺斧之戏。选幼童十余人，著采衣，戴白布圈帽，足系小铃，手执斧钺，前列设鼓十余面，司鼓者亦装束如前，凡觥觞交错时，相向而舞，听鼓声之渊渊而队兆，疾徐咸中节。揆其义，盖古之万舞与？越日，观飞神，乃后藏蕃民供此役。以皮索数十丈，系于布达拉山寺，上下人捷如猿，攀援而上，以木板护于胸，手足四舒而下，如矢离弦，如燕掠水。③ |

---

① 《西藏研究》编辑部编辑《西藏志卫藏通志》，西藏人民出版社1982年，第20页。
② （清）马扬、（清）盛绳祖《卫藏图识》，国家图书馆藏乾隆五十七年刻本，"识略"上卷。
③ （清）姚莹《康輶纪行东槎纪略》，黄山书社1990年，第199页。

| | 岁节 |
|---|---|
| 《西康图经》 | 行岁亦以建寅孟春为岁首，元旦为一岁之始，节令多与内地不同。如十二月大建，则以元日为年节。小建则以初二日为年节。每遇年节，凡商民停市者三日，各以茶酒果食物相馈为礼。其日达赖喇嘛设宴于布达拉上，延汉番官会饮。有跳钺斧之戏。选幼童十余人，著采衣，戴白布圈帽，足系小铃，手执斧钺，前列设鼓十余面，司鼓者亦装束如前。凡觥筹交错时，相向而舞，听鼓声之渊渊而缀兆，疾徐咸中节。揆其义，盖古之万舞与？越日，观飞神，乃后藏番民供此役。以皮索数十丈，系于布达拉山寺，上下人捷如猱，攀援而上，以木板护于胸，手足四舒而下，如矢离弦，如燕掠水，亦异观也。① |
| 《西藏的文明》 | 以初二为年节。每遇年节，商民停市三日，各以茶、酒、果等食物相馈为礼。其日，达赖喇嘛设宴于布达拉上，延汉番官会饮，有跳蚀钺斧之戏。送幼童十余人，着彩衣，戴白布圈帽，足系小铃，手执斧钺。前列设鼓十余面，司鼓者亦装束如前。凡觥筹交错时，相向而舞。听鼓声之渊渊而缀兆疾徐咸中节揆。越日，观飞神。乃后藏番民供此役，以皮索数十丈系于布达拉山寺上下（原文注：并一直垂到山脚下）。人捷如猱，攀援而上。以木板护于胸，手足四舒而下，如矢离弦，如燕掠水，亦异观也。② |

通过上表可见，《西藏的文明》除个别文字表述不同外，余则全同；《康輶纪行》《西康图经》则完全照抄《卫藏图识》岁节的内容。尤其是《西康图经》，明确说系录自《卫藏图识》："拉萨为喇嘛教中心，故虽非康地，其岁时风俗足以代表西康之一部，兹录《卫藏图识》所记拉萨岁时如下。"③《卫藏图识》的文献价值由此可见一斑。

除"市肆""岁节"两目外，诸书采录《卫藏图识》之处所在多有：《卫藏通志》

---

① 任乃强著，西藏自治区社会科学院整理《西康图经》，西藏藏文古籍出版社2000年，第365页。

② 石泰安著，耿昇译《西藏的文明》，中国藏学出版社2012年，第239页。

③ 任乃强著，西藏自治区社会科学院整理《西康图经》，西藏藏文古籍出版社2000年，第365页。

之"程站""山川""寺庙"等全盘抄录了《卫藏图识》；周蔼联《西藏纪游》之"西藏历史""程站""贸易""寺庙""附录""历法""医药"等基本采录了《卫藏图识》的内容；嘉庆《四川通志·西域志》卷六"西域志余"分两部分，一部分记西藏天文、历法、节庆、头人、征调、婚姻、房屋、粮台、附录等，另一部分记"成都府至西藏""西宁出口至西藏"等多条线路，这两部分内容基本都来自《卫藏图识》；郑光祖《西藏记闻》除"土语"等个别类目外，其余则一字不差地照录《卫藏图识》的内容；黄沛翘《西藏图考》"藏事续考"几乎全抄《卫藏图识》，主要涉及天干、岁节、蛮语、兵制、刑法、赋税、番目、衣冠、婚姻、丧葬、房舍、医药、占卜、粮台、撼记、饮食、贸易等类目；姚莹《康輶纪行》采录《卫藏图识》的内容主要集中于山川、河流、程站、道里、宗教、风俗等方面。有些是全文抄录，如"刺萨内寺庙""西域物产""医药"等。更多的是节录，以与其他文献互证，如"女呼图克图""冈底斯山阿耨达池"，节录部分数量极大，不能殚记；任乃强《西康图经》之"境域篇·珞瑜""民俗篇·地葬""民俗篇·番历""民俗篇·竹笔与墨海"均采录了《卫藏图识》的内容；《西藏的文明》"第四章 西藏的宗教和习俗"之"一年的节日"除了抄录《卫藏图识》正月初二日斧钺之戏、飞神表演外，还包括上元日的大诏占卜、十八日的扬兵驱邪、三十日的打牛魔王等诸多节日风俗。

若说《卫藏图识》的影响只局限于中文世界，那实在是低估了它的价值，它还先后被译成俄、法、英等多种文字，在世界范围内传播。1828年，俄国人比丘林（1777—1853年）译著的《西藏志》出版。[①]该书虽名为《西藏志》，其实译自《卫藏图识》。比丘林没有说明译本的中文出处，不过书中保留了鲁华祝所作的序，让我们知道它与《卫藏图识》的联系。该志分为两部分。第一部分为程站，包括自成都至拉萨、成都至打箭炉、打箭炉至里塘、里塘至巴塘、巴塘至察木多、察木多至拉里、拉里至拉萨以及西宁府至拉萨等数条不同路线。这一部分译文忠实于原著。第二部分记西藏的山川、服饰、艺术、婚葬、宗教、寺院、法律等诸方面。由于认为这一部分内容不能反映一个完整的西藏，比丘林在《卫藏图识》

---

① 李伟丽《尼·雅·比丘林及其汉学研究》，学苑出版社2007年，第59页。

基础上又补充了其他中文史料,编译了反映西藏史地和社会的内容。对于当时不太了解西藏的欧洲人来说,比丘林的《西藏志》无疑为他们认识这片神秘的土地打开了一扇窗。该书在圣彼得堡出版后,当时已经定居巴黎十多年的德国东方学者克拉普罗特很快又将它译成法文,于1831年在巴黎出版。① 1891年,美国著名藏学家柔克义(1854—1914年)发表了一篇近似一部专著的长文——《西藏:基于汉文文献的地理、民族志和历史概述》②。该文其实是柔克义对《卫藏图识》的编译与注疏。该文共分两部分,第一部分是对从四川到拉萨及拉萨周边地区、哲孟雄宗(锡金)、尼泊尔、藏南等地区道里的编译,基本与《卫藏图识》一致;第二部分是对《卫藏图识》所记历史、地理、节日、寺院、官职、军制、税收、饮食、山河、居住、工匠、市场、物产等的综合编译与注释,同时也参考了《西藏见闻录》《大清一统志》《水道提纲》《钦定西域同文志》《圣武记》《西藏碑文》等15种文献。柔克义之所以选择《卫藏图识》作为主要参考文献,原因在于认为它"包括了在此之前发表的汉文著作中记载的几乎全部事实"。③

《卫藏图识》虽然主要由辑录他书材料而成,但通过对前此志书体例的优化以及内容的增补,《卫藏图识》的文献价值得到了极大提升,甚至超越了此前的一众藏志,正所谓"前修未密,后出转精"。事实最具雄辩力。此后藏学著作纷纷征引该书材料,其影响甚至波及国外。一部有关卫藏的志书被翻译成多种外文,这在西藏方志史上绝无仅有的,也从一个侧面证明了《卫藏图识》珍贵的文献价值。今天,我们应充分认识到《卫藏图识》在清代藏学研究方面的重要性,合理地加以利用,以发挥其应有的价值。

---

① 李伟丽《俄罗斯汉学的太阳》,商务印书馆2015年,第129页。
② William Woodville Rockhill "Tibet. A Geographical, Ethnographical, and Historical Sketch, Derived from Chinese Sources." Journal of the Royal Asiatic Society of Great Britain and Ireland, 1891:1.
③ William Woodville Rockhill "Tibet. A Geographical, Ethnographical, and Historical Sketch, Derived from Chinese Sources." Journal of the Royal Asiatic Society of Great Britain and Ireland,1891: 1.

## 第二节 和琳、松筠、和宁《卫藏通志》

### 一、著者及成书

乾隆五十六年（1791年），廓尔喀再次制造借口，大举入侵西藏，将札什伦布寺洗劫一空，迫使班禅额尔德尼退居拉萨。清廷派出重兵，彻底驱逐了廓尔喀入侵军。这次廓尔喀侵藏，暴露出驻藏大臣职权削弱、西藏统治阶层专制腐化、藏军缺乏正规训练、喇嘛同外夷私相勾结等问题。针对这些问题，清朝中央政府趁驱逐强敌、平息战乱之机，开始了藏事整顿，制定出台规范西藏各项事务的《钦定藏内善后章程二十九条》。《卫藏通志》之编纂，即是"供驻藏大臣检查成例，照章程办事而用的。"[1]

关于该书著者有种种看法：第一种，认为著者为驻藏大臣和琳，以袁昶为代表；第二种，认为著者为驻藏大臣松筠，以吴丰培为代表；第三种，认为著者为和宁，以张羽新为代表；第四种认为官方所撰，以李盛铎为代表。《卫藏通志》一书内容丰富，抄录了大量的诏谕奏折，还利用了不少藏文文献，称其为官撰未成之书，由数人共同编纂完成较为合理。故今人赵心愚经考证后认为"《卫藏通志》是在和琳、松筠、和宁的主持下由驻藏大臣衙门编纂的，具体编纂为手下人所为，松筠、和宁虽政务冗繁，亦可能撰某些门目，三人主持此事有先有后，所起作用也大小不一，一为创修，一为继任其事，一为襄助。"[2]

关于成书时间，《卫藏通志》卷十四"抚恤"目有"嘉庆二年春照依第五条"之句，说明该书成书于嘉庆二年或以后。吴其昌在"《渐西村舍丛书》本《卫藏通志》跋尾"一文中亦持相同看法："此书已为后人重编，其原本乃成于嘉庆二年间。"[3]此书初无刻本，成书后在相当长一段时间内以抄本流传。至光绪二十一

---

[1] 曹彪林《〈卫藏通志〉作者辨析》，《西藏研究》2009年第4期。

[2] 赵心愚《清代西藏方志研究》，商务印书馆2016年，第56页。

[3] 吴其昌《吴其昌文集》3，三晋出版社2009年，第428页。

年（1895年），袁昶刊入《渐西村舍丛书》中，才得以广泛流传。《卫藏通志》的抄本与刻本略有不同。《渐西村舍丛书》本《卫藏通志》"卷首御制诗文"下自注云"新编"，"卷一 考证"下自注云"以下悉仍旧编"，"卷十三 纪略"下自注云"原一卷，今分为上中下三卷"，"卷十四 抚恤"下自注云"原未列入门类，今新编入，分为上下二卷"。说明此书有新旧两个版本，今《渐西村舍丛书》本《卫藏通志》为新编也。

《卫藏通志》分为16卷，卷首一卷，录有圣祖仁皇帝御制泸定桥碑记、御制平定西藏碑文、世宗宪皇帝御制惠远庙碑文、御选语录总叙、御制语录后序、御制楞严经序、御制清文翻译大藏经序、高宗纯皇帝御制喇嘛说、御制十全记、公拉布丹纳木札勒之敕；卷一考证；卷二疆域；卷三山川；卷四程站；卷五喇嘛；卷六寺庙；卷七番目；卷八兵制；卷九镇抚；卷十钱法；卷十一贸易；卷十二条例；卷十三纪略；卷十四抚恤；卷十五部落；卷十六经典。在《卫藏通志》卷首目录及"卫藏通志提要"后，又有一目录云：

  方舆门：考证、疆域、山川、程站
  僧俗门：喇嘛、寺庙、番族、番官、番兵、户口
  镇抚门：职掌、钱法、贸易、营伍、章程
  纪略门：康熙、雍正、乾隆
  外部门：达木蒙古、三十九族、四方外番
  艺文门：御制、碑记、诗文、赋
  经典门：经典[①]

此目录当为原抄本之目录。其光绪年间袁昶所刻《卫藏通志》对原抄本作了一些改动：将"御制碑记（文）"提至卷首，将"诗文门"中部分内容重新归类，新设"抚恤""经典"类目，其编纂次序为：考证、疆域、山川、程站、喇嘛、寺庙、

---

① 《西藏研究》编辑部编辑《西藏志卫藏通志》，西藏人民出版社1982年，第132页。

番目、兵制、镇抚、钱法、贸易、条例、纪略、抚恤、部落、经典。

## 二、内容特点

该书虽名为志书，其编写体例与其他藏志明显不同。书中对西藏物产、风俗等门类几乎没有涉及，主要以驻藏大臣衙门的档案材料为主，更多地收录了乾隆五十六年、五十七年（1791—1792年）驱逐廓尔喀后治理西藏的各项方针、政策、章程，涉及驻藏大臣职权及官吏应遵守的制度、边界防御、财政贸易、活佛转世等诸项制度，即乾隆五十八年（1793年）颁行的《钦定藏内善后章程》29条之内容。全书共分16卷，其中"疆域""喇嘛""番目""兵制""镇抚""钱法""贸易""条例""纪略"等9卷内容与此有关，可以说这是一部驻藏大臣整理的治藏方策的汇编。从卷首"卫藏通志提要"中可明显看出，如第七条"自五十六年廓藩不靖，军兴源委，及投诚档案"，第八条"自五十六年大将军福康安、钦差和琳、大学士孙士毅一切奏章及善后事宜"，第九条"自五十六年钦奉上谕"等。这些奏章、上谕皆首尾完具，且大臣之奏章均有朱批谕旨，如该书卷二"疆域"目："乾隆五十七年九月，奉上谕：立定地界一事，已有旨令福安康等，应于藏内边界，一一设立鄂博……如此明白晓谕，立定鄂博章程，庶可永断葛藤，肃治边界。钦此！"书中像这样的奏章、上谕有140余件。这些奏章皆为当时政府的机密文件，著者若非在驻藏大臣衙门供职，是难以接触这些重要档案的。因此可以推断，《卫藏通志》应是驻藏大臣编写的官修志书。

## 三、材料来源

以下逐目追溯《卫藏通志》的材料来源。

疆域：该目重点介绍了西部及西南边界，关于北方边界只是简略地抄录《西藏志》的内容，仅百余字而已，其余绝大部分内容为廓尔喀投诚后，关于新定界址设立鄂博（界标）的奏章，共10篇，属第一手材料。

山川：著者在该目之首明言："兹阅《四川通志》，又详考《一统志》，并杂志家所载，依次编纂。"可见，该目内容主要参考了《四川通志·西域》以及《大清一统志》。该目按照卫藏、拉里、硕板多、洛隆宗、类乌齐、察木多、乍丫、巴塘、里塘、打箭炉等地区依次介绍，先山后川，一共记载了上百座山岳，百余条河川，远远多于《西藏志》的20余座山，20余条川。介绍山川时也更为详尽，尤其是记载河川，常常将源与流交代得清清楚楚。如记澜沧江"有二源，一出喀木之杂坐裹冈城西北格尔济杂噶那山，即古和甸之鹿石也。……有一源曰普陀戎他拉，自西南大山南流曲曲，合巴哩哈达水来会。"介绍完源头，接着用很大篇幅介绍二源各自流经区域，及至察木多二源合流，再记澜沧江所流经路线，共500余字。《西藏志》记河川，往往只有十几二十字。《卫藏通志》所增内容出自何处不详。

程站：由成都至西藏之程站完全抄自《卫藏图识》；由前藏至后藏又自后藏至前藏之程站则采自《四川通志》所载松筠之《西藏巡边记》；而"札什伦布由咱党小路至前藏""前藏至布鲁克巴"等16条其他程途则抄自《西藏志》。

喇嘛：全部内容为福康安、和琳等人关于以金瓶掣签确认达赖喇嘛、班禅额尔德尼以及各主要活佛转世灵童的奏折，亦为一手之材料。

寺庙：根据该目之首所记，内容主要采自"布达拉经簿及《西域志》所载，名最著者叙入"。该目亦按照卫藏、拉里、硕板多、洛隆宗、类乌齐、察木多、乍丫、巴塘、里塘、打箭炉等地区依次记寺庙。该目最大的特色是，介绍一些著名寺庙如萨木秧寺（桑鸢寺）、色拉寺、噶勒丹寺（甘丹寺）时往往会追溯其兴建历史。这部分内容应来自布达拉《经簿》。

"番目"是关于西藏地方官员拣选之钦定章程及大臣奏议；"兵制"是关于西藏兵训练事宜之钦定章程及大臣奏议；"镇抚"是关于驻藏大臣职权之钦定章程及大臣奏议；"钱法""贸易"是关于西藏财政贸易之大臣奏议及钦定章程等内容；"条例"则将前面所述章程及大臣奏议条例化，以便检索。以上皆来自《钦定藏内善后章程》。

纪略：又称"方略"，是清代独有的一种史学体裁。每次军功告成，皆会编纂，纪其始末。《四库全书总目》"纪事本末类"中就录有多种清代"方略"。该目自清顺治帝治理西藏记起，主要记载了乾隆五十三年（1788年）、乾隆五十七年（1792年）廓尔喀两次侵藏及最后被驱逐之始末，均属一手之材料。

抚恤：松筠、和宁奏抚恤西藏百姓蠲免粮石事宜，亦属第一手材料。

经典：著录《藏经》108部，属简目，只有经名及卷数，不知出录自何处。

## 四、史料价值

《卫藏通志》卷首"御制碑记"，保存了圣祖仁皇帝御制泸定桥碑记、御制平定西藏碑文、世宗宪皇帝御制惠远庙碑文等碑刻文献，为研究清代治藏历史提供了翔实可靠的资料，其中部分内容可以弥补《清史稿》《清实录》记载之不足。

## 第三节 松筠《西招图略》（含《西藏图说》）

### 一、作者及成书

据《清史稿·松筠传》载，《西招图略》作者松筠于乾隆五十九年（1794年）出任驻藏大臣，嘉庆四年（1799年）春召为户部尚书离开西藏，在藏凡五年。根据任驻藏大臣期间的考察，及在藏期间的经验与思考，松筠在离开西藏之前撰写了《西招图略》一书。当时正值清军驱逐廓尔喀之役刚刚结束，《钦定藏内善后章程》29条颁布实施不久，松筠在藏期间关注民生疾苦，留意总结治藏经验，于巡边之际，绘制地图，记述舆地形势、关隘要塞。《西招图略》就是在这一背景之下撰成的。从该书松筠自序来看，《西招图略》成书于嘉庆三年（1798年）。而之所以著此书，是为了述职时，"便于交待，以口述之未尽者"。

## 二、《西藏图说》性质

《西招图略》与松筠的另一著作《西藏图说》本为一书的两个部分，此外还有"路程"。但自从《镇抚事宜》丛书本将之分开对待以后，一直被视为松筠的两部著作来看待。可能是编入《镇抚事宜》时，《西招图略》28条作为一册，《图说》改作《西藏图说》亦为一册，因此后来人们逐渐将其视为是松筠《西招图略》之外的另一部著作。从目前可看到的资料分析，完全将《西藏图说》视为另一著作的看法当出现于民国时期。① 或许正是由于出现这样的看法，《中国地方志综录》和《中国地方志联合目录》皆只著录《西藏图说》，《西招图略》反而不予著录。

《西招图略》现存最早的版本为道光三年（1823年）刻本，收入道光二十七年（1847年）松筠著作合刊《镇抚事宜》丛书本。该丛书本中，《西招图略》仅有28条事略，具体为：安边、抚藩、戒怒、遏欲、抑强、除苛、厉俗、慎刑、绥远、怀来、成才、述事、审隘、量敌、合操、行操、练兵、申律、制师、驭众、坚阵、出奇、倡勇、谨胜、善始、持志、防微、守正等。1982年《西藏研究》编辑部出版的《西招图略 西藏图考》合刊本，也只有28条内容。今国家图书馆藏有道光二十七年王师道重刻的《西招图略》单刻本。从其序跋来看，王师道乃根据《西招图略》旧本重刻。王师道重刻本分为三个部分：第一部分，《西招图略》一卷；第二部分，《图说》一卷；第三部分，《路程》二卷。再结合目前所见的《西藏图说》中并无松筠所写序来看，可以认为，在《西招图略》单刻本中，《图说》与《路程》一样，均是《西招图略》的一部分，并非为一单独著作。而《图说》与《路程》，即《镇抚事宜》丛书本中《西藏图说（一卷 附自成都府至后藏路程一卷）》之内容。

松筠在其所撰《西招图略》序中提到"因书二十有八条以叙其事略，复绘之图以明其方舆，名之曰《西招图略》。"② 松筠说得很明确，《西招图略》原书内容

---

① 赵心愚《清代西藏方志研究》，商务印书馆2016年，第190页。
② （清）松筠、（清）黄沛翘《西招图略西藏图考》序，西藏人民出版社1982年。

除了 28 条事略，还有舆图。如果不是这样，书名之"图略"就显得费解了。

《西藏图考·例言》中，黄沛翘列出其书的资料来源及参考书，《西招图略》为第 6 种。黄沛翘有言："修边缴书莫要于图，而莫难于图；……次将《西招原图》及《乍丫图》照临付梓，皆系之以说。"[①] 黄沛翘所说的《西招图略》实际上已经包括《西藏图说》。从其书具体内容来看，卷一为舆图，《西招原图说》列第三。在此卷《藏图小引》中，黄沛翘说"松文清公《图略》与盛绳祖《图识》刊行于蜀，松图最明确，而方向倒置；盛图则模糊不可辨识。"（《西藏图说》的地图皆为上南下北。此即黄氏所谓"方向例置"）此言说明黄沛翘所言的《西招图略》实际上包括《西藏图说》。《西藏图考》卷三"西藏程旅考"中由札什伦布分两路至定结一路至萨迦庙路程一节的结尾处，黄沛翘作有说明文字："以上后藏札什伦布至各处路程，诸书皆无，唯《西招图略》具《图说》，未载里数。"此外所言的《图说》，就是现在人们视为松筠另一书的《西藏图说》，此节正是根据《西藏图说》图七的内容而来。其中札什伦布西行中，郎拉山后有小字注："堆立鄂博，六十有四"，这八字正是图七中所注八字。这有力地证明，黄沛翘《西藏图考》受《西藏图说》影响颇大。也间接证明，其书所参考、引用的《西招图略》资料，既包括"安边"等 28 条文字资料，也包括《西藏图说》的文字说明及图中的资料。[②]

## 三、文献价值

《续修四库全书总目提要》谈到《西招图略》时云："安边诸条，语多空泛，惟所绘舆图及路程单、经行要隘、所管辖道里，填注周详，则确有裨于事实。后

---

① （清）松筠、（清）黄沛翘《西招图略 西藏图考》序，西藏人民出版社 1982 年。
② 赵心愚《〈西藏图说〉与〈西招图略〉的关系及其特点、价值》，《中国地方志》2013 年第 8 期。

之驻藏者，庶有所依循，而于边防政务不无小补云。"①《提要》认为28条事略流于空泛，但"图说"部分因与藏地路程、关隘、道里密切相关，因此极具实用价值。《西藏图说》前的多种西藏方志中，大多只有文字没有舆图。而雍正《四川通志·西域志》、乾隆《雅州府志·西域志》、乾隆《西宁府新志·武备志·西藏》及马扬、盛绳祖《卫藏图识》等4种方志设有舆图。其中，《西宁府新志》中的舆图主要为西宁府及各县之图。雍正《四川通志·西域志》有"西藏舆图"一幅，但该图十分简略，绘制也较为粗糙。乾隆《雅州府志·西域志》亦有"西藏舆图"一幅，将其与雍正《四川通志·西域志》中的"西藏舆图"相比较，可知该图实为临摹后者之作。马扬、盛绳祖《卫藏图识》一书共五卷，其中"图考"占两卷，有多幅舆图，绝大多数为从成都至后藏之道里图。除此之外，有《卫藏全图》一幅，该图虽然不大，但标注的地名很多，较雍正《四川通志》中的"西藏舆图"详细。还有《拉萨佛境图》一幅，标记的是拉萨地区著名寺庙及方位。与以上四种方志中的舆图相比，《西藏图说》之图不仅数量多，而种类全。既有总图，又有分图，标注较为详细，每幅图后均有说明文字，并且将所有图汇于一册，便于查阅利用。这些不同，使得该书具有特殊的文献价值。

《西藏图说》中首列总图。此图东北至达木游牧，东南至东甲噶尔，即阿咱喇，西北至拉达克一带，西南至阳布一带，图内山川、湖泊、营寨、关隘及道路等标注详明。与雍正《四川通志·西域志》、乾隆《雅州府志·西域志》中的"西藏舆图"比较，可发现该图东界只到拉萨附近及拉萨，再往东就不在此图范围内。而西北远至拉达克，西南达阳布，也比前二志西面远得多，详细得多。再与马扬、盛绳祖《卫藏图识》比较，其"卫藏全图"东至巴塘南登，西界至拉达克、廓尔喀，但山川、道路、营寨、关隘的标注少了许多，尤其是道路、营寨、关隘基本上没有标注出来。《西藏图说》总图东界之所以只到拉萨一带，松筠在此图后解释道："前卫后藏，特西南一隅耳，绘为此图者，就巡阅之所经，识山川之扼要，特俾驻藏汉番官兵熟其形势。故分图于西南北三面为稍详。"松筠绘制舆图就是

---

① 吴格等整理《续修四库全书总目提要·丛书部》，北京图书馆出版社2010年，第634页。

为了守边、固边，所以总图东界止于拉萨一带，而西界则反映更大区域，标注也更详细。正如松筠在总图后所言，从图一至图十五，西南北三面的分图的确稍详，东面则相对粗略，尤其是图十四、十五，即巴塘至理塘、里塘至打箭炉即鱼通图。

从绘制方法上看，《西藏图说》各幅图都沿用中国古代方志舆图的传统方式，所以这些图实际上是以山水画形式绘制的地形图，没有比例尺，也没有采用历史上某些方志已经采用的计里画方的方法，所以，不论总图、分图、图上各地虽然经松筠巡阅过，但其距离难说准确，只能是示意而已。这些图中所采用的图符，以山峰、河流、城墙、营寨、寺院、房屋最为明显。图形具体，带有很深的传统山水画的痕迹。水体图均为双曲线形式，道路则均为连续横线形式，既通俗，又易识别。这些舆图的方位均为上南下北，左东右西。这样的方位处理，与古法不同，也是该书与当时西藏方志中所绘图不同之处。之所以这样安排方位，松筠在《西藏图说》图一的说明中称："图为备边而设，故分图从边疆起，由远至近，亦怀柔内向，而图皆绘以北向，缘取拱极之义也。"[1] 尽管诸图的方位与一般地图相反，阅读颇感不便，但图的内容和绘制方法以及总图与分图关系的处理是之前西藏方志所无法相比的，因而具有十分重要的文献价值。

此外，《西招图略》之"路程"，按照成都至打箭炉、里塘至巴塘、巴塘至察木多、察木多至拉里、拉里至前藏、前藏至后藏等6段程途来记述，共计7125里。仔细比勘发现，《西招图略》"路程"全部采录了《卫藏通志·程站》内容。不同的是，《卫藏通志·程站》所记成都至后藏总里程6960里，《西招图略》比之多了165里，或由误记所致；《西招图略》保留了《卫藏通志》打尖及夜宿程站之名及相应里程数，也就是正文部分，但删去了相应的注文，即每一程站的名称、里数及诸程站自然环境与历史人文的介绍，文献价值因此打了折扣。

---

[1] 松筠《西招图略》，国家图书馆藏道光二十七年刻本。

## 第四节 嘉庆《四川通志·西域志》

清代四川省志中设《西域志》始于雍正《四川通志》，但仅为一卷。80 余年后，嘉庆《四川通志·西域志》，卷数已达 6 卷，内容量大为增加。

### 一、嘉庆《四川通志·西域志》之修纂

嘉庆十五年（1810 年），四川总督常明奏请设局重修《四川通志》。奏文云："（雍正《四川通志》）迄今已历七十余年，其间典章制度损益因时，与旧志所载多不符合……如大小两金川及廓尔喀皆从古不宾之域，今则德威远播，尽入版图，或列戍安屯，或输忱纳贡，允宜登诸志乘……至剿捕教匪，军兴以来……更宜详纪始末。……若乘此时续行编纂，实为一举两得。"① 在清廷批准以后，四川大吏物色修志精英，聘户部广西司行走员外郎、会典馆总纂杨芳灿、四川夔州府通判候补同知谭光祜二人为"编辑"，实际担任总纂工作。各地道、府、州、厅主管一把手担任采访，又聘任 20 名进士、举人、贡生等为各专志"分辑"，其他校对、收掌、督梓、绘图等人员，都各司其职，于嘉庆十七年（1812 年）开局，费时五年，于嘉庆二十一年（1816 年）付梓。

### 二、体例及内容特点

嘉庆《四川通志·西域志》共分 6 卷。第一卷从江卡开始，一直记到江达（今工布江达）。每一地均按星野、疆域、形势、风俗、城池、津梁、塘铺、山川、公署、寺庙、物产、户口、管辖地方等门类记述。第二卷为"前藏上"，第三卷为"前藏下"，记今拉萨一带情况。"前藏上"主要记事迹、历史地理、沿革等，

---

① （清）常明，（清）杨芳灿等《四川通志》（嘉庆）第 1 册，巴蜀书社 1984 年，第 34—35 页。

并收录各种有关奏议、碑记、诗文,"前藏 下"仍按星野、疆域、形势、风俗、户口、贡赋、城池、关隘、山川、塘铺、公署、寺庙、古迹、管辖地方头人及西藏管辖三十九族等分门记述,内容相对丰富。第四卷记江孜、后藏(今日喀则一带)、定日、阿里以及与西藏相邻的廓尔喀、布鲁克巴、卡契等地情况,前几地亦按星野、疆域、形势、风俗、山川、寺庙、物产等分门记述,廓尔喀、布鲁克巴等则简要记其各方面情况及与清和西藏地方的往来。这一部分内容雍正《四川通志·西域志》仅有零星记载,如关于后藏仅在"西藏""附国"的"喇嘛"中提及,皆为三言两语,该卷为嘉庆《四川通志·西域志》新增的内容。第五卷为"国朝驻藏大臣题名"及"西域职官政绩""西域职官忠节""西域蕃酋""西域喇嘛"等,从内容来看,实际上相当于一般志书中之"人物志"。清代最初的几部西藏方志多无"人物志",雍正《四川通志·西域志》亦如此。此卷亦为嘉庆《四川通志·西域志》新增的内容。第六卷"西域志余",分门目记西藏(不仅指今拉萨一带)社会、文化、风俗、物产等情况。最后附"自成都府至西藏路程"及"自松潘出黄胜关至藏路程"。

## 三、材料来源

嘉庆《四川通志·西域志》按照由东到西,分别介绍了江卡、乍丫、察木多、类伍齐、洛隆宗、硕般多、达隆宗、拉里、江达、前藏、江孜、后藏、定日、阿里、廓尔喀、布鲁克巴、缠头、卡契、库呢、白木戎、披楞、第哩巴察、巴尔底萨杂尔,该顺序与雍正《四川通志·西域志》差不多,但多出几个部落来。嘉庆《四川通志·西域志》不少内容与《卫藏图识》有关,有的直接引用书中的资料,还有更多的大段抄录。

嘉庆《四川通志·西域志》卷六"西域志余"内容分为两大部分:一部分记西藏的天文、历法、节庆、头人、征调、婚姻、房屋、粮台等内容;一部分记"成都府至西藏""西宁出口至西藏"等多条入藏路线。这两部分的很多内容来自《卫藏图识》。如"西域志余"开篇一段,完全抄录《卫藏图识》:

| 嘉庆《四川通志·西域志·西域志余》 | 《卫藏图识·识略 上卷·纪年》 |
| --- | --- |
| 　　西藏番人不识天干，惟以地支属相纪年，亦以十二月为岁。其支属纪年，如鼠年、牛年、兔年。纪月惟寅为正，亦有闰月，但不同时耳。如雍正十年壬子闰五月，其地闰正月。雍正十三年乙卯闰四月，其地先于甲寅年闰七月。 | 　　西藏番人不识天干，惟以地支属相纪年，亦以十二月为一岁。其支属纪年，如鼠年、牛年、兔年。纪月以寅为正月，亦有闰月，但不同时耳。如雍正十年壬子闰五月，其地闰正月。雍正十三年乙卯闰四月，其地先于甲寅年闰七月。 |

再如，关于打箭炉至里塘路程两段，完全抄录《卫藏图识》：

| 嘉庆《四川通志·西域志》路程 | 《卫藏图识·图考 上卷》 |
| --- | --- |
| 　　折多至提茹尖 提茹至阿娘坝宿 折多过山，山虽长不甚峻，产大黄，药气薰蒸，过者多气喘。秋冬积雪弥漫，三十里过破碉，行漫坡乱石中，二十里至提茹，有塘铺。二十里过纳哇，路不甚阻。下山南行，十五里至阿娘坝，土产饶多，地方俨有富庶之象。计程八十五里……<br>　　中渡至剪子湾尖 剪子湾至西俄落宿 中渡过河，上山行，三十五里过麻盖宗，有碉房，有柴禾（此下为双行小注：按，此站路甚远，险难，行且多夹坝。行者或宿麻盖宗，以均途程，且戒备焉。然必人少始可，多则不能容矣。）四十里上大雪山，至剪子湾，有塘铺，山颇陡险，亦有瘴气。下山复盘折登山，四十里过波浪工讯，设有驻防、塘铺，以防夹坝。十里下山，又十里至西俄落，设有塘铺及土百户供给差役，有柴草，换乌拉。有汉人客舍可宿。计程一百三十五里…… | 　　折多至提茹尖 提茹至阿娘坝宿 折多过山，山虽长不甚峻，产大黄，药气薰蒸，过者多气喘。秋冬积雪弥漫，三十里过破碉，行漫坡乱石中，二十里至提茹，有塘铺。二十里过纳哇，路不甚阻。下山南行，十五里至阿娘坝，土产饶多，地方俨有富庶之象。计程八十五里……<br>　　中渡至剪子湾尖 剪子湾至西俄落宿 中渡过河，上山行，三十五里过麻盖中，有碉房，有柴草（此下为双行小注：按，此站路甚远，险难，行且多夹坝。行者或宿麻盖中，以均途程，且戒备马。然必人少始可，多则不能容矣。）四十里上大雪山，至剪子湾，有塘铺，山颇陡险，亦有瘴气。下山复盘折登山，四十里过波浪工讯，设有驻防、塘铺，以防夹坝。十里下山，又十里至西俄落，设有塘铺及土百户供给差役，有柴草，换乌拉。有汉人客舍可宿。计程一百三十五里…… |

　　这两段路程抄自《卫藏图识》之"图考上卷"所载"打箭炉至里塘路程"，不仅正文与小注均一字不差，而且提行处理也完全一致。

还有一部分内容，属于基本抄录《卫藏图识》但删改部分文字的情况。如《卫藏图识》"撼记"按顺序记西藏及进藏沿线各粮台的情况："粮台自打箭炉至藏有六"，之后便记打箭炉粮台的情况，再按顺序分别记载里塘、巴塘、察木多、拉里和西藏各台。嘉庆《四川通志·西域志·西域志余》改为"粮台自打箭炉至藏有六，打箭炉、里塘、巴塘归内地，外则察木多为首。"之后只分记察木多、拉里和西藏三台的情况。最后，又抄录《卫藏图识》在西藏台后的一段文字："按藏例，官兵口粮每分月支全折银四两，约计岁支台费银四万余两。炉、里、巴、察、拉五台粮员月支费银六十两，西藏七十两，各准带仆从十三名，通事译字三名（此下为双行小注：以上节录《布政全书》）。""西域余志"则将这句注文删去。

嘉庆《四川通志·西域志·西藏》抄录《卫藏图识》的地方所在多有，此不枚举。嘉庆《四川通志》开局修志时，已有《藏纪概》《西藏志考》《西藏志》《西藏见闻录》《西藏纪述》《西域遗闻》《卫藏图识》《西招图略》、雍正《四川通志·西域志》、乾隆《雅州府志》等多种西藏方志。同时《大清一统志·西藏》《水道提纲》及一些西藏纪程之作、诗文集也先后刊行，但是嘉庆《四川通志·西域志·西藏》在一众著作中，只是偏爱《卫藏图识》，从中抄录了大量材料，说明编纂者高度重视《卫藏图识》的文献价值。之所以如此，一方面应与《卫藏图识》刊行时间相距不远且流传较广有关。另一方面，也是最重要的，《卫藏图识》不仅资料丰富，且可信度较高，编纂者自然将其作为一个重要的材料来源。

除此以外，嘉庆《四川通志·西域志·西藏》抄录雍正《四川通志·西域志·西藏》的内容也不少。如嘉庆《四川通志·西域志·西藏》"户口"下面这段即完全照录雍正《四川通志·西域志·西藏》：

| 嘉庆《四川通志·西域志·西藏》户口 | 雍正《四川通志·西域志·西藏》户口 |
|---|---|
| 雍正十年，分归西藏管辖番民，共四十族，计四千八百八十五户，一万七千六百九十八口。又赏给达赖喇嘛自汉人寺起至竭磋止，共二十三处。大小头人一百七十八名，番民一万一千八百五十七户。 | 雍正十年，分归西藏管辖番民，共四十族，计四千八百八十五户，一万七千六百九十八口。又赏给达赖剌麻自汉人寺起至竭磋止，共二十三处。大小头人一百七十八名，番民一万一千八百五十七户。 |

再如"贡赋"：

| 嘉庆《四川通志·西域志·西藏》贡赋 | 雍正《四川通志·西域志·西藏》贡赋 |
|---|---|
| 西藏辖下每年共认纳贡马九十二匹，牦牛一千五百九支，犏牛七十二支，羊一千三百七十支。又赏给达赖喇嘛辖下每年共认纳粮银一千五百二十二两，米一百刻，青稞九百刻，麦二百五刻，豌豆三百三十刻，马二十匹，骡三十四匹，犏牛三十五支，牸牛三百九十支，羊一千三百四十九支，盐五百五十三支，豹皮三张，猞猁狲皮一张，酥油一百八十刻，茶三五甑。 | 西藏辖下每年共认纳贡马九十二匹，牦牛一千五百九支，犏牛七十二支，羊一千三百七十支。赏给达赖喇嘛辖下每年共认纳粮银一千五百二十二两，米一百刻，青稞九百刻，麦二百五刻，豌豆三百三十刻，马二十匹，骡三十四匹，犏牛三十五支，牸牛三百九十支，羊一千三百四十九支，盐五百五十三支，豹皮三张，猞猁狲皮一张，酥油一百八十刻，茶三十五甑。 |

也是全文抄录。

总体来看，嘉庆《四川通志·西域志·西藏》大量利用《卫藏图识》、雍正《四川通志》的旧有材料，说明彼时之编纂者因循守旧，并未对西藏地方社会及宗教文化再做实地调查。所增加的内容，以诗文、奏书为最多，有些地方连篇累牍皆是诗文，具体记述反而难见，真正有价值的一手材料并不多，一定程度上影响了其传播范围及利用。

# 第五章　边疆危机与西藏方志编纂

近代以来，国门洞开，列强纷纷闯入，中国边疆亦出现了严重危机。此时期的有识之士，大多揭露并抨击英俄侵占西藏的图谋。编纂藏志主要是向国人介绍西藏的战略地位，提醒国人关注西藏问题，共同谋划抚藏御英、御俄之策，如黄沛翘《西藏图考》、马吉符《藏政撷要》、邵钦权《卫藏揽要》、胡炳熊《藏事举要》、尹扶一《西藏纪要》、石青阳《藏事纪要初稿》、洪涤尘《西藏史地大纲》、蒙藏委员会《昌都调查报告》、法尊《现代西藏》等。其间，帝国主义阵营中亦有专事藏志编纂，为侵藏做准备者，如日本人山县初男《西藏通览》等。

## 第一节　黄沛翘《西藏图考》

### 一、作者及成书

《西藏图考》作者黄沛翘，字寿菩，湖南善化（今属长沙）人。以佐杂历升至观察，署四川成锦道。光绪二年，清政府与英国签订《烟台条约》。附件条款中，允许英使入藏，英人图谋西藏之野心遂膨胀。黄沛翘有鉴于此，虽未亲至西藏，但汇集此前西藏方志编成此书，希望清廷能按图索骥，以谋抚藏御英之策。《西藏图考》"编辑始于乙酉秋八月，成于丙戌夏五月"，历时仅八九个月，于光绪十二年（1886年）成书。除卷首（包括5篇序、例言及宸章），共分8卷：卷一藏图，包括西藏全图、沿边图、西招原图、乍丫图等，卷二，西藏源流考、续审隘篇及内地程站考、卷三西藏程站考、卷四诸路程站附考、卷五城池、津梁、关隘、塘铺、山川、公署、寺庙、古迹、物产汇考,名山大川详考,卷六藏事续考,卷七艺文考上、附奏议,卷八艺文考下、外夷附考。

## 二、材料来源

《西藏图考·例言》明确交代了所引用或参考的书籍:"是集引据出自《皇朝一统志》《寰宇记》《四夷考》、新旧《唐书·吐蕃传》《明史·西域·乌斯藏传》《四川通志·西域志》、果亲王《西藏志》、松筠《西招图略》、郦道元《水经注》、齐召南《水道提纲》、顾祖禹《方舆纪要》、七十一《西域闻见录》、盛绳祖《卫藏图识》、杜昌丁《藏行纪程》、余庆远《维西见闻记》、魏源《圣武记》《海国图志》等书。分类编辑,述而不作。"[①]该书几乎全引他书而成,因此,在论述《西藏图考》内容特点及价值之前,首先分析一下其材料来源。

卷一"西藏舆图":卷一共收录"西藏全图""西藏沿边图""西招原图"以及"乍丫图"4种。"西藏全图"乃韩铣根据《皇朝中外一统舆图》(又名《大清一统舆图》)临摹截取,复证之各种藏图及《水经注》《水道提纲》而成。该图是西藏舆图中首次采用计里画方法绘成的。"西藏沿边图"亦为韩铣所绘,同样开方计里,突出西藏四方边境形势之大要。"西招原图"为李宏年临摹松筠《西招图略》之图。松筠原图一共15幅,《西藏图考》只临摹其12幅。黄沛翘说得清楚:"兹专取现在藏地所辖,西起济咙、聂拉木,东讫巴塘之宁静山界碑,计图十有二。"《西招图略》第1幅为从济咙、聂拉木分别至廓尔喀阳布城图,与西藏无关;第14幅为巴塘至里塘图、第15幅为里塘至打箭炉图,因巴塘以东不在西藏所辖范围,故黄氏亦未录。"乍丫图"本姚莹《康輶纪行》中之一篇,黄氏亦将其纳入。

卷二"西藏源流考":介绍西藏的起源与发展,可分为两部分:第一部分介

---

① (清)松筠、(清)黄沛翘《西招图略 西藏图考》序,西藏人民出版社1982年。

绍上古至明代西藏事迹，此部分仅唐时吐蕃历史稍详，其余朝代均略；第二部分介绍国朝即清朝的西藏历史，这是该卷的重点，篇幅约占全部的3/4。从上古至明代西藏史事，黄氏综合了《大清一统志·西藏》《旧唐书·吐蕃传》《新唐书·吐蕃传》《明史·西域传》等相关记载。从有清一代藏事开始，如与清廷建立正式关系、平定准噶尔策妄阿拉布坦之乱、平定噶布伦阿尔布巴叛乱、设置驻藏大臣、乾隆征讨廓尔喀、西藏宗教派别等，皆引用魏源《圣武记》之"国朝抚绥西藏记（含所附《康輶纪行》）""乾隆征廓尔喀记""西藏后记"诸篇内容，形式均为摘录。

卷二"内地程站附考"：记载自成都府，经打箭炉、里塘、巴塘至察木多路程。篇内虽然提到《卫藏图识》《西招图略》《西藏志》《西輶日记》诸书，但主要以嘉庆《四川通志·西域》《卫藏图识》为参考。如"成都至打箭炉路程"从雅安到荥经段，《西藏图考》载："雅安县，五十五里，观音铺尖，六十五里，荥经县宿，计程一百二十里"，记载相对简略。《卫藏图识》载："雅安县至观音铺尖，观音铺至荥经县宿。雅安县，出南门五里，上严道山，五里过对崖，十里过风木垭，十里过八步石，十五里至观音铺，在山溪之间，十里过飞龙关，下山十五里过麻柳湾，十里由庙上过七纵河，十里至荥经县，计程九十里。"《卫藏图识》所记程站以五里为单位，且注明食宿之处，非常详明。再看嘉庆《四川通志·西域》所载："雅州，十里，对岩，十五里，风木丫，十五里，八步石，十五里，观音铺，十五里，飞龙关，二十五里，高桥关，十五里，庙上，十里，荥经县"，没有打尖与住宿的记载，单纯记程站与里数。嘉庆《四川通志·西域》与《卫藏图识》，每一程站记载极详，《西藏图考》则只提及食、宿这两个程站，相应地，里数也只有总数。《西藏图考》关于观音铺打尖、荥经县住宿的记载，应抄自《卫藏图识》，因嘉庆《四川通志·西域》没有这部分内容。但从雅安县至荥经县里数，《西藏图考》与嘉庆《四川通志·西域》所记一致：雅安到观音铺均为55里，而《卫藏图识》为45里；观音铺到荥经县均为65里，而《卫藏图识》为45里；总里数均为120里，而《卫藏图识》为90里。

再如，《西藏图考》载："泸定桥，四十里，大烹坝尖，四十五里，头道水宿。"《卫藏图识》："炉定桥，十五里，过大冈塘，五里，过咱哩，五里，由黄草坪过小烹坝，十里，至大烹坝。复上小坡，十里，过冷竹关，下沟曲折，十五里，过瓦斯沟，十里，至头道水。"嘉庆《四川通志·西域》载："泸定桥，十五里，咱哩，十五里，小烹坝，十里，大烹坝驿，十五里，冷竹关，十里，荒草坪，五里，大冈塘，十五里，头道水。"同样，大烹坝打尖、头道水住宿应抄自《卫藏图识》。至于泸定桥到大烹坝里数，《西藏图考》与嘉庆《四川通志·西域》均为40里，《卫藏图识》为35里；从大烹坝到头道水，《西藏图考》与嘉庆《四川通志·西域》均为45里，《卫藏图识》为35里；总里数方面，《西藏图考》与嘉庆《四川通志·西域》均为85里，《卫藏图识》为70里。显然，《西藏图考》在里数上抄嘉庆《四川通志·西域》。这一点在该卷卷首，黄沛翘已经交代："自四川省城至打箭炉十一站，计程一千零二十里。《卫藏图识》作九百二十里，《西招图略》作九百七十里，《西藏志》作八百六十五里，光绪四年黄懋材《西輶日记》作十三站，九百七十五里。"以上几种著作所载里数与《西藏图考》均有出入，而黄氏未提及的嘉庆《四川通志·西域》，自四川省城至打箭炉刚好是一千零二十里。《西藏图考》各程站里数与嘉庆《四川通志·西域》完全一致，至于何处打尖何处住宿，各程站具体情况如何，黄沛翘主要参考的是《卫藏图识》。上已言及，此处再补充一例。

《西藏图考》"成都府至打箭炉"路程化林坪至泸定桥段载："化林坪，三十五里冷碛尖，四十五里泸定桥宿。计程八十里。地稍温暖，河即泸水，有铁索桥，康熙四十年建，东西长三十一丈一尺，宽九尺，索九条，覆木板于上，有巡检一员。"我们来看诸种藏志是如何记载的。《卫藏图识》作"化林坪峻岭临江，斜盘鸟道，下山二十里过龙坝铺，右走沈村，左过小河，十里至冷碛。二十里过瓦角，十里过安乐村，十五里至炉定桥（设巡司一员），地稍温暖，河即泸水，有铁索桥（康熙四十年建，东西长三十一丈一尺，宽九尺，施索九条，覆版木于上）。水颇险恶，恃桥为利济焉。计程七十五里。"两相对照，《卫藏图识》显然记载更详细。《西藏志》仅一句"林口四十里至化林，二十里至冷碛，四十里至泸定桥，三十五里至大烹坝。"只有程站里数简单记载，无注文。再看《西輶日记》所记："（从飞越岭）下视化林坪，近在咫尺而下行则又十五里程也。泰宁营都司驻防于坪，额兵五百名。十八日下坡三十里，宿冷碛。小市数十家，前临大渡河，有长官司姓周，常居山庄，此处但余空署而已。十九日循河干而上，折向西北行五十里，宿泸定桥。两岸铺户三百余家，有巡检及汛防把总，皆驻于东岸。桥建于康熙三十四年，长三十一丈一尺，广九尺，平牵铁缅凡九，上覆以板，两旁各用二铁缅为扶栏，两端有四铁桩，各重千八百斤……"《西藏图考》该段内容与《卫藏图识》《西輶日记》有诸多相同之处，但细细甄别，《西藏图考》与《卫藏图识》关系更密切。如二书均提到"泸定桥建于康熙四十年"，《西輶日记》则记为"康熙三十四年"；二书语句表达也完全一致："地稍温暖，河即泸水，有铁索桥，康熙四十年建，东西长三十一丈一尺，宽九尺，索九条，覆木板于上。"《西輶日记》则未提到"地稍温暖"，且是另一种表述模式。故《西藏图考》抄录的应为《卫藏图识》。

卷三"西藏程站考"：卷二"内地程站附考"记载自成都经打箭炉、里塘、巴塘至察木多路程，以叙明进藏来路。从南墩宁静山西之江卡开始，方进入藏界。此卷包含路线有：江卡至前藏、前藏至后藏、后藏至聂拉木、松筠《西招图略》所载自后藏至聂拉木路程、由拉孜至阿里路程、定日讯四达路程、由札什伦布至定结及由札什伦布至萨迦庙路程等。由后藏札什伦布至各处之路程，诸书不载，仅见于《西招图略》，但只有方向，未载里数。黄氏附录于后，以备后人考证。此外，还有入藏熬茶使者所提供的"由后藏帕克哩至珠拉巴里路程"，黄氏亦一并附后。该卷记路程，先列程站名、里数及食宿之地。如"乍丫（三十五里），雨撒尖（六十里），昂地宿。计程九十五里"。黄沛翘明言，该卷"地名、里数皆以《西域志》（嘉庆《四川通志·西域》）为主，各部记载有不同者，一一加注于下，以资行路者考证。"其次，对重要的驿站作详细介绍。记乍丫云："乍丫在江卡西南，即《会典图》注之札雅庙也。昔为阐教正副胡土克图掌管（胡土克图，唐古特语，不迷性之谓。一作胡图克图，一作呼图克图，皆音相近）。康熙五十八年（1719年）大兵定藏之后，颁给胡土克图印信。系阐明黄教那门汗之印，清字、蒙古字、唐古特字三样篆文。正胡土克图住坐乍丫寺院，副胡土克图住坐卡撒顶寺院。设有守备一员、把总二员、外委二员，分驻塘汛。其疆域东至阿足塘界一百七十里，西至八贡塘界三百四十里，南至擦哇冈，北界官角。"这段内容全抄嘉庆《四川通志·西域》对乍丫历史及疆域的介绍。其他重要驿站如江卡、察木多、类伍齐、前藏、后藏等，亦皆全抄嘉庆《四川通志·西域》。再次，介绍沿途环境以及食宿驿站人户柴草情况。如"乍丫顺沟行，石径蚕丛，道多梗塞。三十五里至雨撒塘，有人户、柴草。复西行，过大雪山，路甚陡险，积雪如银，烟岚之气辄中人作病。上下六十里至昂地。有驻防塘铺，有喇嘛供给乌拉。"这一段内容，抄自《卫藏图识·程站》。所有驿站及沿途自然与人文环境的介绍，均抄录《卫藏图识》。最后，将经过诸驿站的内地文士武将留下的诗篇附后，如介绍乍丫时就附上了王我师雨撒塘诗、昂地诗两首，附诗同样抄自嘉庆《四川通志·西域》。

卷四"诸路程站附考"：所载"自打箭炉由霍尔德革草地至察木多路程""自察木多由类伍齐草地进藏路程""自前藏由挞鲁分路至后藏路程""自后藏由乃觉分路至聂拉木路程""自后藏由咱觉至前藏路程""自松潘出黄胜关至藏路程""自前藏由羊八井至噶尔藏骨岔路程""自西宁出口至前藏路程"等8条路线，全部抄自嘉庆《四川通志·西域》，程站里数完全吻合。"自前藏出防腾格那尔路程""自前藏出防玉树卡伦路程""自前藏出防纳克产卡仑路程""自前藏出防奔卡立马尔路程""自前藏出防生根物角路程""自前藏至布鲁克巴路程"等6条路线全部抄自《卫藏通志》，程站里数完全一致。"自巴塘经云南中甸厅至丽江府路程"，黄氏提示："光绪四年，江西贡生黄懋材奉川督檄，游历印度，行抵巴塘，前途番民疑阻，不能进，因改道中甸而行。"该路程由撮录《西輶日记》"自巴塘至腾越"内容而成。此外，《西招图略》有"由前藏至西宁路程"，因与嘉庆《四川通志·西域》《卫藏图识》《西藏志》诸书记载不同，黄氏亦附后备考。

卷五"藏事汇考"：按照从南墩宁静山向西进藏路线，依次记载江卡、乍丫、察木多、类伍齐、洛隆宗、硕般多、达隆宗、拉里、江达、前藏、江孜、后藏、定日、阿里等处的城池、津梁、关隘、塘铺、山川、公署、寺庙、古迹、土产等内容，全抄嘉庆《四川通志·西域》。这部分内容占全部篇幅的四分之三。山川之雅鲁藏布江、冈布藏布河等5条江河抄录齐召南《水道提纲》。此外还附录了黄懋材《西輶日记》"黑水考""恒河考"2篇。

卷六"藏事续考"：分天时、地利、人事、物产等4类介绍西藏。天时类系抄嘉庆《四川通志·西域》，地利类系抄《西藏志》与《康輶纪行》，人事类中关于兵制、刑法、赋税、文书、头目、婚姻、生育、丧葬、房屋、医药、占卜、粮台、寺庙等内容抄自嘉庆《四川通志·西域》，而关于达赖喇嘛身边的侍从官、达赖喇嘛与班禅额尔德尼世系以及对红教黄教达赖班禅的评价等，系从《康輶纪行》中摘编。如介绍达赖喇嘛与班禅喇嘛世系云："《布达拉经簿》云，达赖喇嘛，宗喀巴之大弟子也；班禅额尔德尼，宗喀巴之二弟子也。头辈达赖喇嘛名根敦珠巴……又云，班禅第一辈名刻珠尼玛绰尔济伽勒布格尔……"《康輶纪行》在介绍达赖喇嘛与班禅喇嘛世系之前，对宗喀巴及《布达拉经簿》还有一段介绍："《西藏赋注》云，明蕃僧宗喀巴，名罗布藏札克巴，生于永乐十五年丁酉，幼而神异，精通佛法，号甲勒瓦宗喀巴。在大雪山修苦行。穆隆经其所立也。达赖剌麻至大诏，众剌麻必诵是经。宗喀巴初出家时，学经于萨迦庙之呼图克图，乃元时帕思巴之后，为红帽教之宗。宗喀巴修行既成，为蕃众所敬信，衣紫衣。相传其受戒时，染僧帽诸色不成，惟黄色立成，遂名为黄教。其教大行，最盛于前藏，今拉萨诸庙，咸供奉其像。余按，泰庵此注，本之《布达拉经簿》，盖剌麻之家谱也。凡剌麻历代源流事迹，无不具载。亦时有续修。各处剌麻皆有之。稽考前代，必以经簿为据。和赋成于乾隆五十八年癸丑，时为驻藏大臣，故得见之。而经簿所载，止及其时，后无闻焉。据此言之，是黄教之先，本亦出于红教矣。经簿云：达赖剌麻，宗喀巴之大弟子也。班禅额尔德尼，宗喀巴之二弟子也。头辈达赖剌麻，名根敦群珠巴……"①《西藏图考》显然没有采纳这一段。

除部分撮录《西藏志》与《康輶纪行》，该卷内容基本抄录嘉庆《四川通志·西域·西域志余》。而后者内容来自《卫藏图识》，那么，《西藏图考·藏事续考》有没有可能抄自《卫藏图识》呢？先看个例子，《西藏图考·婚姻生育》最后一句云："风俗信重喇嘛，子女多有为僧尼者。或云西方金行肃杀，所以免外番多

---

① （清）魏源《圣武记》，世界书局1936年，第140页。

丁之道也。"这一段内容与嘉庆《四川通志·西域》所记完全相同,《卫藏图识》所记则略有不同:"风俗信重喇嘛,子女多有为僧尼者。或云免外番多丁之道,其亦有所由来欤?"后者少了一句"或云西方金行肃杀"。再如《卫藏图识·丧葬》篇末有作者评论:"大概其俗重壮青老,恶病终,以战殁为甲第。"《西藏图考》与嘉庆《四川通志·西域》均没有这句。以上两例说明,《西藏图考·藏事续考》没有参考《卫藏图识》,而是以嘉庆《四川通志·西域》为依据。但"藏事续考"于天时、地利、人事、物产等4类内容后所附之《蛮语》则抄自《卫藏图识》。《卫藏图识·蛮语》集中在一卷中,分为天文、地理、时令、人物、身体、宫室、器用、饮食、衣服、声色、文史、方隅、花木、鸟兽、珍宝、香药、数目、人事等若干门,《西藏图考》将其合并为4大类,这就难免出现归类不当的情况,如形容词长短、远近、深浅、高低等亦置于地利类;表颜色的白、黄、红、紫、油绿,表滋味的苦、甜亦置于物产类,就显得不合适。

卷七"艺文考上"及卷八"艺文考下":主要搜集了与西藏有关的各类奏稿、碑记20篇。这一部分内容亦主要抄自嘉庆《四川通志·西域》。如《噶尔弼平定西藏疏》《大学士福康安等折》《军机大臣阿桂等折》《驻藏大臣尚书和琳副都统成德折》《噶尔弼平定西藏碑记》《储大文拟平西藏碑文》《毛振翮西征记》《王我师藏炉总记》《王我师藏炉述异记》《李菊圃西域述记序》《王我师墨竹工卡记》《王我师得庆记》《和宁西藏赋注》等均抄自嘉庆《四川通志·西域》"前藏上",《福康安修双忠祠碑记》抄自《四川通志·西域》"前藏下",《大学士福康安等折》《松筠巡边记》均抄自《四川通志·西域》"江孜",《查礼西域行序》抄自《四川通志·西域》"乍丫",《驻藏大臣副都统成德折》《驻藏大臣尚书和琳副都统成德折》均抄自《四川通志·西域》"后藏",《杨揆廓尔喀纪功碑文》抄自《四川通志·西域》"廓尔喀"。卷八附录之布鲁克巴、哲孟雄、廓尔喀、克什米尔等4部抄自黄懋材《印度札记》,巴尔底萨杂尔抄自《四川通志·西域》,布鲁特摘自《圣武记·乾隆绥服西属国记》。

## 三、文献价值

关于《西藏图考》的价值，黄苇《中国地方志词典》说："是书以图为主，而系之以说，所载都有根据。如西招各图既采松筠《西招图略》，而绘法较为精密，西藏总图，沿边图等俱有开方新法。'驿站考'内诗文，于佶屈聱牙之藏地译音中参差以诗歌，便饶风趣。'艺文考'法制周详，辞华渊博，尤多散佚之篇，如《毛振翧西征记》，《李菊圃西域述记序》，《王我师藏炉总记》等，原书皆罕见，藉此书而得吉光片羽。又全文采录《和宁西藏赋》，于原注多加考证，博洽详尽，'源流考'续纂《卫藏图识》，有所补续等，皆足称述。故前人有将此书推为记载藏事诸书中最佳者。"① 黄苇对于《西藏图考》之舆图、驿站考、《西藏赋》注、源流考等的论断基本准确，唯对"艺文考"评价不够严谨。通过分析我们知道，卷七、卷八"艺文考"所收文稿皆引自嘉庆《四川通志·西域》，并非黄沛翘所独辑。

该书主要为辑录，黄氏自己也说"述而不作"，这并非自谦之词。引据之书主要包括嘉庆《四川通志·西域志》《西招图略》《卫藏图识》《圣武记》，其中又以引《四川通志·西域志》为最多，约占《西藏图考》全书的六七成。《西藏图考》之所以有一定影响力，与其取材广泛有很大关系。黄沛翘认为松筠所绘西招原图"其形势之熟悉，险要之详明，棋布星罗，灿然大备，自来西藏专图，无有逾于此者"，故摹取12幅。嘉庆《四川通志·西域志》材料较为丰富，《西藏图考》卷二、三、四之程站考、卷五藏事考、卷六藏事续考、卷七卷八之艺文考均采自该书，构成了《西藏图考》的主体。关于清代西藏史事，《西藏志》记事止于乾隆元年，《卫藏图识》在"西藏源流考"中未作交代，只说"达赖喇嘛班禅额尔德尼颠末已详图考中，兹不复赘"。《西藏图考》该部分内容主要综合了魏源《圣武记》，介绍极为详尽。从满清入关起，至乾隆末年止，记载了清廷与西藏地方僧俗势力的往来以及对西藏地方的治理。程站方面，在《四川通志·西域

---

① 黄苇主编《中国地方志词典》，黄山书社1986年，第170页。

志》所记自成都至前藏、诸路程站的基础上,增加了《卫藏通志》所载自前藏出防各关隘的路线,以及松筠、黄懋材、入藏使者等所记不同路程,使得程站记载空前详备,等等。《西藏图考》的价值就体现在集众家之说,提供了一份较为全面的藏事记录。

是书所谓"藏考",其"考"的内容十分有限。程凤翔在《喀木西南群说辨异》中就曾指出:"布鲁克巴尔布及工布、珞瑜诸部落均在雅鲁藏布江内外。黄氏沛翘谓珞瑜野番在怒江之外,或泥于以藏江为怒江之旧图为之,附会其词亦未可知……工布、工巴相隔四千余里,本风马牛不相及之地,沛翘误为一站,固缘于译音之舛谬,亦未始非《图考》之穿凿",① 这是指《西藏图考·卷六》"藏事续考 地利类"记西藏疆域的错误。这一部分内容引自《西藏志》,程氏因此责难黄氏虽有失公允,但黄氏多少也有失察之责。程氏更直言其"坐一室以谈九州,考据愈多,则门户愈杂,非足迹所经,终不能折衷一是。"没有亲历藏地,加之编纂时间仅八九个月,故难以进行实事求是的考证。黄氏在"例言"中亦云:"始意藏诸行笥,将随时考正,以期不爽毫厘。而李华廷军门亟亟捐赀付梓,既不获辞,遂以灾梨枣。"本意是书成之后随时考正,不料被好事之人亟亟刊刻,这也是该书未能在考证方面有所成就的客观因素吧。

## 第二节 山县初男《西藏通览》

《西藏通览》是日本人山县初男于 1906 年编成的一部西藏志书。该书的编纂与日本觊觎西藏丰富矿产资源并伺机施展更大野心有极大关系。然而,不可否认的是,因其体例系统严整,搜罗材料宏博,客观上对晚清民国时期藏学文献的编纂产生了较大影响。

---

① (清)松筠、(清)黄沛翘《西招图略 西藏图考》,西藏人民出版社 1982 年,第 277 页。

## 一、山县初男其人

关于山县初男的资料颇少，据零星的记载，知其为日本陆军士官学校第 12 期毕业生，[①] 与日本前首相小矶国昭为"陆士同期生"。小矶国昭 1900 年（明治三十三年）从陆军士官学校毕业，[②] 山县初男与之同期，亦应为 1900 年"陆士"毕业。

山县初男首次来华至迟在 1911 年。其时，他的身份是驻旅顺日本陆军步兵大尉。[③]1904—1905 年爆发的日俄战争以俄国失败而结束，根据双方签订的《朴茨茅斯和约》，俄国将旅顺和大连的租借权让渡给日本，清政府也被迫承认了日俄双方缔结的和约。从此，旅大地区沦为日本的殖民统治，日本长期在此驻军，直至 1945 年投降。

1915 年，袁世凯复辟称帝，引起全国人民反对。蔡锷在梁启超资助下潜赴云南，联络唐继尧、李烈钧于 12 月 25 日公开讨袁，宣布云南独立，成立护国军。日本参谋本部决定支持蔡锷云南军，除了支援武器弹药外，还派出军事顾问，"点燃反对帝制烽火的云南军中，山县初男作为军事顾问被派遣过去"。[④] 日本派出军事顾问的目的，"除了在所在地搜集所有情报外，还要强化与该军阀的军事合作，将军阀统治地区的军事设施搞成以日本为样板，促使军阀从日本进口武器。"[⑤]"山县至晚 1926 年仍在云南活动，只是后来身份有变，应聘为当地政

---

[①] ［日］户部良一著，金昌吉、［日］诹访一幸、郑羽译《日本陆军与中国——"支那通"折射的梦想和挫折》，社会科学文献出版社 2015 年，第 64 页。

[②] ［日］宇治敏彦编著，潘昊译《日本首相列传从伊藤博文到福田康夫》，中国文联出版社 2008 年，第 263 页。

[③] （清）锡良《请奖日俄各员宝星并请补换前奖宝星等级折（宣统三年三月十二日）》，《锡良遗稿奏稿》，中华书局 1959 年，第 1295 页。

[④] ［日］户部良一著，金昌吉、［日］诹访一幸、郑羽译《日本陆军与中国——"支那通"折射的梦想和挫折》，社会科学文献出版社 2015 年，第 64 页。

[⑤] ［日］户部良一著，金昌吉、［日］诹访一幸、郑羽译《日本陆军与中国——"支那通"折射的梦想和挫折》，社会科学文献出版社 2015 年，第 19 页。

府的军事顾问。"①

1927—1933 年，山县初男不再在军中任职，担任日本制铁所大冶出张所所长。②"大冶出张所"为日本八幡制铁所的派出机构。担任出张所所长期间，山县初男专门负责从大冶铁矿低价购买矿石并运往日本有关事宜。同时，该出张所还对大冶铁矿实施监控，实为一侵略中国的据点。

## 二、《西藏通览》材料来源

《西藏通览》自序落款云："明治丙午七月，著者识于四谷之寓居。"③ "明治丙午"即明治三十九年，为公元 1906 年，山县在东京四谷寓所完成该书的编纂。自序及同僚之序皆言此书乃山县公务之余编成，未提及编纂是书时其曾来过中国或西藏。再结合山县来华时间，可以确定，《西藏通览》整个编纂过程都是在日本国内进行的。但这丝毫不影响该书的价值，这主要归功于其引据材料的广泛与编辑的严谨。根据自序，该书引用或参考的书籍有：《西藏记》、参谋本部著《支那地志》、日本西藏研究会著《西藏》、河口慧海著《西藏旅行记》、姚莹《康輏纪行》、黄沛翘著《西藏图考》等 26 种。通过文本分析，笔者发现，《西藏通览》主要引用的是日本西藏研究会著《西藏》及光绪年间黄沛翘著《西藏图考》、乾隆《西藏记》。

**1. 日本西藏研究会著《西藏》**

《西藏》由日本西藏研究会纂述，太田保一郎校补，具体成书时间不详。根据书中"第十六章挽近之旅行"一条材料："旅行家斯隈海达英博士西纪一千九百

---

① 许金生《近代日本对华军事谍报体系研究 1868—1937》，复旦大学出版社 2015 年，第 63 页。

② 武汉大学经济学系编《旧中国汉冶萍公司与日本关系史料选辑》，上海人民出版社 1985 年，第 1122 页。

③ [日] 山县初男《西藏通览》，华文书局股份有限公司 1969 年，第 2 页。

零三年探险西藏。"① 则成书应在 1903 年以后。该书 1907 年由成都的西藏调查会译为汉文并出版。

《西藏通览》引用《西藏》者主要集中在风俗人情、僧侣僧院方面，如"第五章风俗第十二节哈达"载：

> 哈达，盖绢布类也。西藏每当交际时，此为必不可缺之媒介物。日本以名熨斗水引互相交换，意与相同。每当送客访友，或为婚姻，或就某事项互相协议时，必以此物为结纳及约束等凭证。或用以包封信函，甚至喇嘛埋葬场中亦可用为导枢之挽纲。其色白或淡青色，为长方形之绢布一片，极为薄细，材料与纱相似，周围褶襞形，且似破绽手巾，其材料因大小而异。欲以赠答物表视意者，无不用此，宛与日本熨斗水引相似。惟日本用熨斗水引，必添以物品，哈达则可单独用之其差此耳。

这段内容与《西藏》"第八章商业输入品"之"哈达及贿赂"基本一致：

> 绢布，名哈达者，为社交上不可缺之媒介物，如朋友之酬酢、旅客访问、婚姻仪式，则以之为呈赠品。或协议事项、结纳约据，则用为凭证物。又或包裹信件及喇嘛埋葬枢前之挽纲，则用以示敬礼。又或以白色及青淡色之哈达作为长方形，极薄如纱，其周缘为褶襞，如手拭，分别大小用于庆贺之场，以表祝意，如我国之慰斗水引，但慰斗不如哈达之可以单独使用也。故旅行此地者，必先准备种种，以作危急时之需应。

以上两段文字，主要介绍哈达在各个社交场合的应用，以及颜色、形状等特征。因二书均从日文转译，且译者不同，故语句有些微差别，但描述的内容完全相同。《西藏通览》尚有多处引用《西藏》，具体见下表：

---

① 日本西藏研究会纂述，太田保一郎校补《西藏》，四川西藏调查会编译 1907 年，第 91 页。

| 《西藏通览》章节 | 引用《西藏》章节 |
| --- | --- |
| 第一编 第五章 风俗<br>　　　第十三节 护符及预言者 | 第十二章 西藏之人情风俗<br>　　　护符及预言者 |
| 　　　第五章 风俗<br>　　　第十四节 六字之陀罗呢 祈祷筒<br>　　　　　　 祈祷壁 念珠 | 第十二章 西藏之人情风俗<br>　　　六字之陀罗呢 祈祷筒 祈祷壁<br>第十一章 僧侣及僧院<br>　　　念珠 |
| 　　　第九章 教育 | 第十二章 西藏之人情风俗<br>　　　儿童教育 |
| 　　　第十四章<br>　　　第二节 寺院内部及礼拜<br>　　　第三节 喇嘛之训练 | 第十一章 僧侣及僧院<br>　　　礼拜<br>　　　喇嘛之训练 |
| 第二编 第二章 西藏锁国之理由<br>　　　第三章 西藏探险者 | 第七章 西藏锁国之理由（节录）<br>第十六章 挽近之旅行（节录） |

**2. 黄沛翘著《西藏图考》、乾隆《西藏记》**

除了日本国内的藏学文献，山县还参考了从中国传入的西藏方志。据巴兆祥《中国地方志流播日本研究》一书，明治中期时，就有日本书商、"中国通"从中国有目的地搜集地方志，乾隆《西藏记》、嘉庆《西招图略》、光绪《西藏图考》即在此一时期流入日本。山县因此有机会借鉴这些西藏志书。[①]

《西藏通览》引用黄沛翘《西藏图考》者主要集中在风俗部分，如"第五章风俗第八节占卜"载：

> 土人深信占卜，其术种种不一，或画八卦于纸，书蕃字以占者，或排青稞为八卦，抽五色毛索以占者，或有数念珠以占者，或有画地以占者，或烧羊骨或验水椀，其法不一而足，因颇有奇验，故信者极多，皆喇嘛僧为之。

---

① 日本西藏研究会纂述，太田保一郎校补《西藏》，四川西藏调查会编译1907年，第91页。

妇人间亦有通其术者。又有筊，翻检其经以告占者，吉凶俱详注经上，其辞义与支那本部所行神签相类。

再看《西藏图考》"占卜"的记录：

西藏占卜之术不一，或有喇嘛以纸画八卦、书番字而占者，亦有以青稞排卦、抽五色毛线而占者，或数念珠而占者，或画地而占者，或烧羊骨或验水碗。其占卜之术不一，颇有可验。亦视所学之精浅。妇人亦有通其术者。又有筊，遇事辄翻拣其经以告占者，吉凶俱详注经上，其辞义与中国神签相类。

两段文字有细微之别，然所记西藏占卜术之种类及从事占卜人员类型，内容完全相合，山县参考之迹十分明显。

《西藏通览》引用《西藏图考》处尚有："第一章区划"节录自《西藏图考》卷之五"前藏 后藏"，"第五章第二节衣冠""第三节饮食""第五节婚姻""第六节生育""第七节丧葬""第九节医药""第十节礼仪"，全部引自《西藏图考》卷之六"藏事续考 人事类"，引用情况同上，此不赘述。

《西藏通览》"第一编第一章"在简要介绍西藏境界后，同时节录《西藏记》"疆圉"目所记西藏四至八到作为参照。此外，"第五章风俗第四节家屋"主要引用了《西藏记》"房舍"目内容，①唯"屋上有褴褛之网翻舞风中，实有名之祈祷幢。家畜圈居家中土间，人居则在其上，因寒威凛烈，故所开窗牖甚少，光线不甚明瞭，仅屋顶掘一小孔，阳光由此入，炊烟由此出。室内颇不洁净，异臭扑鼻"一段，不见于《西藏记》，却与《西藏》"第十一章僧侣及僧院"之"家屋"中的"褴褛风翻，此即有名之祈祷幢也。家蓄居土窖，人处其上部，其屋窗牖甚少，仅于屋脊穿小孔，烟突与采光共用，故室内薄暗，异臭熏鼻"一段吻合，显然是糅合二者文字而成。

---

① 佚名《西藏记》，中华书局 1985 年，第 28 页。

### 3. 其他文献

《西藏通览》"第二编第四章西藏与俄国"所记俄国染指西藏史事，摘编自日人河口慧海《西藏旅行记》"第七部拉萨见闻——政事"。①《西藏通览》"第十五章交通"介绍了6条入藏路线：由四川、云南、甘肃、新疆等入藏4条以及由印度、克什米尔入藏2条。由中国方面进入西藏的4条路线，在此前西藏方志中有较多记载，自印度与克什米尔方面入藏路线的记载则未见，《西藏通览》弥补了这方面的缺憾。其中，从克什米尔至拉萨的路线，山县采自印度测绘局工作人员绰特上尉（H. Trotter）记录的《班智达南·辛格从拉达克列城到拉萨的大西藏之行，经阿萨姆返回印度》一文。②

## 三、体例及内容特征

### 1. 首部采用章节体编纂的西藏方志

《西藏通览》以前的西藏方志，基本采用传统方志形式——平目体编纂，各类目之间平行独立，互不统摄。因平目体结构简单，较为适合内容单一、字数较少的志书，西藏方志普遍采用平目体，与其卷数大多很少有关。《西藏通览》则首次采用篇章节目体进行编纂。全书分为两编：第一编介绍西藏自然地理与人文风俗，第一章位置境界广袤区分人口、第二章地势、第三章气候、第四章人种、第五章风俗、第六章政体、第七章宗教、第八章言语文字、第九章教育、第十章兵制、第十一章贸易、第十二章物产、第十三章工艺、第十四章寺庙、第十五章交通、第十六章都邑；第二编介绍西藏历史及与中英俄关系史，第一章史略、第二章西藏锁国之理由、第三章西藏探险者、第四章西藏与俄国、第五章西藏与英国、第六章西藏与清俄英之关系。每一章又根据内容多寡细分为若干小节，如"第一编第二章地势"分为"山脉、河江、湖泽"等3节，"第五章风俗"分为"职

---

① ［日］河口慧海《100年前西藏独行记》，金城出版社2014年，第217页。
② 房建昌《〈西藏志〉所载清代后期入藏路线考》，《中国边疆史地研究》2010年第3期。

业"等16节。尤其是"第六章政体",划分为"西藏政府之组织"等11节,并且"第四节前藏政府"下再细分为"噶伦卜"等8个部分,形成层次分明的三级目录结构。

**2. 资料宏富多为他书所不载**

山县搜集资料宏富,尤其搜罗到很多西藏探险者记录,大大增加了是书材料的可靠性。如"第五章风俗第十五节祭祀节礼"记西藏自正月一日跳钺斧活动起,至十二月二十九日木鹿寺跳神驱鬼活动止,大小共20个节日,所载西藏节日在此前所有方志中为最全。《西藏图考》记载西藏地区节日已比较详尽,也只有17个,且各节日记载较为简略,最少几十字,最多不超300字。《西藏通览》记述节日则颇为详细。如二月十七日"舞踏祭(据某探险者所记)",祭祀时喇嘛戴假面,穿舞踏衣,与僧正演出秘密术戏,近700字;六月一日"涅槃会(据千八百八十二年某探险者所记录)",拉萨男女老幼在这一天争先至基儿可尔灵殿礼拜佛像,以求保佑,洋洋2400余字。这些内容均为山县据探险者记录编辑而成,不见于其他藏志。

再如,"第十二章物产"分别从植物、动物、矿产三个方面介绍西藏物产。树木有杨柳、狗骨、松柏、巴热儿树;果树有梨、胡桃、杏、枣、葡萄;谷类有青稞、粳稻、大麦、小麦、胡豆、豌豆、菜子等;花卉有牡丹、西天花、蜀葵、金盏、米囊花、芍药、山丹、黄连、福寿草等;走兽有羚羊、麠鹿、麝鹿、马、驴、山羊、牦牛、牝牛、狐、山狗、野狗、狼、熊、豹、野猪、猞猁狲、犀等;飞禽有云雀、杜鹃、雉、鹭鹰、乌鸢等;矿物有金、银、铜、铅、松蕊石、青金石、玛瑙、琥珀、蜜蜡石、砗磲、硼砂、盐等,记载十分详尽。此前,乾隆《西藏志》记西藏物产最详,虽然也按各地分述,但仅罗列物产名称。《西藏通览》将物产分门别类,按产地一一详述,有代表性的动植物、矿物还介绍其特征、功用等。如记麝鹿,除描述其外形特征、生活习性外,还记述了麝香的采集及相关风俗。又如,记西藏金矿有四处,分别为索克札兰金矿、索克珠拉克巴金矿、唐佳金矿、萨尔加西亚金矿,关于各矿的管理权、金矿品质、采掘条件、采金之法以及用所采金交易牛羊、茶叶等细节也都不厌其烦地记述。

## 四、对后世藏学文献编纂的影响

《西藏通览》汇集各方材料，成为那个时期记载西藏自然地理人文风俗最全之记录，其内容屡被后世藏学文献引用，深刻影响了晚清民国时期藏学文献的编纂。

### 1. 对李梦皋《拉萨厅志》的影响

《拉萨厅志》，李梦皋撰，《中国地方志综录》《中国地方志联合目录》皆著录。书中虽有道光二十五年作者自序一篇，然经房建昌、赵心愚二人考证，[①] 该书实为伪书。笔者进一步考察后发现，该书材料主要来自《西藏通览》。至于成书时间，当在1909—1911年间，因书中有"我皇清"字眼，说明作者应为清朝时人。

《拉萨厅志》篇幅不大，除卷首有"拉萨厅疆域全图"及"城池图"各一幅，全文分为上下两卷：卷上有沿革、疆域、城市、山川、寺庙、物产、风俗、道里等8目，卷下有艺文、著述、杂记等3目。全部11目中，除了"艺文""著述"等2目，其他9目内容皆与《西藏通览》有密切关联。其引用《西藏通览》基本为截取，极少全文抄录。如《拉萨厅志》"寺庙"分别介绍了大昭寺、小昭寺、布达拉寺、色拉寺、别蚌寺、米堆寺、噶尔丹寺、木鹿寺、菊岗寺、招拉菊角山（笔者注：应为招拉笔洞山）寺、藏江寺、萨斯迦寺等12座寺庙，其记叙顺序与《西藏通览》完全一致。不过，后者记录了24座寺庙，《拉萨厅志》只选取其中12座。文字方面删节也比较明显，如记大昭寺云：

> 大召寺在拉萨中，又名老木郎，唐代建，楼高四层，金殿五座，中大佛

---

① 房建昌《伪造的吴丰培先生所藏〈道光拉萨厅志〉手抄本》，《西藏研究》2010年第6期；赵心愚《道光〈拉萨厅志·杂记〉的有关问题及作伪证据》，《西藏大学学报》2014年第1期。

供觉释伽摩尼名，支那本部唐文成公主待随西藏。①

该句有脱字及倒文，读之颇不通顺。《西藏通览》"第十四章寺庙"所记大昭寺则为完整版：

> 大召在拉萨大召内，名曰老木郎，为唐代中所建，高楼四层，上有金殿五座，中殿供大佛一，名觉释迦摩尼。相传彼自支那本部随侍唐之文成公主来至西藏，年甫十二即成圣而升天，故祀之。或言实自支那本部铸造以来，纷然莫一也。左廊有唐文成公主、西藏王赞普及白布国王女塑像，岁时祀之。其内神佛以万数，皆用大铜缸盛贮黄油，点灯供养。惟至文成公主前则不点黄油灯。楼顶东南隅金殿之内有百喇末殿，其神名百喇末，俗言乃文成公主成圣之像。灵威显赫，番民敬畏最甚。汉人称之为累子天王。内藏有古代军器，其剑长有五六尺，铳亦有长至八九尺乃至一丈者，形与今之五子炮同。弓鞬箭袋无不长大，其箭更有长达四五尺者，殊异观也。大殿内有明万历时太监杨英所立碑一道。殿门外前廊壁上绘有唐三藏师徒四众之像。昔文成公主晚年信佛，皈依佛教，故其门向西而启。门外有唐蕃和盟之碑。碑文曰（内容略）。

《西藏通览》所记大昭寺旨意完整明晰，语句通顺。反观《拉萨厅志》，不仅文字错讹，所截取部分也难说自成体系。其余8目与"寺庙"抄录情况相类，大多随意截取一段，错谬亦且不少，此不赘。

**2. 对许光世、蔡晋成《西藏新志》的影响**

1911年出版的《西藏新志》为许光世、蔡晋成二人所编，《中国地方志综录》《中国地方志联合目录》皆有著录。该志最大特点是采用近似章节体的结构进行

---

① （清）李梦皋《拉萨厅志》，中国书店1959年，第11页。

编纂。《西藏新志》这种体例并非自出机杼，而是借鉴了《西藏通览》。

《西藏新志》分为三卷：上卷地理部、中卷政治部、下卷历史部。上卷14节，其中13节名称能在《西藏通览》中找到原型；中卷14节，其中13节名称与《西藏通览》基本一致。有些是小节名称雷同，如上卷地理部之"位置""境界""山脉""气候""人种""物产"，下卷政治部之"达赖喇嘛""班禅额尔德尼""刑法""历法""财政""教育""宗教""职业""风俗""猓猓种之风俗"；有些是小节名称变更一二字，如上卷之"幅员""湖泽""区画""都会""驿站"，中卷政治部之"番官""兵政""商务"等。不只是节名大体不差，就连小节下第三级目次亦有明显借鉴痕迹。上卷地理部之"物产"，其下按"植物""动物""矿物""产出地"分别叙述，这与《西藏通览》"第十二章物产"的节名与节次"第一节植物""第二节动物""第三节矿物及金矿""第四节产出地之区别"别无二致。中卷政治部之"风俗"，其下分"服式""饮食""房屋""婚姻生育""丧葬""医卜""哈达""岁事"等目，与《西藏通览》"第五章风俗"下的节名与节次安排也全然相同。

不仅体例，《西藏新志》内容亦全部抄录《西藏通览》。如"地理部·人种"云：

> 西藏种族多蒙古种，若细别之则有土耳其人、喀齐蒙古人及甘肃人各种。其身干矮小，肩胸广大，腕及脚腓之大，异于印度人。其面貌则颧骨高而鼻根陷，眼色黑，口大唇薄，额阔，皮肤之色，惟富人纯白，至于游牧之民，则带黄铜色，其人肌肤生皱纹甚早，虽少壮之人，而颜色已呈衰老矣，盖气候风土使然也。[①]

这一段与《西藏通览》"第五章人种"记载如出一辙：

> 西藏人多属蒙古种，细区别之则有甘肃人、喀齐蒙古人、土耳其人各种族。其身干矮小，肩胸广阔，腕及脚腓之大，与印度人异。更视其面貌则颧

---

① （清）许光世、（清）蔡晋成《西藏新志》，上海自治编辑社1911年，第10页。

骨高耸，鼻根陷下。眼色黑暗，额部阔展口大唇薄，富人皮肤色属纯白，惟游牧民族则带黄铜色。本地土著者肌肤生皱纹甚早，虽属丁壮而颜色已呈衰老之象。盖亦风土气候有以使之然邪？

两段内容别无二致，仅个别字句在表述上有细微差别。此外，还有一小部分内容是节选，如"第六章政体"第三节介绍达赖喇嘛，《西藏通览》分"达赖喇嘛总论""达赖喇嘛沿革""达赖第五世与固始汗始终关系情状略记""现今达赖喇嘛略记"等，《西藏新志》仅采录"达赖喇嘛总论"一节，余皆删去。还有对原编次重整者，如中卷政治部"兵政·编制"中，将《西藏通览》"第一节陆军诸官数目""第五节番兵区别""第六节武器""第十节检阅"等四节内容归并到一起。

虽然从体例、内容上尽量抄录《西藏通览》，但《西藏新志》似乎有意要与《西藏通览》区别开来，遂在文字上做些小动作。如《西藏新志》上卷地理部之"幅员""河流""湖泊""区画""驿站""兵政""商务""喇嘛教育""人民之迷信"等类目名与《西藏通览》相应的"广袤""河江""湖泽""区分""交通""兵制""贸易""喇嘛之训练""人民之信仰"并无区别；上引"地理部·人种"例亦属此类。据笔者统计，《西藏新志》上中下3卷共33节，其中31节内容全抄《西藏通览》。除去上卷"总论"（100余字）与中卷"总论"（200余字），《西藏新志》全书内容均来自《西藏通览》。

### 3. 对胡朴安《中华全国风俗志·西藏卷》的影响

胡朴安所著《中华全国风俗志》是我国第一部全国性风俗志。其内容宏富，堪称洋洋大观，有"全国风俗百科全书"之誉。此书1923年由上海广益书局出版，甚为流行。

是书分上下两编，上编摘自历史的志书、笔记，下编抄自近代的报刊、杂著等。两编既相互联系，又各自独立。自古至今，以近为主，把散见于浩繁卷帙中有关风俗民情的资料加以摘抄整理，广泛涉及生产、贸易、饮食、器物、娱乐、婚嫁、衣服、丧葬、祭祀、礼仪、时令、语言、宗教诸方面,其地域涵盖顺天、山东、山西、河南、江苏、安徽、浙江、福建、湖北、湖南、陕西、广东、广西、云南、贵州、京兆、直隶、奉天、吉林、黑龙江、江西、甘肃、内蒙古、热河、绥远、新疆、西藏等。该书下编卷十"西藏"部分共有:西藏呼毕勒罕之承继法、喇嘛僧等级、喇嘛僧服装、喇嘛寺内状况、尊贵喇嘛之敛礼、喇嘛教育程式、藏民之教育、刑法、历法、迷信、咒语、佛珠、藏民性质、男女生活、男女服装、职业、食物、宴客仪式、住屋、婚俗、育子风俗、丧葬仪式、医术、占卜、交际礼、岁时令节、僳僳风俗等27篇,其关于西藏风俗的记录,全部采自《西藏通览》。关于这一点,胡朴安并未在序中或文中交代。他并非原封不动地引用,而是适当节录,兹举一例,"藏民之佛珠"云:

  藏民念陀罗尼,以佛珠默识其数。西人形容其声,谓如猫念佛。佛珠初本浑圆,因轮数不已,久久遂磨成薄小之管,甚有消灭者。佛珠之种类不一,或以内地树木制之,或以产于外部喜马拉雅山某树之种子制之,或以人之头盖骨制之。俗谓如各种佛菩萨,当因其所好佩带佛珠。观世音菩萨则以贝壳制成白色佛珠瞻拜之,死者以头盖骨制成之佛珠为之诵经。尚有玻璃、水晶、蛇脊骨、象脑中硬物质、赤檀香及胡桃等种种制成。①

此段主要介绍西藏佛珠的材质种类及适用场合,材质有内地树木、喜马拉雅种子、人头盖骨、贝壳等。为死者诵经佩头盖骨佛珠,瞻拜观音菩萨戴贝壳佛珠等。《西藏通览》"第五章风俗第十四节 六字之陀罗呢 祈祷筒 祈祷壁 念珠"亦是同样记载,但文字稍详:

  人必持此于手,以爪弄之,低声唱名,殆与日本俗同。西人未惯闻者,形容其声谓如猫之呻吟。此诵念实非常勤勉,念珠各颗因人手翻弄迅烈之

---

① 胡朴安《中华全国风俗志》,河北人民出版社1986年,第859页。

故，磨灭如薄小管。其原料种类甚属复杂。黄色念珠以中央支那树木为之，红帽派所用鸢色之粗大念珠，其料乃喜马拉亚所产之某树种子，或以人之头盖骨制为小圆板，如棋石状，贯连为一，以代念珠之用。各种佛菩萨，每各应所好携带前往礼拜，观世音菩萨则携白色念珠，盖以贝壳为之；死者则持人头盖骨所制。此外念珠原料如硝子、水晶、蛇脊骨、象头脑中所有硬物、赤檀香及胡桃等皆可为之也。

不难看出前者由节录后者而成。《中华全国风俗志·西藏卷》其余26篇均属此类情况，此不赘述。

**4. 对陈观浔《西藏志》的影响**

陈观浔于1925年参与编修《四川通志》，其间，亦完成了《西藏志》的初纂。《西藏志》今本已残缺，不分卷，共分为"总论""卫藏疆域考""卫藏山川考"等30篇。《中国地方志综录》《中国地方志联合目录》皆著录。有论者认为"民国以后，只有这部《西藏志》为正式成书的西藏方志，是诸种西藏方志中纂修较好的一种。"① 该书编纂参考了众多经史、地理方面著作，包括《诗经》《汉书》《说文》《初学记》《大清一统志》《卫藏通志》《卫藏图识》《西藏图考》《西藏通览》等在内的达40余种，其中参考最多者为《西藏通览》。

《西藏志》30篇（含"总论"），其中11篇采录了《西藏通览》内容。除个别篇章有选择地采纳外，其余基本为全文抄录。如《西藏志》"西藏都邑考"介绍了拉萨、察木多、类伍齐、硕般多、泽当、墨竹工卡、洛隆宗、札什伦布、萨伽、聂拉木、济咙、定日、亚东等大小都邑13个（应为14个，少了"嘉裕桥"。陈观浔在采录完此条材料后有一句话"以上共十四处，皆西藏都邑也，见《西藏通览》，总而录之，序次如左。"）《西藏通览》"第十六章都邑"介绍的就是这14座都邑，《西藏志》全部抄录过来，内容与《西藏通览》全同。稍有变化的是《西

---

① 陈观浔《西藏志》，巴蜀书社1986年，第2页。

藏通览》中第二位介绍的是札什伦布，陈观浔则把札什伦布移到第八位介绍。因前七座都邑属前藏，从札什伦布到亚东等七座都邑属于后藏。陈氏前藏后藏分开介绍是合理的。还有察木多，《西藏通览》放第六位介绍，陈观浔调整至第二位。因第三位的类伍齐"位察木多之西北"，故先介绍察木多的方位，再以其为基准介绍类伍齐，这样才合逻辑。再如，《西藏志》"西藏寺庙考"，考述了西藏重要寺庙 24 座。无论是介绍顺序，还是文字表述，皆与《西藏通览》同。陈氏抄录材料一般会标明出处。如"西藏寺庙考·大召寺"文末有一句"以上采录《西藏通览》"。若是综括《西藏通览》文字而成则标注"总而录之，序次如左"。然而，也偶有未注出处者。如"西藏寺庙考"采录《西藏通览》大昭寺内容注明了出处，但抄录小昭寺、别蚌寺、桑耶寺内容时就未注明。"西藏寺院内部及礼拜考"抄录全文后，有"录《卫藏通览》"（笔者按，即《西藏通览》）。但该篇内同样抄自《西藏通览》的"喇嘛教育"一节就未注明。特别是"西藏道路交通"一篇，全文 4000 余字，是《西藏志》全书中篇幅最大也是分量最重的一篇，陈氏原封不动地照搬过来，同样也未注出。实际上，陈氏抄录《西藏通览》标明出处者只是少数，大部分都未标注。据笔者统计，陈氏抄录《西藏通览》，注明与未注明者，约占《西藏志》全书的三分之一强。

**5. 对尹扶一《西藏纪要》的影响**

尹扶一《西藏纪要》成书于 1930 年，《中国地方志综录》《中国地方志联合目录》均著录。该书乃尹扶一忧心藏事国事，为唤起国人重视西藏问题而编。书中关于清末民初西藏边乱及中英与西藏关系的记载，对于了解民国时期西藏藏情具有一定参考价值。

尹扶一并未到过西藏，《西藏纪要》主要由搜求各方资料编纂而成，至于参考了哪些书籍与材料，因作者没有交代不得而知，但笔者发现其与《西藏通览》有着莫大联系。《西藏纪要》全书共十八章，第一章西藏起源及与中国历代关系、第二章清代于西藏关系、第三章西藏境界广袤人口区分、第四章政体、第五章财政、第六章兵制、第七章贸易、第八章物产、第九章工艺、第十章交通、第十一章风俗、第十二章清末西藏问题、第十三章川滇边务大臣设置及成绩、第十四章清末征剿波密始末、第十五章民国初元边藏之乱、第十六章民元中英关于西藏交涉、第十七章森母拉议程、第十八章中藏关系现势。从第三章到第十章，章节名称及序次几乎就是《西藏通览》的翻版，详见下表：

| 《西藏纪要》类目 | 采录《西藏通览》章节 | 采录《西藏通览》具体内容 |
|---|---|---|
| 第三章 西藏之境界、广袤、及人口、区分 | 第一章 位置、境界、广袤、区分、人口 | 除"位置"外，其余全部采录 |
| 第四章 政体 | 第六章 政体 | |
| 　第一节 总说 | 　第一节 总说 | 采录该节全部内容 |
| 　第二节 西藏政府之组织 | 　第二节 西藏政府之组织 | 采录该节全部内容 |
| 　第三节 达赖喇嘛 | 　第三节 达赖喇嘛 | 删去"达赖喇嘛沿革""现今达赖喇嘛略记" |
| 　第四节 前藏政府 | 　第四节 前藏政府 | 删去"噶伦所守规则" |
| 　第五节 僧官 | 　第五节 僧官 | 采录该节全部内容 |
| 　第六节 地方官 | 　第六节 地方官 | 删去"三十九族"内容 |
| 　第七节 班禅额尔德尼 | 　第七节 班禅额尔德尼 | 采录该节全部内容 |
| 　第八节 驻藏大臣 | 　第八节 驻藏大臣 | 采录该节全部内容 |
| 第五章 财政 | 第六章 政体　第十节 财政 | 采录该章节全部内容 |
| 第六章 兵制 | 第十章 兵制 | |
| 　第一节 军队诸官之定员 | 　第一节 军队诸官之定员 | 删去军队诸官名称及定员的另一种说法 |
| 　第二节 番兵之配备 | 　第二节 番兵之配备 | 采录该节全部内容 |
| 　第三节 番兵之编制 | 　第三节 番兵之编制 | 采录该节全部内容 |
| 　第四节 番兵之区别 | 　第四节 番兵之区别 | 采录该节全部内容 |
| 第七章 贸易 | 第十一章 贸易 | |
| 　第一节 输入 | 　第一节 输入 | 采录该节全部内容 |

续表

| 《西藏纪要》类目 | 采录《西藏通览》章节 | 采录《西藏通览》具体内容 |
| --- | --- | --- |
| 第二节 输出 | 第二节 输出 | 采录该节全部内容 |
| 第三节 通货 | 第三节 通货 | 采录该节全部内容 |
| 第四节 贸易之趋势 | 第四节 贸易之将来 | 采录该节全部内容 |
| 第八章 物产 | 第十二章 物产 | |
| 第一节 植物 | 第一节 植物 | 采录该节全部内容 |
| 第二节 动物 | 第二节 动物 | 采录该节全部内容 |
| 第三节 矿物 | 第三节 矿物及金矿 | 采录该节全部内容 |
| 第四节 产出地之区别 | 第四节 产出地之区别 | 采录该节全部内容 |
| 第九章 工艺 | 第十三章 工艺 | 采录该章全部内容 |
| 第十章 交通 | 第十五章 交通 | |
| 第一节 由中国本部方面者 | 第一节 自支那本部方面者 | 采录该节全部内容 |
| 第二节 由印度方面者 | 第二节 自印度方面者 | 采录该节全部内容 |
| 第三节 由克什米尔方面者 | 第三节 自克什米尔方面者 | 采录该节全部内容 |

据笔者统计，尹氏抄录《西藏通览》者至少占《西藏纪要》篇幅的一半以上。

作为日本陆军军官，山县初男编纂《西藏通览》带有明显军事目的，原本并非针对中国读者。但该书搜集西藏人文史地资料最全面、最翔实，故自光绪三十四年（1908年）吴季昌、权奇甫将其译回国内，很快对晚清民国时期藏学文献的编纂产生了较大影响。时至今日，该书仍是了解那个时期西藏地方史的绝佳材料。然如此重要的一部西藏方志，《中国地方志综录》《中国地方志联合目录》以及新出的诸种西藏方志丛书均未收录，诚为可惜，庶几将来出版的西藏方志目录或丛书能弥补这个缺憾。

## 第三节 许光世、蔡晋成《西藏新志》

### 一、作者及成书

1911年出版的《西藏新志》为许光世、蔡晋成二人所编。许光世（1888—1959），字剑虹，江苏武进人，曾任中学历史教员，上海时事报馆编辑。蔡晋成，字剑脩，与许光世同乡兼同学，曾任上海时事报馆编辑。

姚之鹤为该书所作序云："西藏非我国家，全盛时代出死力以奠定之。忽忽未几时，英俄外逼，政教内讧而日蹙，百里之机，实隐伏于晏安无事之日……吾人心目间之敝屣西藏也，非一日矣。今者，大梦瞿醒，改行省，布新政，知卧榻非他人酣睡之乡，藉桑榆为挽救东隅之计。"[①] 该书编纂亦是有感于清末英、俄对西藏虎视眈眈，而政府、国人漠视边陲已久。此书是想为西藏治理提供一些指南，忧患之心不可谓不显。

至于成书时间，姚序云"今春二月，同人等组织自治编辑社成。公推之鹤主理笔政。六月间，函邀姊子许光世剑虹、同学蔡晋成剑脩来社分任编纂。而二子于两年前编纂之《西藏新志》适于是月杀青。"姚序写于"辛亥八月"，即1911年，则《西藏新志》成书于1911年6月。

### 二、材料来源

在该书例言中，作者列出所引书目，包括《大清一统志》《正史各西蕃传》《四川通志》《蒙古源流考》《圣武记》《康輶纪行》《卫藏识略》《入藏程站》《西藏图考》《藏蜀界务图说》《西藏旅行记》《西藏》《西征日记》《旃林纪略》《西藏记》《西征记》《西藏通览》《支那地志》《特殊条约汇纂》《清国通商综览》《藏宁路程》《进藏纪程》《由藏归程记》《四裔编年表》《一统舆图》《宁藏七十九族番民考》《约

---

[①] （清）许光世、（清）蔡晋成《西藏新志》序，上海自治编辑社1911年。

章汇览》《中外舆地全图》《中国形势一览图》等，参考书籍不可谓不广，且能够注明引用书籍，值得称赞。

《西藏新志》虽然胪列了征引书目数十种，但于众书中显然更偏爱日人山县初男编纂的《西藏通览》，从框架体例到内容文字，基本来自后者。

《西藏新志》最大特点是采用近似章节体的结构进行编纂。《西藏新志》这种体例并非自出机杼，而是借鉴了《西藏通览》。

《西藏新志》分为三卷：上卷地理部、中卷政治部、下卷历史部。上卷地理部14节，其中13节名称能在《西藏通览》中找到原型；中卷政治部14节，其中13节名称与《西藏通览》基本一致。有些是小节名称雷同，如上卷地理部之"位置""境界""山脉""气候""人种""物产"，下卷政治部之"达赖喇嘛""班禅额尔德尼""刑法""历法""财政""教育""宗教""职业""风俗""猓猓种之风俗"；有些是小节名称变更一二字，内容无变化，如上卷之"幅员""湖泽""区画""都会""驿站"，中卷政治部之"番官""兵政""商务"等。不只是节名大体不差，就连小节下第三级目次亦有明显借鉴痕迹。上卷地理部之"物产"，其下按"植物""动物""矿物""产出地"分别叙述，这与《西藏通览》"第十二章物产"的节名与节次"第一节植物""第二节动物""第三节矿物及金矿""第四节产出地之区别"别无二致。中卷政治部之"风俗"，其下分"服式""饮食""房屋""婚姻生育""丧葬""医卜""哈达""岁事"等目，与《西藏通览》"第五章风俗"下的节名与节次安排也全然相同。

不仅体例，上卷、中卷共26节的内容亦全抄《西藏通览》。如《西藏新志》"地理部·人种"云：

> 西藏种族多蒙古种，若细别之则有土耳其人、喀齐蒙古人及甘肃人各种。其身干矮小，肩胸广大，腕及脚腓之大，异于印度人。其面貌则颧骨高而鼻根陷，眼色黑，口大唇薄，额阔，皮肤之色，惟富人纯白，至于游牧之民，则带黄铜色，其人肌肤生皱纹甚早，虽少壮之人，而颜色已呈衰老矣，盖气候风土使然也。

这一段与《西藏通览》"第五章人种"记载如出一辙：

西藏人多属蒙古种，细区别之则有甘肃人、喀齐蒙古人、土耳其人各种族。其身干矮小，肩胸广阔，腕及脚腓之大，与印度人异。更视其面貌则颧骨高耸，鼻根陷下。眼色黑暗，额部阔展口大唇薄，富人皮肤色属纯白，惟游牧民族则带黄铜色。本地土著者肌肤生皱纹甚早，虽属丁壮而颜色已呈衰老之象。盖亦风土气候有以使之然邪？[1]

两段内容别无二致，仅个别字句在表述上有细微差别。此外，还有一小部分内容是节选，如"第六章政体"第三节介绍达赖喇嘛，《西藏通览》分"达赖喇嘛总论""达赖喇嘛沿革""达赖第五世与固始汗始终关系情状略记""现今达赖喇嘛略记"等，《西藏新志》仅采录"达赖喇嘛总论"一节，余皆删去。还有对原编次重整者，如中卷政治部"兵政·编制"中，将《西藏通览》"第一节陆军诸官数目""第五节番兵区别""第六节武器""第十节检阅"等四节内容归并到一起。

下卷"历史部"分为"历代沿革"与"本朝沿革"两大部分。"历代沿革"又细分为"西藏建国前之历史""西藏建国后之历史"。其中，"西藏建国前之历史"从上古时代记至隋代开皇时西羌族建国，"西藏建国后之历史"从唐代吐蕃一直到明代西藏事迹。"历代沿革"内容全部采自《西藏通览》。"本朝沿革"划分为"国初至雍乾""嘉道至同光""宣统朝"三个阶段。其中"国初至雍乾"主要节自《西藏通览》。《西藏通览》记清朝藏事止于乾隆五十七年（1792年），《西藏新志》乾隆五十七年之前西藏与清朝史事均摘自《西藏通览》。从嘉庆朝至宣统朝，《西藏新志》基本采录《东方杂志》《外交报》《新民丛报》《国风报》等当时报刊资料，并佐以姚莹《康輶纪行》之记载。如，《西藏新志》载：

（嘉庆）十九年（原注：千八百十四年），廓尔喀东侵哲孟雄，入印度边

---

[1] ［日］山县初男《西藏通览》，华文书局股份有限公司1969年，第61页。

境，声势甚盛。英人乃起兵逐之，复哲王位，且割廓尔喀托来麻兰二地代偿诸哲孟雄。英之灭哲，实胎于此。哲部灭而印藏之间自此多事矣。

道光十五年（原注：千八百三十五年），哲孟雄与廓尔喀复构衅，英人居间调停，事平，英政府约岁酬哲王金六百磅，租大吉岭及附近印度之平原，以为英军避暑之地。于是印度之境渐与西藏相接。

这两段记载与晚清《东方杂志》记载，基本吻合：

一千八百十四年，廓尔喀人侵入哲孟雄印度，声言将尽据喜马拉耶山畔诸小国，且谓将占领亚山，以威吓逞迹。于是英人不能默视其跳梁，乃于一千八百十七年攻退廓尔喀人，驱之于哲孟雄国境之外。复哲王之位。且将廓尔喀人所割让于英之托来麻兰二地让诸哲孟雄，许以是后有事，英人当为防护，是为英哲交涉之滥觞，自此哲孟雄遂为英之保护国矣。

自是而后，凡十四年，而哲孟雄与廓尔喀复失和。英政府使古兰德为仲裁，调和于两国之间。古氏复说本国政府使哲孟雄让大吉岭于英国。以为英军避暑之地。一千八百三十五年，哲国遂割大吉岭及毗连于印度之山地以让英国。而英政府岁酬哲王俸三百镑以报之。旋增至六百镑。视哲王从来固有之所入为多云。大吉岭隶英之后，日趋繁盛。今其地人口已达十五万五千余人之多矣。①

《东方杂志》记载1814年与1835年史事较详，《西藏新志》所载嘉庆十九年与道光十五年两段史事较略，显然是摘录《东方杂志》内容。

再如《西藏新志》所载光绪二十八年（1902年）中俄订立密约，借口共同保全西藏权益。此处记载了两个版本的《中俄密约》：一为《新民丛报》所载，由德国某新闻刊发。"第一条，西藏本位于中央支那及西伯利亚之间。俄国与中国

---

① 高黎贡《调查一：英藏交涉沿革小史》，《东方杂志》1908年第5卷第12期。

有维持此地平和之义务。苟西藏一旦有事，中国为保持此地，俄国为防御国境，可互相通告，派军队于西藏。第二条，若他国于西藏直接或间接谋乱时，中国及俄国有协同而防御之义务。第三条，俄国正教本与喇嘛教同，于西藏可自由宣教。其他宗教，可严禁其传入。因此之故，大喇嘛及俄国正教北京司教当同心协力，以保障西教之自由宣布，且尽力之所及，以避宗教上一切之纷争。第四条，当使西藏逐渐改良其内政而为独立之国，中俄两国当合力以扶助之。改造西藏军队为欧式之任则俄国当之，中国则于西藏生计上之进步及对外政策，当时为留意。"一为日人《西藏通览》所载。"一、中国国家若濒于危急，以西藏之权利让与俄国，俄国当力代中国保全。二、中国内乱，若兵力不足以戡定，俄国当派兵代中国戡定之。三、俄国设官府于西藏，代中国管理西藏事务。四、中国当设领事馆于西藏。五、铁道矿山之权，总归俄国管理，中国亦得同享其利权。"两个版本的条约，内容差异不小，撰者将两个版本拉到一起做比较，可以让国人更清楚看到条约内容，做法值得称赞。

又如，《西藏新志·本朝沿革》记载宣统二年达赖尚未潜逃前与驻藏帮办大臣温宗尧交涉情形，采自《东方杂志》第七年第三期（1910年5月4日发行）；宣统二年达赖被革去名号，因西方舆论对此多有臆测，外务部照会英使宣告达赖罪状，该罪状内容则采自《国风报》第一年第五期（1910年3月31发行）；宣统二年，温宗尧《维持西藏大局折》及所附《英国蓝皮书译稿》皆采自《外交报》第二百八十九期（1910年9月28日发行）、《外交报》第二百九十期（1910年10月7日发行）、《外交报》第二百九十一期（1910年10月17日发行）。

虽然从体例、内容上尽量抄录《西藏通览》，但《西藏新志》似乎有意要与《西藏通览》区别开来，遂在文字上做些小动作。如《西藏新志》上卷地理部之"幅员""河流""湖泊""区画""驿站""兵政""商务""喇嘛教育""人民之迷信"等类目名与《西藏通览》相应的"广袤""河江""湖泽""区分""交通""兵制""贸易""喇嘛之训练""人民之信仰"并无区别。上引"地理部·人种"例亦属此类。据笔者统计，《西藏新志》全书内容的六七成均来自《西藏通览》。

若说《西藏新志》有何特色之处，那就是重在西藏历史的梳理。虽然主要由抄录各书及报刊资料而成，但经其手编辑，以时间为经线，将清代西藏尤其是晚清西藏的历史简明扼要地梳理出来，线索清楚，读者易于把握。但总体上，因《西藏新志》没有提供一手的材料，故文献价值有限。

## 第四节 马吉符《藏政撮要》

### 一、作者及成书

马吉符（1876—1918），安徽怀宁（今安庆）人。早年肄业于安庆凤鸣书院。光绪十七年（1891 年）获优贡生，光绪二十七年（1901 年）任四川提督马维骐幕僚。次年入藏，历任拉里、后藏、靖西同知，后任亚东、江孜关监督。任职西藏期间，马吉符因地制宜发展生产，开展建设。光绪三十三年（1907 年），代表驻藏大臣主持对英交涉，迫使英军撤出全部驻军，维护西藏主权。为保持西藏长治久安，马吉符应驻藏大臣联豫之请条陈治藏方略八项，因皆切中关键，易于实行，全部被采纳。辛亥革命发生后，西藏发生骚乱，马吉符携眷返回安庆，前后在藏十载。民国成立蒙藏局（院）后，马吉符领佥事。后调湖南全省茔产处任处长。民国七年（1918 年）秋奉命与吴佩孚谈判，返回长沙寓中不久即无病而故。著有《藏政撮要》《藏牍劫余》《西藏交涉源流考》等。

马吉符在藏十载，对西藏的地理、人文、风俗等留心观察研究，"凡西藏之所以为西藏，与西藏所以不能进化之原因，详哉其言之！叙事如数家珍，虽土著故老，有不能道其详尽者。"[①] 是书始作于光绪三十三年（1907 年），告成于宣统三年（1911 年）。书成后，友人王久敬"以现在藏事孔亟，再三怂恿付梓，以为筹边者之一助。"[②] 在友人敦促下，该书于民国二年（1913 年）刊行。

---

① 马吉符《藏政撮要》序，1913 年。
② 马吉符《藏政撮要》凡例，1913 年。

《藏政撷要》全书分为七章：第一章地理、第二章种族、第三章宗教、第四章政法、第五章社会、第六章西藏所以不能进化之原因、第七章西藏与中国之关系。根据"凡例"可知，"原稿尚有'钱币'、'法律'两项，惜辛亥藏中变乱，原稿散失"。"西藏邻境最多，外交最繁。凡与廓尔喀（尼泊尔）、布鲁克巴（不丹）、哲孟雄（锡金）、拉达克、俄罗斯、英吉利各方面种种关系，别著有《西藏交涉源流考》一书，故未列'外交'一项"。

## 二、材料来源

据作者自述："是书多系实地调查，随时记载，引证中外文献，亦必取与事实相符，以免闭户造车之弊。"（《藏政撷要·凡例》）则该书材料主要来自其亲身访查，另有部分引用中外文献。引用国内文献者，如介绍西藏种族起源，马吉符参考了《资治通鉴注》《史记》《吕氏春秋》《管子》等经、史、子部材料。记西藏之印度种族时云："案，《蒙古源流考》图伯特者，额纳特阿克之分支也。额纳特阿克即中印土也。距佛涅磐戊子之年（西纪千八有二十一年）乌迪雅纳汗者，为邻国所败，弃印度东走雪山至雅尔隆赞塘，为雅尔隆氏，至其季子，生有异表，众戴为汗，由此胜四方，为八十八万土伯特主。"这一段关于图伯特源流的记载，来自《蒙古源流考》。

以上为标明出处者，尚有一些虽引用但未注出处者。"第七章西藏与中国之关系 第二款与清朝之关系"大部分内容抄自他书。如"（康熙）五十七年，命皇十四子允禵为抚远大将军，屯青海之木鲁乌苏，治军饷，平逆将军延信出青海，定西将军噶尔弼出四川，分两路捣藏。于是蒙古汗王、贝勒、台吉各帅所部兵或数千或数百，随我军入藏，军容甚盛。贼将策零敦多布由中路自拒青海军，而分遣其宰桑以兵三千六百拒南路之师。南路将军噶尔弼招抚巴里塘番众，进占察木多，夺洛隆宗、三巴桥之险。旋奉大将军檄，俟期并进。噶尔弼恐期久粮匮，用副将岳钟琪以番攻番之计，招土司为前驱。集皮船渡河，径捣剌萨，降番兵七千。分兵塞险，阨贼饷道。而青海军亦三败。中途劫营之贼，斩俘千计。贼兵遂进退受敌，大溃不敢归藏，由旧路北窜。崎岖冻馁，得还伊犁者不及半。"① 此段抄自《圣武记·国朝抚绥西藏记上》。

此后几段，自"五十九年，班师。尽诛准噶尔刺麻之助逆者"至"鄂辉、成德拥兵四千，既不击其饱飏，又不攻其留敌，仅破聂拉木寨敌百余，遂奏敌退，欲即竣事，竟不言济咙、绒辖二处之贼。上斥不许。"则全抄《圣武记·乾隆征廓尔喀记》。同为该章该款，福康安率军大举进攻廓尔喀："（康熙）五十七年，大将军福康安等由青海至后藏，率索伦兵二千、金川各土司兵五千皆集，并藏内官兵三千，共采买西藏稞麦七万石、牛羊二万余，足供万数千人一年之食，毋烦内地转运。五月连败其屯界之敌，尽复藏地。复大举入廓尔喀……"此后又记福康安联合哲孟雄、宗木布鲁克巴、作木朗、由噶尔以及披楞等部落进攻廓尔喀，廓尔喀形势日蹙不得不向清廷乞降，最后被允降之事，亦全抄《圣武记·乾隆征廓尔喀记》。

《藏政撷要》引用译成中文的外文书籍内容亦不少，如"第三章宗教"云："昔日人太田保一郎其著《西藏》一书关于剌麻之教旨，所言最为恰当而有味，今挋译如下以供研究：剌教之教旨在济渡众生固已，然自吾人观之，又与元始佛教稍异其趣，盖喇嘛教者，作于西藏，西藏者起于喇嘛教，故欲知喇嘛教之旨，先不可不知西藏人。欲知西藏人先不可不知西藏人之心，西藏人之心如西藏之湖，当空气清朗各种水禽涟漪于上，而几多之粗毛兽直立于湖岸与黑岩相掩映佛教则来投其景于湖中光彩陆离大放光明普照十方而此粗毛兽与黑岩之景遂被收吸于光明中而发现一种之变象。下略。"②作者明确交代引自日人太田保一郎的《西藏》。

再如"第五章社会 第四章宗法"关于西藏一妻多夫的风俗，马吉符认为此乃太古之遗风："方民之为图腾也，以牝牡胖合为天赋，随欢所爱，爱亦不终。因而男所欢非一女，而女所欢亦不止一男。虽图腾不婚，例有禁黩，凡蛇之子则视鹧鸪同辈之女皆其妻，而凡蛇之女亦视鹧鸪一辈之男皆其婿。即使所妻之鹧鸪有

---

① 马吉符《藏政撷要》，1913年，第195页。

② 马吉符《藏政撷要》，1913年，第25页。

他蛇者与之为合，彼则以此为固然。故澳洲有蛮出游诸部，使其中有己所妻之图腾之女子则皆可当夕（案此所引皆见于英人甄克思《社会通诠》中）。"马吉符在注语中交代这段关于同图腾不婚的观点引自英国人甄克思的《社会通诠》。

再如，"昔法人孟德斯鸠著《法意》，第十六卷谓女权之强弱，大半由于风土。故热国女子婚胖最早。早则不能自主，及智识开明而容色又老，故女终无权。温带平和，女容耐久，孕育亦晚，倡随相等，女权自苴。寒国男子俗多沉湎，而女德惺惺，常较须眉为胜。此其例也。"作者引用孟德斯鸠"女权之强弱大半由于风土"之论点，认为："西藏地处高寒，婚姻最早，女德淫乱，视为固然。而女权之大则十倍男子。据此言之，孟氏公例，为不确乎？盖孟氏所言最普通者也。西藏地僻荒台，有史以来皆自演自变而未曾被外界之习染，故生活贞象之游牧而精神则变体之佛教。凡西藏风俗皆存一特别观察可也，婚姻即其一矣。"马吉符用西方的理论来解释西藏的风俗，虽未必准确，却留下了那个时代中国知识分子受西方思潮影响的鲜明印记。

还有一小部分材料是作者亲历藏地访查所得。"第四章政法第八款交通"载西藏水路运输云："番民不知造舟，乃伐柳条曲为方形，用皮绳束缚，外载牛革，以当航舶。货可容三四百觔，人可容一二十人。有桡无柁，利于顺流而不利逆行。若风浪大作，即不可泛。盖形为正方，既不射水又为空气所阻塞故也。且年革久致水中，质必柔软之极，势必下沉，故每行一日，即须暴于日中，使其干后乃可再驾。其交通之难有如此者。去年钟颖创开煤矿，因苦搬运，乃制木船十余艘，载重二千余斤。语曰，凡为人类，皆有模仿性，将来蚩蚩番民或能仿造，未可知也。案，西藏地列高寒，不产林木，而日日相触者，即为牛马。衣食赖之，器用以之，其他耳目所不接，因不解其利，故船筏亦以皮革为之。盖心思之所及者，止于此耳。予曾游历印藏边界，热带野番亦不知造舟，惟以大木雕空为之，亦即藏民皮船之见耳。"西藏百姓不知用木料造船，而是因地制宜，用柳条及牛革制船。马吉符认为，因西藏不产林木，但多的是牛羊，故用皮革而非木料造船，便情有可原。并以其游历印藏边界所见事实佐证：热带野番也不懂造木船，仅是将大木掏空以为船。

## 三、内容特点

作为方志,该书并未提供多少有价值的材料,基本没有超出以往藏志的范围。较有特点的,是作者屡屡就西藏的人文风俗发表议论。如"第四章政法第九款农工商业"在介绍西藏农工商业之前,马吉符有一段议论:"夫农工商者,自人民之生活言之,固非脱牧畜而其事不专。若自进化之程准论之,尤非有国群而其业不盛。盖未离游牧,则人民与土地无关系;未有国家,则个人之权利非固定;关系不切,则耕稼之观念浅;权利非固定,则侵夺之祸愈多。两者不除,皆妨耘获。且工者,所以镕化农造物之一技也。农业未兴,斯原料无出,纵有公输,难施其巧。至于商贾,其职尤在供应买卖者之欲望。农工二业既不良,则商贾之业何由起?相因为利不可难也。"在该段中马吉符认为西藏要想发展农业、工业、商业,必须脱离畜牧业。在农、工、商三者之间:农业是商业的前提,农业与工业又是商业的基础。接下来,介绍西藏仅"居于都市及附近、雅鲁藏布江者略解农业、稍营工商。僻居山野者则依然游牧……不解耕种。"其农业"为气候所妨,加以耘耨无方,犁锄恶劣,人事不工,所得报酬不甚丰稔。"地之所产也极为有限;"工业不精,藏工所能者惟织氆氇造毯子,牛绒羊膻尚堪粗用";"商路有三道:北路,操其业者惟西宁土人,每年来藏一次,贩卖骡马烟酒等物。东路贩出为麝香鹿茸而购入则砖茶绸缎。西路贩出牛尾羊毛及兽皮,购入西洋杂货。"

再如"第五章社会 第一款民品"记西藏人民品性云:"西藏人民是世界一最下级民族。醉梦以生死也。其性质似敦厚而实独立狡黠,其言行似诚朴而实欺伪,思想则迷信于宗教,无远大之谋,躯干虽良于奔驰,而实无贞勇。诡诈自欺,无共同观念。畔服不定,无进取雄心,暗昧优柔,小忠小信无知蠢动,祸福相从,醉饱高歌,如忘疾苦,葛天无怀此其事乎?"其他志书介绍西藏之人文,通常止于介绍,马吉符还有一番分析,认为天生万民,其禀性忠信或欺诈,野蛮或开明"皆受成于社会,非文明之民胥贤也,而社会之陶铸在无形,非□野之民胥劣也,而社会之熏染在无迹。"他认为,人们从小到大无不受宗教、习惯、风俗等的浸染。游牧之民流而荡,宗教之民迷以伪,故"西藏言生活则在游牧,故其民流荡欺伪无共同观念，言精神则在宗教，故其民优柔暗昧无进取雄心。"马吉符分析西藏民族落后的根本原因在于："人类者，天演之一淘汰物也。人不定则天胜之，乃一般心理。策励不行，而惟仰望于神之护佑，以致养成不识不知麻木不仁之一种依赖性，亦可哀已。"不能从自身生发出向上向前的动力，而是把一切寄托于神佛之保佑，结果只能是沦为"世界一最下级民族"。对于西藏不能进化的原因，马吉符总结为："曰地理、曰宗教、曰外缘，三者之祸尝不能同时发生，而西藏则均受其祸。故其害能使千百年不能进化，可谓酷矣。"批评不可谓不深刻。

## 第五节 邵钦权《卫藏揽要》

### 一、作者及成书

邵钦权，字季衡，浙江东阳人，毕业于北京筹边高等学校，专攻藏事。

《卫藏揽要》的编纂亦与当时西藏局势有密切关系。该书自序云："西藏……今日为要塞，吾国人仍以欧脱地视之……南与印度为邻居，北与俄属中亚细亚接壤。英人得之，非特可以固五印度之门户，且青海新疆斯为外府，而俄领土耳其斯坦亦将朝不保夕。俄人得之，岂拉达克、泥不尔、不丹诸国所能供其一饱，流涎所及必浸印度，形势所在，争夺自来也。"① 西藏久被英俄垂涎，而国人仍将其视为化外之地，不予重视。如此下去，终有永失吾土之日。邵钦权辑成此书，意在"介绍西藏概况，于社会使同人皆有西藏为我领土一部之观念"，唤起国人对西藏形势之关注，使国民具有国土危机意识，为筹边固边出谋划策。邵钦权同学李俊超所作序亦云："目击西北风云之急……列强环伺，虎视眈眈，帝国主义遍世界矣……五族既云共和矣，荒陬乡僻犹存蛮貊夷狄之见，胡越以视其人皮毛以视其地。边务之不□，学识于何有任之。以往渐成放弃边务，学子目击心痛，此

---

① 邵钦权《卫藏揽要》序，成文出版社1968年。

邵子《卫藏揽要》之所以作乎。"可见，是书之编纂有极强的现实考量。

该书自序以及李俊超所作序，均题署中华民国六年，则成书时间当在1917年。

《卫藏揽要》全书分为6卷：第1卷稽古、第2卷山川、第3卷风俗、第4卷宗教、第5卷政治、第6卷兵制。每门之下，又有若干小节。但小节设置较为烦冗，如"第三卷风俗"下设"人民"等40小节。

## 二、材料来源

邵钦权在《卫藏揽要·凡例》中说："本书之辑始自肄业北京筹边学校。己酉之年，中经辛亥改革，国事抢攘，校课中停，闲寂无事，乃搜集有关藏务诸书，猎涉采取，窃成其编。"说明邵钦权并未到过西藏，该书主要由搜集相关藏务书籍而成。《凡例》对所参考书籍作了交代，除学校中之讲义外，还广泛参考了《西藏通览》《西藏》《藏政撷要》《西康建省记》《西藏图考》《卫藏通志》《圣武记》《卫藏图识》《蒙古源流考》《康輶纪行》《大清一统志》《西藏全图》《一统舆图》等60余种，引书不可谓不丰富。

《卫藏揽要》材料没有超出其所列参考书范围，其中多半来自《西藏通览》一书。在体例编排上也无甚特色。记载上详略失当，其于一物之征，尚能详述，而对西藏之沿革、清朝廷筹藏方略200余年之史事，则简略不详。其中第四卷宗教，载有达赖喇嘛、班禅额尔德尼世系，仅记六世，六世以后，不再降生尘世。故述其一世至六世之史略，不过宗教之传说，与史事无关。第五卷政治篇中，附入清代理藩院及民国蒙藏院之官制，也与方志体例不符。诚如作者在《凡例》中所说："是书编辑之初，原以备案头翻阅研究藏务之用，未敢信为有得。"该书原本是邵钦权为了案头翻阅而辑，并非严肃的方志著作。因此，材料无甚新意，编纂略显粗糙，亦不必苛责。

## 第六节 陈观浔《西藏志》

### 一、作者及成书

陈观浔，字酉生、孟孚，又名陈锺信。清咸丰十一年（1861年）出生于富顺县自流井（今四川自贡），清光绪十五年（1889年）中进士，历任吏部文选司掌印郎中、鸿胪寺少卿、顺天府府丞等职。辛亥革命后，陈观浔返四川。民国五年（1916年），应《四川通志》总纂宋育仁之邀，参与《四川通志》的修纂，于民国二十年（1931年）完成《四川通志》初稿。

陈观浔于1925年参与编修《四川通志》期间，完成了《西藏志》的初纂，不久便去世。"这本书是我的祖父，在一九二五年（原注：那时西康还没有建省），应《四川通志》局的聘所著。系根据搜集已往的资料，照修志的体裁，作成一种有系统的叙述。"① 这是陈观浔孙辈陈志明1950年将《西藏志》手稿交付巴蜀书社出版时所写的关于该书来历的简要说明。陈氏后人誊录的《西藏志》抄本，系存世孤本，现藏于四川省图书馆。该抄本已残缺，不分卷，共分为"总论""卫藏疆域考""卫藏山川考""西藏名山考""支山名义考""西藏大川考""支水名义考""西藏湖池考""西藏海子考""西藏津梁考""西藏都邑考""西藏定郡考""西藏寺庙考""西藏寺院内部及礼拜考""喇嘛教育""西藏道路交通考""西藏关隘考""亚东关通商""西藏塘铺考""西藏种族及其沿革""西藏官制""西藏兵制""西藏人御敌之方法""汉兵行军康藏应有之准备""西藏礼俗""西藏货币""西藏贸易""西藏度量衡""西藏矿产""西藏土宜考"等30篇。

---

① 孔夫子旧书网"长勤书店书味斋"店铺《西藏志》售卖介绍。流入市场的陈观浔《西藏志》资料有3种：20世纪50年代毛笔写稿（复印件）、巴蜀书社钢笔誊写稿以及清样校稿。

## 二、材料来源

《西藏志》每篇之名均带"考"字，陈观浔所谓的考证主要体现在对该书所涉名物的释义上。如"支山名义考"云："卫藏诸山，厥多系番语，未有不解番语而能释其命名之义者也。如察木多者，译言'灵秀岩'也。拉萨者，番语'拉'，山也，'萨'，地也，盖山中平地，俗云'佛地'也。古所云'逻逤'，云'罗娑'，云'乐些'者，与拉萨音相近耳。"[1] 对该篇中的"察木多""拉萨"等名称的来源及意思做了考察。又如，"西藏海子考"云："案：海字有数义。《尔雅》：'九夷、八狄、七戎、六蛮，谓之四海。'《说文》云'海，天池也，以纳百川者。'《易林》：'海为水宗。'古《尚书》说：'海为泽宗。'据此，则海主容纳诸水，故江汉有朝宗之义。海所以为百谷王，又所以为百川长也。何得以'子'名之？以意绎之，此海之水，较四方大海之水，必不及十分之一，且其面积亦必不及十分之一，不然何以云'海子'乎？"分别解释了"海"与"子"之意。"考"的部分乃陈观浔综合自身所学所闻及古典文献而成，属于该书独有的内容，其余材料皆录自他书。

该书编纂参考了众多经史、地理方面著作，包括《诗经》《汉书》《说文》《初学记》《大清一统志》《卫藏通志》《卫藏图识》《西藏图考》《西藏通览》等在内的 40 余种，其中参考最多者为《西藏通览》。

《西藏志》30 篇（含"总论"），其中 11 篇采录了《西藏通览》内容。除个别篇章有选择地采纳外，其余基本为全文抄录。如《西藏志》"西藏都邑考"介绍了拉萨、察木多、类伍齐、硕般多、泽当、墨竹工卡、洛隆宗、札什伦布、萨伽、聂拉木、济咙、定日、亚东等大小都邑 13 个（笔者按：应为 14 个，少了"嘉裕桥"。陈观浔在采录完此条材料后有一句话"以上共十四处，皆西藏都邑也，见《西藏通览》，总而录之，序次如左。"）《西藏通览》"第十六章都邑"介绍的就是这 14 座都邑，《西藏志》全部抄录过来，内容与《西藏通览》全同。稍有变化的是《西

---

[1] 陈观浔《西藏志》，巴蜀书社 1986 年，第 11 页。

藏通览》中第二位介绍的是札什伦布，陈观浔则把札什伦布移到第八位介绍。因前7座都邑属前藏，从札什伦布到亚东等7座都邑属于后藏。陈氏前藏后藏分开介绍是合理的。还有察木多，《西藏通览》放第六位介绍，陈观浔调整至第二位。因第三位的类伍齐"位察木多之西北"，故先介绍察木多的方位，再以其为基准介绍类伍齐，这样才合逻辑。

再如，《西藏志》"西藏寺庙考"，考述了西藏重要寺庙24座。无论是介绍顺序，还是文字表述，皆与《西藏通览》同。陈氏抄录材料一般会标明出处。如"西藏寺庙考·大召寺"文末有一句"以上采录《西藏通览》"。若是综括《西藏通览》文字而成则标注"总而录之，序次如左"。然而，也偶有未注出处者。如"西藏寺庙考"采录《西藏通览》大昭寺内容注明了出处，但抄录小招寺、别蚌寺、桑耶寺内容时就未注明。"西藏寺院内部及礼拜考"抄录全文后，有"录《卫藏通览》"（笔者按，即《西藏通览》）。但该篇内同样抄自《西藏通览》的"喇嘛教育"一节就未注明。特别是"西藏道路交通"一篇，全文4000余字，是《西藏志》全书中篇幅最大也是分量最重的一篇，陈氏原封不动地照搬过来，同样也未注出。

实际上，陈氏抄录《西藏通览》标明出处者只是少数，大部分都未标注。据笔者统计，陈氏抄录《西藏通览》，注明与未注明者，约占《西藏志》全书的三分之一强。《西藏志》各篇参考其他书籍情况，详见下表：

| 《西藏志》篇目 | 抄录情况 | 是否标注 |
| --- | --- | --- |
| 卫藏山川考 | 《尚书·禹贡》《尚书·尧典》《山海经》《水经注》《地理志》 | 标注 |
| 西藏名山考 | 《西藏通览》《西藏图考》 | 标注 未标 |
| 西藏大川考 | 《西藏图考》 | 标注 |
| 西藏湖池考 | 《西藏通览》《西藏图考》 | 标注 未标 |
| 西藏海子考 | 《卫藏通志》 | 标注 |

续表

| 《西藏志》篇目 | 抄录情况 | 是否标注 |
|---|---|---|
| 西藏津梁考 | 《西藏图考》 | 未标 |
| 西藏塘铺考 | 《西藏图考》 | 未标 |
| 西藏关隘考 | 《西招图略》 | 标注 |
| 西藏道路交通考 | 《西藏通览》 | 未标 |
| 西藏寺院内部及礼拜考 | 《西藏通览》 | 标注 |
| 西藏寺庙考 | 《西藏通览》 | 标注 |
| 西康定郡考 | 《西康建省记》 | 标注 |
| 西藏都邑考 | 《西藏通览》 | 未标 |
| 西藏城廓考 | 《西藏图考》 | 未标 |
| 西藏种族及其沿革 | 《西藏图考》 | 未标 |
| 西藏官制 | 《西藏通览》 | 未标 |
| 西藏兵制 | 藏军编制、汉兵配置、藏军配置采《西藏通览》，未标；武器、御敌之法、汉兵行军康藏应有之准备不知采自何处。 | 未标 |
| 西藏货币 | 有三分之一或四分之一采自《西藏通览》，未标；其余不知采自何处。 | 未标 |
| 西藏贸易 | 糅合《西藏通览》 | 未标 |
| 西藏矿产 | 《西藏通览》 | 未标 |
| 西藏土宜考 | 《西藏通览》 | 未标 |

## 三、文献价值

有论者认为"民国以后，只有这部《西藏志》为正式成书的西藏方志，是诸种西藏方志中纂修较好的一种"。[①] 但仔细分析该书内容会发现，由于陈氏未到过

---

① 王启龙、邓小咏《二十世纪上半叶藏区地理研究述评》，《西藏研究》2001 年第 2 期。

西藏，是书主要由搜集以往资料，撮录诸书而成。材料编排方面，也未做到搜罗无遗，去粗取精。"又系残本，仅保存旧籍而已。"① 唯每一篇首之考释名物，算是研究心得，对阅读西藏方志有一定指导作用。

## 第七节 胡炳熊《藏事举要》

### 一、成书及内容

胡炳熊编纂《藏事举要》，亦与英俄觊觎西藏之大势有关。"西藏为英俄竞争之要地。中国苟措置失宜，可以牵动全局。近日我政府极注于此，各报亦时时言藏事，而求其详确者甚难。今援据群籍，并截取各报所载之可信者，揭其要领以成此章。"②

至于成书时间，自序并未交代，但书中所涉材料提供了某些线索。该书材料下限为"第四章西藏善后私议"所载"宣统元年十二月十七日，本报载理藩院接达赖长电，呈请代奏。"则成书时间当在宣统元年（1909 年）以后。又，秦墨哂《西藏问题》"中外关于西藏问题的参考书目"中有"《藏事举事》，民国胡炳熊撰。"③《西藏问题》1931 年出版，据此可推断《藏事举要》成书出版当在 1909 至 1931 年间。

全书篇幅不大，分为四章：一、西藏沿革及隶属中国始末，二、西藏与俄英之交涉，三、西藏形势民族教派政俗生业，四、西藏善后私议。

---

① 吴丰培《藏学研究论丛吴丰培专辑》，西藏人民出版社 1999 年，第 250 页。

② 胡炳熊《藏事举要》，中国少数民族古籍集成第 95 册，四川民族出版社 2002 年，第 330 页。

③ 秦墨哂《西藏问题》，南京印刷公司 1931 年，第 51 页。

## 二、材料来源

胡炳熊在"凡例"中说他"未亲至其地",该书第三章最末一段云:"第一、二、三章,皆根据群籍及各报所载之可信者,胪举重要事实。"考察全书内容,参考书籍及报刊主要包括:魏源《圣武记·西藏后记》、王我师《藏炉总记》《蒙古源流考》、日人成田安辉《英藏交涉沿革小史》以及上海《中外日报》等。其中"民族"一节云:"此节凡数千言,皆新发明之学说,乃在余所著《中国民族分合考》中,撮录其关于西藏民族者,以入此章。""民族"一节乃采自胡炳熊未暇出版之《中国民族分合考》一书。

关于西藏种族源起,彼时学者认为西藏与缅甸、暹罗、越南人民、南洋马来人民同出一源。胡炳熊通过考证驳斥了这种说法:"前人未有知西藏民族真相者,今总前后数千年考之。西藏最古土著为和夷,又杂以氐羌、鲜卑及印度阿利安族,混合而成今日民族。余援据中外古今群籍,证明其与中国民族至亲。"胡炳熊认为"和夷即藏族",由氐羌、鲜卑及印度阿利安族混合而成。胡氏这一观点,与今人对藏族起源看法基本一致。《西藏通史》认为吐蕃祖先有两支,一为西羌无弋爱剑,一为鲜卑拓跋樊尼。[①] 这是该书为数不多的亮点之一。

## 三、文献价值

综观全书,第一、二、三章内容并未超出《圣武记·西藏后记》《中外日报》等书、报范围。为作者所发明者,除了第三章"民族"一节外,只有第四章"西藏善后私议",即胡炳熊针对西藏问题提出的筹边之策。胡炳熊提出的10项对策分别是:一曰练金川等处士兵,二曰对待达赖宜防闲与保护兼施,三曰宜抚绥班禅也,四曰开采西藏矿产,五曰移兵戍藏,六曰宜灌输国学于藏地,七曰宜灌输

---

[①] 拉巴平措、陈庆英总主编;张云、石硕主编《西藏通史·早期卷》,中国藏学出版社2016年,第42—43页。

法政之学于藏地，八曰改订教则，九曰联络尼泊尔布丹，十曰改建行省。这些对策都极有见地，反映了那个时代有识之士对藏事的关切。

此外，该书先记西藏地理历史、人文风俗等掌故，再述以经略藏边对策的编排体例，为谢彬、华企云、秦墨哂、王勤堉、陈健夫等 5 人同名的《西藏问题》所继承。

## 第八节　尹扶一《西藏纪要》

### 一、作者及成书

尹扶一（1881—1941），字仲雅，湖北恩施人，官宦世家出身。17 岁中秀才，1904 年考取官费留学日本，入日本陆军士官学校六期炮科学习，1909 年回国，清廷授以举人及副军校衔。因在士官学校时与阎锡山友善，回国后一直在阎锡山处任参谋、参议、副旅长等职。1930 年秋，阎锡山反蒋失败，逃亡大连，尹扶一又与青岛市市长沈鸿烈打交道，被任命为青岛港务局副局长。1937 年，日军攻陷北平，汉奸江朝宗、潘毓桂等在日军扶持下成立了"北平治安维持会"，尹扶一担任该"维持会"委员。同年，在汪精卫倡导、日军根本大佐直接控制的"新民会"里，尹扶一充当该会的训练部长，负责推行日伪的"华北强化治安运动"，为敌伪征集壮丁，扫荡抗日军民。1941 年，因叛国投敌遭国人唾骂，又受日军轻侮，自杀身亡。

关于《西藏纪要》的编纂缘起，郑宝善为该书所作序云："迩者，英吉利人经营西藏，不遗余力，关于西藏著述层见叠出。大而山川政教，小至鸟兽草木之名，罔不搜罗详尽，记载靡遗。谫陋如余，所知已不下二十余种。求之吾国，能若是乎？强弱胜负之所由分，盖不独系于干戈樽俎，而文化实握其枢纽也。"[①] 英

---

① 尹扶一《西藏纪要》，蒙藏委员会编译室，1930 年。

国觊觎西藏已久并付诸行动，而国人对边疆问题无甚着意，这引起了郑宝善等有识之士的深深忧虑。尹扶一《西藏纪要》即在此背景下编纂而成，希望能唤起国人对西藏的关注。至于成书时间，书前分别有阎锡山、郑宝善所作序，落款均为民国十九年一月，则《西藏纪要》成书时间当在民国十八至十九年，即1929、1930年间。

全书分为18章：西藏之起源及与中国历代关系概况、清代于西藏之关系、西藏之境界广袤及人口区分、政体、财政、兵制、贸易、物产、工艺、交通、西藏之风俗、清末之西藏问题、川滇边务大臣之设置及其成绩、清末征剿波密之始末、民国初元边藏之乱、民元中英关于西藏之交涉等。

## 二、材料来源

是书编纂参考了哪些书籍，序中没有交代。但稍加考察不难发现，《西藏纪要》第一章至第十章、第十二章内容全部来自日人山县初男所纂《西藏通览》。如"第四章政体"共有8节，分别为：第一节总说、第二节西藏政府之组织、第三节达赖喇嘛、第四节前藏政府、第五节僧官、第六节地方官、第七节班禅额尔德尼、第八节驻藏大臣。这8节标题名称、排列顺序与《西藏通览》第六章政体完全一致。《西藏通览》该章共有11节，《西藏纪要》仅截取前8节。不仅节名与次序，内容也完全相同。这一章"第八节驻藏大臣"云："驻藏大臣有正副二名，即西藏办事大臣及西藏帮办大臣是也。设于清雍正之世。初未与闻其国事，至乾隆中叶，始立于监督之位置，掌握西藏之政权。其权限及组织，以蒙藏院有案可稽，兹不赘。"这段文字节选自《西藏通览》"第八节驻藏大臣"："驻藏大臣有正副二员，即西藏办事大臣与西藏帮办大臣是也……驻藏大臣之设置在清雍正初年……当时惟以保持和平为主义，毫无干与其国事。至乾隆中叶始立于监督之位置，渐次掌握其政权……"其余章节与此相类，兹不赘。

除此之外，"第11章 西藏风俗志"为蒙藏委员会调查组组长潘申五所编，"第14章 清末征剿波密之始末"为蒙藏委员会专门委员谢国桢所编，均被纳入该书。

第 13 章、第 15 章至第 18 章亦《西藏纪要》综合当时材料而成，较早总结了川滇边务大臣的设置及所取得的实绩，民国初期西藏叛乱的过程，《拉萨条约》（1904 年）、《北京条约》（1906 年）的签订及影响，森母拉会议（1913 年）召开的前前后后，以及 1920 年前后国内政局动荡民国政府无暇与英国解决西藏问题的现状等等，对于认识彼时西藏的政治有一定历史意义。但严格来讲，这些内容已离方志较远，在此不予展开论述。

## 第九节 石青阳《藏事纪要初稿》

### 一、作者及成书

石青阳（1879—1935），四川巴县（今重庆巴南）人，名蕴光，以字行。早年留学日本，1906 年在东京加入同盟会，次年归国。1911 年，四川保路运动兴起，在重庆参与起义。1915 年在四川参加护国战争。1917 年护法运动中充任川北招讨使。1918 年任川滇黔靖国联军援陕第一路军总司令。1932 年任蒙藏委员会委员长，国民党第一、第四次全国代表大会中央执行委员。

石青阳编纂《藏事纪要初稿》，亦与英俄垂涎西藏的大背景有关："僻处西陲之西藏，常有帝国主义者垂涎其间，而今日犹能苟全无恙者，又不出于国人经营防护之力，其故不可深长思欤……驯羊处虎群中，随时可发生不堪之危险。固不能以西藏之幸存，不及满蒙之紧迫而一日忽视之也……青阳任蒙藏委员会将三年，承乏委员长又一年有半，对于藏事之探讨，昕夕兢兢，罔敢或怠。比以坊间刊行藏事之本或记载失实，或论断偏颇，谨就平昔考察所及，持以平允，编为《藏事纪要》一册，供处理藏事之参考。"[1] 至于成书时间，作者自序署为中华民国二十二年，即 1933 年。

---

[1] 石青阳《藏事纪要初稿序》，蒙藏委员会编译室，1933 年。

该书共有六章：第一章中国与西藏、第二章达赖与班禅、第三章西藏之疆域及其对于青康之关系、第四章英国干涉西藏之经过、第五章康藏事件办理之经过、第六章西藏之近状、结论。涉及西藏史志者，为第一章记西藏历史、第二章记西藏宗教、第三章记西藏疆域，第六章记西藏近况。尤其第六章，包括政治、军事、财政、外交、派别等 5 小节，偏重于西藏的政治、军事、外交等上层建筑。

## 二、材料来源

"第一章 中国与西藏"，其材料分别采自《唐书》《宋史》《明史》等正史及《卫藏通志》，"第二章 达赖与班禅"主要采自魏源《圣武记·国朝抚绥西藏记》，"第三章 西藏之疆域及其对于青康之关系"主要采自魏源《圣武记》、胡吉庐《西康疆域溯古录》等书，第四章、第五章及六章内容不见载于他书，应为石青阳利用蒙藏委会档案资料所编。

"第六章 西藏之近状"，作者有言："中藏自民二森姆拉会议决裂以后，彼此隔绝者十有余年。至民国十八年，中央命达赖派驻北平之雍和宫堪布贡觉仲尼及本会专门委员谢国樑先后赴藏，达赖始派代表数人偕同贡觉仲尼来京，组织西藏驻京办事处，中藏关系因以断而复续，西藏状况亦藉此逐渐明瞭，兹分述如左。"民国二年（1913年）西拉姆会议以后，西藏与内地联系中断，直到民国十八年（1929年），始才恢复。因西藏驻京办事处的成立，中央与西藏重新建立联系，彼时西藏当地的各种情形，得以再次展现在国人面前。

"军事"之"军械表"一节，胪列了西藏当时所具有的各类军械，如杂色、步枪、大炮、洋抬枪、马枪等。步枪为五子枪、九子枪等，大炮有机关炮、威远炮等，洋抬枪为毛瑟枪。在购自英国的杂色五子枪之下，作者有注云："民六，藏兵侵康，达赖向印度订购及开箱点验，各枪口径大小不一，盖英人恨其前次赖款，故以旧枪与之。"对于彼时西藏所拥有的枪械种类、产地、数量之详细记录，仅见于该书。

"外交"一节，除介绍西藏与英俄两国交通外，在"丙 三小国"中，还提到哲孟雄、尼泊尔、不丹三国："今哲、不两邦，为英人所夷，脱我藩属。惟尼人勇敢爱国，务实守法，犹有独立规模，英人颇惮之。十九年，因商务纠葛，与西藏决裂，几起战争。嗣经中央去电制止，并派员前往调解，双方均听命停战，其事遂寝。尼对中国甚表好感，惟尼藏交恶，现仍隐伏。"该处提及民国十九年（1930年），尼泊尔与西藏因商务纠纷交恶一事，属于当时较新之材料，亦首见于该书。

"派别"一节，记载了西藏的三个政治派别，即"亲英""亲中""独立"派。介绍"亲英"派时云："西藏贵族子弟大都派往英伦留学，返藏后力主亲英，为藏中中坚分子，势力颇大。现执政之察戎泻巴为此派之领袖，十九年冬季，曾在拉萨照基教场秘密会议，以谋进一步之亲英办法。拟迫达赖下野，组织纯粹之亲英派。"这条材料交代了西藏以察戎泻巴为首的亲英派的人员构成及其政治野心，时间在民国十九年，即1930年，亦为距成书时间较近之材料，且不见于他书，应属《藏事纪要》独家记载。

### 三、文献价值

据石青阳自述，他在蒙藏委员会任职三年，担任委员长又一年半，对于藏事应十分关切。该书有关西藏宗教、政治、政治派别、军事、财政、外交诸方面内容，均应得自石青阳蒙藏委员会任上。自民国十八年（1929年）中藏恢复交流以后，达赖派出使者进京，定会带来与西藏有关的书面或口述资料。石青阳虽未到过西藏，但占据蒙藏委员会这个得天独厚的条件，考察起藏事也得心应手。《藏事纪要》第六章关于西藏地方近况多为独家材料，对于了解那个时期西藏的政治、军事、外交等方面的情况很有帮助。因其较高的文献价值，黄慕松《奉使入藏册封并致祭达赖大师报告书》"十 西藏之近况"之"军事""宗教""财政"诸节即引用该书内容。

## 第十节 洪涤尘《西藏史地大纲》

### 一、作者及成书

洪涤尘生平不详。从其《亚洲各国史地大纲·自序》中，能略窥一二：民国二十年（1931年），在上海澄衷中学教授历史等课程；民国二十一年（1932年），至上海新陆师范任训育及教职；民国二十二年（1933年），至中央党部服务。① 洪氏著作主要有《新疆史地大纲》《西藏史地大纲》《亚洲各国史地大纲》等。

晚清以降，中国被列强环伺，西北也不例外。洪涤尘编纂《西藏史地大纲》（以下简称《大纲》），即是出于巩固国防，保卫边疆的考虑："中国边疆，地区广大，蕴藏丰富。惟以国人向不注意，甚至目为瓯脱，一切情形，茫然不知，货弃于地，无人开发，而鹰瞵虎视之。接壤强邻，遂起艳羡，始而为学术之调查，继而作政治之侵略。如日之于东北，俄之于蒙、新，英之于康藏，法之于云南等。其调查研究之图籍，汗牛充栋，其侵牟略夺之野心，日进无已。及至今日，东北沦陷，西北险恶，国人若再不群起挽救，则国家前途，岂堪设想！盖帝国主义者，环伺四方，饕餮无厌，得尺进丈，剥床及肤，我不奋起，岂特边疆不保，屏藩尽撤，则三江流域，又岂能安枕哉！作者不察，前曾编有《新疆史地大纲》一册，今又辑是一书，其最大之愿望，实欲藉此引起国人之注意，从而力谋边疆之开发，因失之东隅，守之桑榆，实吾人今日应负之责也。"② 根据该书"例言"，"本书系民国二十四年三月完稿"，则《大纲》成书时间在1935年，正式出版在1936年。

《大纲》分为"绪论""第一章地理""第二章历史"3部分。其中"第一章地理"分为8节，分别为"第一节地位与地势""第二节气候与物产""第三节交通与贸易""第四节人种与人口""第五节重要城市""第六节社会风俗""第七节生活习惯""第八节宗教情形"；"第二章历史"分为13节，依次为"第一节周时之戎""第

---

① 洪涤尘《亚洲各国史地大纲自序》，正中书局1935年。

② 洪涤尘《西藏史地大纲绪言》，正中书局1936年。

二节汉时之西羌""第三节晋时之氐羌""第四节唐时之吐蕃""第五节宋元明时之西方""第六节清时之西藏""第七节英俄帝国主义之侵略""第八节西康之建省""第九节川军入藏与达赖之出亡""第十节民国成立后之西藏""第十一节民国六年后之西藏""第十二节国民政府成立后之西藏""第十三节西藏条约汇录"。

## 二、材料来源

洪氏在绪论中有言"前曾编有《新疆史地大纲》一册，今又辑是一书"，他强调该书是"辑"，即辑录他书材料而成。洪氏未曾提及到过藏地；黄慕松为该书所作序云："上年达赖大师圆寂，余奉枢命，使藏致祭。舍空用陆，志在考察。凡所经历，接近政教领袖，士绅居民。冀于藏中民族、历史、地理、社会、政教、风俗、物产、经济，博访周谘，历时一载，所获已多……洪君涤尘绩学深湛，研究边徼，具有心得，近著《西藏史地大纲》一书，洋洒十余万言，纵横数百千里，蒐罗丰富，系统分明，虽所纪载与余考察所得间有出入，然其怀抱之伟，志愿之宏，雅堪钦佩，独为其难，洪君有焉。"黄氏在序中评价该书"蒐罗丰富"，也指明了该书乃搜罗各方资料汇编而成。黄慕松确曾到西藏实地考察过，时间在1934年。彼时，西藏十三世达赖喇嘛圆寂，黄慕松奉派出使西藏致祭，同时撰有《黄慕松奉使入藏册封并致祭达赖大师报告书》。书中设"西藏之近况"专篇，记西藏地理、政治、宗教等情形，不仅为中央政府制定治藏方针政策提供了根据，而且为内地民众展示了一个真实的西藏。概因洪氏未曾踏足西藏，该书由采录他书材料而成，与事实不符处所在多有，故黄慕松有"所纪载与余考察所得间有出入"之感慨。

虽然《大纲》主要由他书材料融会而成，但注明出处的材料只占极小比例，绝大部分的引用没有做任何说明，以下分别予以指证。

### 1. 指明材料出处者

为了纠正"老旧之地志所载，地图所绘，以卫称曰前藏者"的错误，洪氏征引了时任川滇边务大臣傅嵩炑的《与西藏喇嘛之康藏卫问答》。[1] 记喜马拉雅山与冈底斯山脉之风景时，引用了《斯文·赫定自传》的内容。[2] 关于西藏人口，则引用民国二十四年（1935年）二月一日《中国日报》所载中央外交部参事林东海博士奉派随黄慕松氏赴西藏致祭达赖喇嘛回国时之谈话。[3] 对于政府及川滇人士在西康疆域问题上模棱不清，特引傅华丰关于康藏疆界之的论点，以资参证。[4] 以上4例，洪氏均明确所引材料出处。

### 2. 未注明材料出处者

然而，绝大多数的材料，洪氏竟都隐没出处。如《大纲》"第一章第七节生活习惯"之"饮食"系采自刘家驹的《康藏》：

| 刘家驹《康藏》 | 《西藏史地大纲》第二章第七节生活习惯 |
| --- | --- |
| 鼻烟　往昔居民好吸鼻烟，其法将烟草研末，和白土香料，以牛角或小瓶装贮，用时倒于大指上，以鼻吸之，为交际场中之见面礼。亦有仿内地用旱烟袋吸蓝花烟者，其害尚小。惟自英国纸烟输入后，上中阶级多染此癖，每年所费金钱，不下万元。民国十六年，达赖见纸烟及鼻烟蔓延全藏，害及男女僧俗，特下严令，军民一律禁止贩卖服用，违者罚金或充没家产，已实行数次，惩一警 | 烟　藏人好吸鼻烟，其法将烟草研末，和白土香料，以牛角或瓶装贮，用时倒于大指上，以鼻吸之；亦有仿内地用旱烟袋吸蓝花烟者，其害尚小。惟自英国纸烟输入后，上中阶级多改吸纸烟，每年所费，不下万元。民国十六年，达赖见于纸烟及鼻烟蔓延全藏，害及男女，特下令严禁，违者重罚，以是近年来对于纸烟甚少贩吸，鼻烟更将绝迹矣。此诚可与美国威尔逊禁酒媲美之善政也。 |

---

[1] 洪涤尘《西藏史地大纲绪言》，正中书局1936年，第20页。
[2] 洪涤尘《西藏史地大纲绪言》，正中书局1936年，第24页。
[3] 洪涤尘《西藏史地大纲绪言》，正中书局1936年，第42页。
[4] 洪涤尘《西藏史地大纲绪言》，正中书局1936年，第184页。

续表

| 刘家驹《康藏》 | 《西藏史地大纲》第二章第七节生活习惯 |
|---|---|
| 百，故近年来前后藏不惟纸烟无人贩吸，即鼻烟亦绝迹矣。此等善政，可与美国威尔逊之禁酒令比美。[①] | |

《大纲》关于藏人好吸烟之记载与《康藏》所记几乎全同。所不同者，后者比前者记载稍详。如，民国十六年（1927年），达赖在全藏严令禁烟，对违反者课以重罚："违者罚金或充没家产。已实行数次，惩一警百。"在《大纲》中，此处仅以"违者重罚"一句带过。《大纲》"第一章第七节生活习惯"记载了西藏饮食的7个方面，分别为：（一）糌粑、（二）酥油茶、（三）蔬菜、（四）生肉、（五）鱼、（六）青稞酒、（七）烟，这仅比《康藏》"第五章第二节饮食"介绍的（1）菜蔬、（2）糌粑、（3）酥油茶、（4）生肉、（5）青稞酒、（6）饮水、（7）鱼、（8）然料、（9）鼻烟等9个方面少了（6）饮水、（8）然料2个方面，其余则完全一致。《康藏》为巴塘藏族学者刘家驹（藏名格桑群觉）所纂，对康藏乃百科全书式的介绍，文献价值很高。《康藏》成书于民国二十一年（1932年），比《大纲》早3年，两书记载相同，说明《大纲》抄录了《康藏》，且洪氏并未说明材料来源。

又如，《大纲》"第二章第九节川军入藏达赖出亡后之中英交涉"采自谢彬《西藏交涉略史》：

| 谢彬《西藏交涉略史》第四章第一节<br>川军入藏及达赖二次出亡始末 | 《西藏史地大纲》第二章第九节<br>川军入藏达赖出亡后之中英交涉 |
|---|---|
| 有清光绪三十年，达赖十三不自量力，擅与英军开衅，大败出奔西宁。其后二年，中英条约告成，赔偿英国军费，仍许英人入藏、开埠、通商。清廷因命张荫棠由印度赴藏，办理善后。至光绪三十四年，张氏上疏清廷，略谓西藏 | 光绪三十二年（一九〇六），中英《藏印条约》告成后，清廷乃因张荫棠由印度赴藏，办理善后。光绪三十四年（一九〇八），张荫棠上疏清廷，略谓西藏与英俄环伺要冲，非亟力加整顿，恐难保全疆土。会达赖十三由西宁入京觐 |

---

[①] 刘家驹《康藏》，上海新亚细亚月刊社1932年，第35页。

续表

| 谢彬《西藏交涉略史》第四章第一节<br>川军入藏及达赖二次出亡始末 | 《西藏史地大纲》第二章第九节<br>川军入藏达赖出亡后之中英交涉 |
| --- | --- |
| 当英俄环伺要冲，非亟力加整顿，则殊难保疆土。会达赖十三由西宁入京觐见，乘此时机，改用汉员训练藏兵，以备指挥防守，并拟派遣四川新军入藏，以期分驻要塞，树立安内攘外之策。先是驻藏办事大臣兼边务大臣赵尔丰奏请清廷，编练常备军，以武威震慑番民。驻藏办事联豫亦曾疏陈藏中情形，奏请派兵入藏。清廷正筹议间，而川边各地藏官勾煽藏民，到处扰乱。赵尔丰力主用兵，先后勘定乡城之乱，削平盐井之乱，平定德格兄弟之争。同时电奏清廷，略谓各处扰乱，均与达赖有关。于是政府迳向达赖诘问实情，达赖答词暧昧。乃命赵氏竭力剿办。同时更以藏介强邻之中，不亟自加经营，则不能保边圉而固国防，乃采用赵、联、张三氏治藏条陈，决计派兵入藏。但兵少则弹压无功，兵多则征调为难，乃由四川选派陆军二千，命知府钟颖于宣统元年六月，率之西进，取道德格，展延迂回，及抵察木多以西，藏人嗾令类伍齐、硕搬多、洛隆宗、边坝四部落番人，阻止前进，劫夺粮饷，掳掠军官。赵尔丰在德格闻讯，立率边军兼程来援，会同川军驱剿类、硕、洛、边四部落阻路番众，川军得以乘胜前进。宣统二年正月，川军遂越丹达山而西，经江达直驱拉萨。边军亦进驻江达，为川军声援，至五月始回驻察木多焉。① | 见，清廷乘机改用汉官，训练藏兵，以备指挥防守，并拟派遣军入藏，以期分驻要隘，以为安内攘外之用。<br>　　先是边务大臣赵尔丰奏请清廷，编练常备新军，以武威震慑藏民。驻藏大臣联豫亦疏陈藏中情形，请派兵入藏。清廷正在筹议之间，而川边各地藏官勾煽藏番，到处扰乱。赵尔丰力主用兵，先后勘定乡城、盐井之乱，及德格土司兄弟之争。同时电奏清廷，谓边地各处扰乱，均与达赖有关。清廷径向达赖诘问实情，达赖答词暧昧。清廷遂一面命赵尔丰竭力剿办。一面采用赵、联、张三氏治藏条陈，决计派兵入藏，以保边圉而固国防。维兵少则弹压无功，兵多则征调为难，乃由四川选派陆军二千，命知府钟颖于宣统元年（一九〇九）六月，率之西进，取道德格，以入西藏。迨至察木多以西，达赖已嗾令类伍齐、硕搬多、洛隆宗、边坝四部番民，阻止川军前进，劫夺粮饷，掳掠军官。幸赵尔丰在德格闻讯，立率边军兼程来援，会同川军驱剿阻劫之番众，川军遂得乘胜前进。宣统二年（一九一〇）正月，越丹达山而西，经江达直驱拉萨。边军亦进驻江达，为川军声援，至五月始回驻察木多。 |

① 谢彬《西藏交涉略史》，中华书局1926年，第111页。

可以看到,《大纲》仅在个别字句上有所更动与删减,其余与谢彬《西藏交涉略史》完全一致,且未交代材料出处。谢彬《西藏交涉略史》成书于民国十五年(1926年),他撰写的《西藏交涉略史》和《西藏问题》是国内最早专门论述"西藏问题"的著作之一。两书史料丰富,有作者独到的见解,是学术界研究这一时期中英关系和有关"西藏问题"的重要论著。

像以上这种原样抄录者在《大纲》中最为常见。不过,洪氏亦偶尔对采录材料进行一定的编辑,如《大纲》"第二章第八节西康之建省"有3小节,分别为:"A 康藏之疆界""B 赵尔丰之经略川边""C 傅嵩炑之改省建议",其中B、C两节,系抄谢彬《西藏交涉略史》"第三章第一节康地改治及筹设西康行省经过",而第一节"A 康藏之疆界"系抄《西藏交涉略史》"第二节康藏之界域"。显然,洪氏认为,在谈论经略川边具体措施前,应先交代清楚康藏的疆界,故将《西藏交涉略史》"第二节康藏之界域"前置于章首,这是较为合理的更动。

又,《大纲》"第二章第十节民国成立后之西藏"之"B 西姆拉会议中之提案",主要记录了中、英、藏三方在西姆拉会议上关于解决西藏问题的提案。该小节系采自谢彬《西藏交涉略史》,略有不同的是,关于中英藏三方提案的排列次序:《西藏交涉略史》按照中国、英国和中国西藏地方的顺序排列,《大纲》的次序恰好相反,先中国西藏地方,再英国,再中国。

洪氏并非单纯采录某书的某一章某一节,他惯用的手法是拼接。《大纲》"第二章第三节晋时之氐羌"就分别采自章嶔《中华通史》、王桐龄《中国民族史》二书:

| 章嶔《中华通史》<br>乙编第三章 东晋 | 《西藏史地大纲》<br>第二章第三节 晋时之氐羌 |
| --- | --- |
| 吕婆楼者,略阳氐族,仕前秦苻坚,官太尉。坚既统一北部,士马强盛,车师、鄯善王入贡,请为乡导,导秦师以征西域之不服者。因如汉法,置都护,坚即拜婆楼子光都督,使西域,降下焉耆诸国;惟龟兹王帛纯不服。光围克之, | 后凉 有吕婆楼者,略阳氐族,仕前秦苻坚,官太尉。苻坚既统一北部,士马强盛,西域车师、鄯善王入贡,请为向导,导秦师以征西域之不服者。坚即拜吕婆楼之子吕光为骁骑将军,于晋孝武帝太元七年出使西域,降焉耆诸国, |

续表

| 章嵚《中华通史》<br>乙编第三章 东晋 | 《西藏史地大纲》<br>第二章第三节 晋时之氐羌 |
|---|---|
| 威行西域。诸国悉上还汉节传，光悉表易之；比还，以驼二万，运载外国珍宝及奇伎异戏，殊禽怪兽，千有余品，骏马万余匹。时坚已败死，光还入姑臧，自称凉州刺史，旋称凉州牧、酒泉公。光自以全有金城河、赐支河、湟河之地，因自称三河王，有郡十九，又自称天王。[①] | 惟龟兹王帛纯不服。光围而克之，威行西域。比还，以驼二万，运载外国珍宝及奇伎异戏，殊禽怪兽，千有余品；并骏马万有余匹。太元十年，还抵凉州。时中原大乱，坚已败死，凉州刺史梁熙谋闭境拒光，光击杀熙，入姑臧（今甘肃武威县），自领凉州刺史，旋自称大都督、大将军、凉州牧、酒泉公。寻又自以全有金城河、赐支河、湟河之地，乃称三河王，有郡十九，自称凉天王，史称之曰后凉。 |

《大纲》主要抄录了章嵚《中华通史》的内容，兼采王桐龄《中国民族史》之材料，如，"拜吕婆楼之子吕光为骁骑将军，于晋孝武帝太元七年出使西域"以及"时中原大乱，坚已败死……史称之曰后凉"[②]则为章嵚《中华通史》所无。洪氏糅合二书材料，以成己著，这样的例子还有很多：

《大纲》"第二章第十节民国成立后之西藏"之"A 西姆拉会议之召集"，是糅合了谢彬《西藏问题》与《西藏交涉略史》二书的相关内容。如"同时达赖又派藏人佐治野夫至库伦，游说蒙人，劝立蒙藏联合互保之约。卒于民国二年（一九一三）一月，缔结《蒙藏条约》于库伦。条约要旨凡四（条约全文见后）：（一）相互承认自治。（二）同谋黄教繁荣。（三）于内忧外患交迫之时永久互相援助。（四）双方自由贸易，并互设新商业机关。自是藏人既有英人以为外援，又得蒙古以为内助，其心益骄，其势益盛矣。"此一段取自王勤堉《西藏问题》"第五章革命前后之西藏问题"。接下来的"当时我国外交当局，内顾国势凌夷，无

---

① 章嵚《中华通史》，东方出版社2014年，第19页。
② 王桐龄《中国民族史》，吉林出版集团有限责任公司2010年，第54页。

多实力足为后盾，外瞻国际情势，正须列邦承认民国，英使既执此相胁，遂不敢提出驳斥。并且英使旋又声称'中国如不与会议缔结关于西藏之新约，则与西藏政府直接商订矣。'我国政府迭被迫胁，不得已乃接受其要求，一面对于西藏独立问题，改剿为抚，达赖十三封号，明令恢复，征藏总司令改为川边镇抚使，征藏军事，完全停止。一面乃于民国二年五月，向英国政府提议，在伦敦召开西藏会议，英国政府则主张西藏政府亦须派员参加，会议地点改在印度边境之大吉岭。袁世凯无力抗御，概予承认，欲派温宗尧为代表，前往与会。温氏主张在北京或伦敦开会，坚决不肯赴印度会议。袁氏乃改派陈贻范为代表。陈氏抵印度后，印度政府忽移会议地点于其政厅附近之西姆拉地方。陈氏不悉此中利害，漫然允诺，结果遂被种种诱迫，签字草约。盖温宗尧之所以主张在北京或伦敦开会，不肯前往印度会议者，深知印度政府侵略西藏之野心，远过于伦敦政府也。如入印度会议，必多蒙不利。陈氏不察，任其迁移，故被诱迫，铸成大错。"则采自谢彬《西藏交涉略史》"第五章第一节中英藏会议由来"；"D西姆拉会议决裂后之中英交涉"之"袁政府接悉陈贻范签字草约之电告后，当于次日一面电训陈贻范不得签字正约，一面以中国政府否认之理由，通告英国驻京公使，自是会议遂告决裂"一段，采自刘彦《中国近代外交史》，余皆采自谢彬《西藏交涉略史》。

《大纲》"第二章第十一节民国六年后之西藏"之"A藏人之内犯与边藏之停战"，除最后一段抄自王勤堉《西藏问题》，余皆抄自谢彬《西藏交涉略史》；"B中英关于界务问题之争执"，除第一段、二段来自谢彬《西藏交涉略史》，其余采自谢彬《西藏问题》；"D中英藏案之再议"第一段，采自刘彦《中国近代外交史》；接下来的"民国九年一月二十日，英使又提出照会……英国公使之误解，并非事实，故中国政府难予承认。"采自秦墨哂《西藏问题》；"三月一日英使朱尔典任满回英……不愿将此问题久悬不决"抄自王勤堉《西藏问题》；余皆抄自谢彬《西藏交涉略史》。

现将《大纲》各章节材料来源情况列表如下：

| 《西藏史地大纲》 | 材料来源 |
|---|---|
| 绪论 | 刘家驹《康藏》 |
| 第一章 地理 | 刘家驹《康藏》 |
| 第二章 历史 | 王桐龄《东洋史》 |
| 　第一节 周时之戎 | 章嵚《中华通史》 |
| 　第二节 汉时之西羌 | 章嵚《中华通史》<br>王桐龄《中国民族史》 |
| 　第三节 晋时之氐羌 | 章嵚《中华通史》<br>王桐龄《中国民族史》 |
| 　第四节 唐时之吐蕃 | 王桐龄《中国史》《东洋史》 |
| 　第五节 元明时之西方 | 王桐龄《中国史》《东洋史》 |
| 　第六节 清时之西藏 | 王桐龄《中国史》 |
| 　第七节 英俄帝国主义之侵略 | 王勤堉《西藏问题》 |
| 　第八节 西康之建省 | 谢彬《西藏问题》《西藏交涉略史》 |
| 　第九节 川军入藏达赖出亡后之中英交涉 | 谢彬《西藏问题》《西藏交涉略史》 |
| 　第十节 民国成立后之西藏 | 谢彬《西藏问题》《西藏交涉略史》<br>刘彦《中国近代外交史》<br>王勤堉《西藏问题》 |
| 　第十一节 民国六年后之西藏 | 谢彬《西藏问题》《西藏交涉略史》<br>刘彦《中国近代外交史》<br>王勤堉《西藏问题》<br>秦墨哂《西藏问题》 |
| 　第十二节 国民政府成立后之西藏 | 《西藏三大寺僧俗官员及民众全体寄贡觉仲尼等代表示谕》 |

## 三、文献价值

《大纲》分为地理与历史两章，更侧重历史叙述，将藏民族起源直至民国二十三年间的西藏问题梳理得脉络清楚。洪氏尤重"当代"史，对晚清、民国时期的西藏问题着墨颇多，详尽记述了英俄交窥西藏的行径及中央与西藏的恩怨纠葛。《大纲》成书前，有 5 种以"西藏问题"为名的书籍问世，它们虽也兼谈地理（主要涉及藏地地理、物产、风俗等内容），但涵盖范围均不如《大纲》广泛。如包含西藏地理内容最为丰富的秦墨哂《西藏问题》，记载了西藏之境域、物产、宗教等 11 个方面的内容，而《大纲》之"地理"则记载了西藏之城市、风俗等 17 个方面的内容。即便在论及西藏问题上，《大纲》亦能博采诸家所长，后出转精。

《大纲》虽然没有一手资料，但诸书材料经洪氏编纂，呈现出"搜罗尚博，章目分明"[①]的特点，使得《大纲》成为记录彼时西藏问题较为翔实可信的书籍，亦为后世研究该阶段西藏问题的学者屡屡征引。

## 第十一节 蒙藏委员会《昌都调查报告》

### 一、成书及内容

为准确掌握边疆民族地区最新动态，抵制帝国主义渗透与侵略，加强对边疆地区的掌控，以便推行国民政府的边疆民族政策，国民政府蒙藏委员会调查室从 1929 年至 1949 年开展了一系列对边疆地区信息情报收集与调查事务。1942 年成书的《昌都调查报告》（以下简称《报告》）就是这种背景下的产物。

《报告》分为 8 章 1 附录：第一章地理、第二章政治、第三章军事、第四章财政与司法、第五章经济、第六章交通、第七章宗教与教育、第八章风俗习惯、附录：杂榆调查报告，基本涵盖了方志应有的内容。

### 二、材料来源

由于是调查报告，该书绝大部分材料都来自蒙藏委员会调查室的昌都实地考

---

① 吴丰培《藏学研究论丛吴丰培专辑》，西藏人民出版社 1999 年，第 174 页。

察，但亦存在个别材料抄录前志者。如，《报告》"第一章第三节气候"一段，即采自1937年出版的杨仲华的《西康纪要》：

| 《报告》第一章 地理<br>第三节 气候 | 杨仲华《西康纪要》第二章 西康地理<br>第三节 气候 昌都 |
| --- | --- |
| 　　县境气候温寒不一，西、北、东三面均近高山地带，气候较寒。成区居澜沧江二源会合之点，崇山四合，平原中涵，故天气温和。南部至擦瓦一带，天气炎热。① | 　　县境气候温寒不一，西、北、东三面均近高山地带，气候较寒。城区居澜沧江二源会合之点，崇山四合，平原中涵，故天气温和。南部至察洼冈一带，天气尤为炎热。② |

杨仲华是西康人，"当其肄业于中央政治学校时，即以身心亲历之所得，常为记述边情诸类之文，而介绍于国人。学成还乡，更以其所学，研讨西康情况，以积年之工夫，乃成《西康纪要》一书。"③《西康纪要》为研究西康的重要参考书之一。《报告》此处全抄该书。

再如，《报告》"第一章地理"之"绪言"系抄录1930年出版的陈重为的《西康问题》：

| 《报告》<br>第一章地理 绪言 | 陈重为《西康问题》<br>第二部西康之地理十全区之形势 昌都 |
| --- | --- |
| 　　昌都俗名察木多，喀木之首邑。在澜沧江之上流，三面临河，有江巴林寺孤立江心。昂曲、杂曲两河自北夹流，经县之南而会合，始称澜沧江。杂曲河上有二桥，在北者曰四川桥，可通同普、德格。在南者曰云南桥，可通察雅、宁静。昂曲河上亦有一桥，曰俄洛桥，可通恩 | 　　昌都土名察木多，位于西康中部，而稍偏北，旧喀木之首邑也。鄂穆楚河、杂楚河自北夹流，经县之南而会合，始称澜沧江。杂楚河上有二桥，在北者曰四川桥，西通同普、德格。在南者曰云南桥，南通察雅、宁静。鄂穆楚河上亦有一桥，曰俄洛桥，西通恩达、太昭。 |

---

① 蒙藏委员会调查室《昌都调查报告》，1942年，第26页。
② 杨仲华《西康纪要》，商务印书馆1937年，第78页。
③ 杨仲华《西康纪要刘家驹序》，商务印书馆1937年。

续表

| 《报告》<br>第一章地理 绪言 | 陈重为《西康问题》<br>第二部西康之地理十全区之形势 昌都 |
|---|---|
| 达、太昭。昌都扼三桥之中心,大道四达,实西康西部之第一重镇也。 | 昌都扼三桥之中心,实川滇康藏之孔道。而横断山脉之第一重镇也,故清代有建设省会于昌都之议……① |

《西康问题》乃陈重为有感于英帝国主义欲借西藏之手尽占西康所有矿产之阴谋,悲愤之余,"将去岁拟予实行之西康开发计划,增加内容,遂成此编。"《报告》这段材料不仅仅依据《西康问题》,"在澜沧江之上流,三面临河,有江巴林寺孤立江心"一句摘编自谢彬《全国一周》之"七长江流域之部""昌都据澜沧江上流,鄂穆楚河右岸,当打箭炉至前藏之中央,三面临河,为北通羌陇,南入云南,西赴拉萨,东走四川之孔道。江巴林寺孤立江心,二水环绕……"。②

## 三、文献价值

藏志数量本就不多,且藏志材料多因袭,《报告》绝大部分材料乃蒙藏委员会调查室进入昌都实地调查所得,可信度较高,文献价值弥足珍贵。如《报告》"第五章经济第三节商业概况"载,民七以前,昌都汉人势力最盛时,有陕商14家,滇商七八家,民国刘赞廷《昌都县图志·商情》对此亦略有提及。民七昌都被藏方控制后,汉人被迫退出,昌都商业遂一蹶不振。1932年,西藏地方军队在康藏纠纷中战败,内地商人回归,昌都商业渐趋好转:"云南巨商仁和昌号,于民二十四年首在昌都设立分号,以后汉商相率而来者日见增多。同时又有退入昌都之大金寺喇嘛,亦从事经商。且因在藏方获得支用乌拉与免税之特殊待遇,扩展商务,资本日益雄厚。而昌都拉萨间现有之商务亦几为其所独占。此外复有藏

---

① 陈重为《西康问题》,上海中华书局1930年,第82页。
② 谢彬《全国一周》,商务印书馆1926年,第74页。

官亦纷纷经商，从而谋利。如此，昌都之市场遂为滇商、大金僧、藏官三大势力所垄断矣。"1932年以后，昌都商业出现了"汉商""藏商""喇嘛商"三大势力垄断的新特点，这也是首次见于文献记载。

再如，"第六章交通第一节乌拉"载，西康东部各县差徭，经政府调整，支差痛苦大为减轻，但西康西部的徭役负担依旧很重："康西各县则绝无改善希望。差民派役期间，一岁之中，平均在半年以上。所定脚价特低……一般不肖之下级藏官与士兵，不惟并此不给，且视出差为发财之唯一机会，多方敲诈差民，手段毒辣已极……如在途中，乌拉偶相碰撞，致箱笼略有损破，则必勒令差民以高价赔偿。甚至故以破损之壶瓶，裹藏于箱笼之中，然后指以为乌拉撞毁，任意敲诈……距城十里之火萨卡，即有一不幸老人。汉军在昌时，彼有毛牛百头。迨藏军侵昌后，弊政百出，徭役繁兴，未及一十载，此百头之牛，无一存焉。其半数有因服役中途倒毙者，有因横被敲诈用作抵偿者，余半则以主人受罚无款缴纳因而被迫卖出者。"藏官与藏兵，剥削差民之狠酷由此可见一斑。关于昌都地区乌拉繁重的记载并不多见，《报告》因此显得弥足珍贵。

又如，"第八章风俗第一节演戏"载，每年秋季，演戏三日，仅噶伦及全体藏官有资格观看；第二节更衣节。藏历十二月二十五至二月二日，十二月二十五日为易取冬衣，二月二日乃换去冬衣；第三节诅咒。每遇一事难以解决时，即请喇嘛卜卦，问卜不利，则请喇嘛念经诅咒，免祸得福。民国刘赞廷《昌都县图志·风俗》曾有"惟土人仍守旧制，崇信浮屠，凡事无谓大小，必先决于喇嘛。有病不医，请喇嘛祈祀。凡人死后分天葬、火葬、水葬"等记载，似与《报告》"诅咒"相类。但"演戏""更衣节"均首次见于文献记载，具有珍贵的文献价值。

《报告》较好地保存了20世纪30年代西藏东部地区地方史料，不仅为研究康藏地方史提供了宝贵的材料，也为今后更好利用这一地区的经济、文化资料提供了方便，具有一定的学术价值及现实价值。

## 第十二节 法尊《现代西藏》

### 一、作者及成书

法尊（1902—1980），僧人，俗姓温，字妙贵，今河北深州人。在五台山显通寺玉皇顶出家，在北京法源寺受具足戒。曾先后入武昌佛学院、北京藏文学院学习法相、因明及藏密，师从太虚和大勇和尚。后随大勇组织的赴藏学法团到西康甘孜，跟随昌都安东格西专攻藏文。1931年10月底，法尊第一次进藏，在拉萨哲蚌寺学习。1933年受太虚大师邀请，回重庆汉藏教理院授课。1936年，为迎安东大师到内地弘法第二次进藏。后因安东大师圆寂，返回重庆。自1937年起，代理太虚主持汉藏教理院，直至1949年。1950年在北京主持菩提学藏文组织译事。历任中国佛协常务理事，中国佛学院副院长、院长之职。

《现代西藏》为法尊在藏求法时的所见、所闻、所想。法尊虽是佛教中人，但十分关心国事。他之所以写《现代西藏》，盖因"如我所见所闻，是驻在内地的中央当局所不会知道的，更非是我们内地的同胞所能了解的。"[①] 法尊指出，当时国人热心国事，但对西藏的认知存在不符事实的情况。如，认为只要交通一便，很容易解决西藏问题，并没有考虑到汉藏交通之险阻，更低估了英国对西藏的侵略野心。普通民众甚至中央当局有这样的想法是很危险的。法尊认为，"（西藏）当局的人们也远远地企望着中国的统一。若是中国内地确实地能够统一，西藏确是可以不成问题的投到中央的怀抱里……汉藏或者能放出团结一致的光芒，这是我写这篇文章唯一的动机。"法尊念兹在兹的是希望西藏能够与中央融为一体，因此，在该书最后（第十章），法尊提出了治理西藏的几条意见：第一，维持、保障西藏的信仰；第二，设法使中央政策深入藏胞心中；第三，驻藏办事人员要熟习藏语，尤其拉萨话，可沟通感情；第四，多组织西藏要人、名流、佛教徒到内地参观，让他们见到中央是绝对维护他们所信仰的宗教。这些治藏建议非常有

---

① 法尊《现代西藏》，东方书社1943年，第123页。

远见，即使放在今天，依然不过时。

《现代西藏》成书于1937年，出版于1943年。该书为章节体，共分为十章，末有附录二：第一章导言、第二章西藏地理概志、第三章西藏历史略谈、第四章西藏民族、第五章特产经济及交通、第六章政治军事及其财政、第七章宗教教育及其文化、第八章达赖与班禅、第九章外交政治、第十章治理西藏的意见。附录一：著者入藏的经过、附录二：我去过的西藏。

关于书名中"现代"一词，作者解释道：要想了解西藏过去的政治、学术，乃至风土人情等，"那就必须去重翻过去人们的旧书箧，依着葫芦画瓢也似的抄写一遍。我不喜欢抄袭人家那些靠不住的官面文章，所以对于过去的西藏，就不想多说了……我不是预言家，所以对于未来的话，也不喜欢多说。这'现代'两个字……我是中华民国的人，我的现代，也就是从我记事以来所见闻的事情。"从作者自述来看，这是一部求真求实的西藏方志之作。

## 二、文献价值

在《现代西藏·导言》里法尊说："我在康藏住了八九年，用很冷静旁观者的态度，比较地见到了个大概，就把他拿来奉献给我久想了解西藏秘密的同胞们。"确如作者所说，《现代西藏》一书的材料全部来自其在藏的耳闻目睹，可信度较高。如记载西藏财政机关放高利贷一事，即是十分有价值的文献：西藏财政机关有两处，一处为达赖山下之坡康，主要为粮税收入，用以支付薪俸和粮饷；另一处在大昭寺顶上，其款项来源有三：一是施主散给僧道的钱财，二是供养大昭寺释迦佛的银钱，三是达赖喇嘛的私人存款。大昭寺顶上之财政机关"最富，专以放利为营业。收利放衬所余的长款，就该当事的人得。现下僧数日减，利息渐高，放衬所剩必然很多，所以在那个机关的人们不到一年都会发财。因此许多人都想在那里边做事，每到换人的时候，听说也是大忙着竞选运动。但是结果总是那与藏王关系最深的人能够获选……那个机关放利的法规，或有相当的物品产业抵押，或有两家富官替你作保，才能借给，否则便无借款的资格。假如你的借款，到期不能交息，他便利上加利罚你。假如你实在没钱还他，他便没收你抵押的物品或产业，或令两家保人赔偿。所以，他那里绝对不会亏本，只有一天比一天富足而扩大。"①作为西藏官方财政机构，为了营利也放贷，而且是稳赚不赔一本万利。因此，这个财政机关的职位也就成为肥缺，多少人想挤进来，往往是与藏王关系最好的人才有机会，亦将西藏高层的贪污腐败暴露无遗。不仅财政机关，寺庙也在放贷。"各大寺院内财产，也多以营商而生利。例如施主在寺存藏银五千两——约汉银千两——令每年每一僧人散衬银若干。此种存款，则必须做生意或放利。因为他的母金不可动，所以必须有专责保存和经营的人……自外蒙叛后，利息日见增高，绝无利不敷衬之理。所以各寺管款的人不出一年便成富翁，用金钱运动此职的大有人在。"②

再如，记西藏行政办事流程，为他书所未载。"行政"载："西藏遇有重大案件发生时，先由地方行政机关转呈各上司稍大的机关，再由彼机关转呈戈霞，由戈霞再呈达赖，由达赖批下，归何机关办理。或开会讨论。彼机关须将所拟办的方法，详呈达赖批准才可以施行。如批准开会讨论的，则由藏王与四戈伦为主，机乔堪布——就是统管一切教务的地位在四品上——和诸大秘书次之。余四品以下的官员，都在外听命，不许入内。由藏王戈伦等详细商议后，再问其余诸四品以下的意见，有意见的也可以发表。如得同意，即将此办法抄正进呈达赖审择。但此办法至少须列三条，由达赖选择，绝不准只出一二办法而请示。如所列办法皆不如达赖之意，则批回重议，须另商办法，不许依旧。如蒙批准即照施行。"③以上分两类，有明确办理机关的，经达赖批示，由某机关办理即可。若需开会讨论者，主要参加人有藏王、四戈伦、机乔堪布及诸大秘书，均四品以上官员。并且所列意见至少三条，供达赖参考。还有一种情况，就是在达赖去世后，凡遇大事进呈时，需召开国民大会讨论。"所谓国民大会是从藏王起一直到各机关的官

---

① 法尊《现代西藏》，东方书社1943年，第72页。
② 法尊《现代西藏》，东方书社1943年，第60页。
③ 法尊《现代西藏》，东方书社1943年，第66页。

员,以及三大寺的堪布等有权之人,都须共集互相讨论,各出意见。把所得的结果,呈白惹真,由惹真批准再为施行。"① 有资格参加此国民大会的主要是各级官员及有权之人,并不包括全体普通藏民。

又如,记小学教育制度,详明而独家。西藏教育制度分为两种:一、在家子弟的教育制度,二、出家僧众的教育制度。我们来看在家子弟的教育有何特色:"每日早晨,先背诵文殊菩萨和妙音天女的赞颂,再念些忏悔文和发愿文。到了日出之后,教师继教学生写藏文草字。起初学的笔画很长而且笔直,令其练习腕力。待练的腕力充实,笔画无湾曲粗细轻重等过之后,再令学写稍为缩短笔画的草字藏文。如是渐渐的缩成普通藏文草字之后,再教以极小之草书,如像汉文之大草。写字法至此便算登峰造极了。在练习各种字形的时候,皆是用一块小板,涂上一层灰粉,再用弹线弹成几段横格,就依格而写字。把先生所教的那几句颂文——多教先贤之颂文——写完,就拿给先生去看,先生检其写得不像的改正一下,便教洗了涂粉另写。照这样涂了又写,写了又涂的练习一天,到晚上放学的时候,先生便把一日之中的成绩,批上个第一第二的次序,学生们就按着次序,第一名用一条竹片,把第二名的脸弹一下,再由第二弹第三,第三弹第四……一直到了末尾一名,便用竹片弹地一下来出气,引得众同学哄然一笑,便放学回家了。待他们在木板上练得纯熟之后,再令在纸上练习。若能在纸上亦练好了,便教写普通的信件称呼。及教以九九乘除等算术,初级小学的课程,到此便算圆满了。要想升官发财的子弟们,须再进达赖山下之会计机关,练习官家所须的各种数学。若在此处学满之后,便是七品官员的候补者。于藏文文法等事,更须别求明师,久久的学习。"② 每日晨起先念诵经文,再练习写藏文草字,练习写字有由简入难,循序渐进的方法。写不好字亦有惩戒的办法。把字练好后要能写信。在西藏,把写字训练看得很重。字练好后,还要学点加减乘除等简单的数学知识,这样初级小学的课程就修完了。如果想做官,或在藏文文法方面精进,仍需

---

① 法尊《现代西藏》,东方书社1943年,第67页。

② 法尊《现代西藏》,东方书社1943年,第86页。

继续学习。

以上所举三例，均不见于此前及同期其他西藏方志，皆为法尊第一手材料。此类例子尚多。

记述西藏时，法尊秉着知之为知之，不知为不知的客观求实的态度。如，"三交通"记："又有由拏墟直往后藏的大路，我没有走过，不知其详。由尼帕尔到后藏，听说也有两条路，由后藏到前藏有三条路，我没有走过。"① 因为没有走过，所以他没有记述具体的路线。但他走过的，比如由印度到帕里克的两条路，便将路线一一道来。再如"建筑"载："现代的班禅大师，特发愿在寺内建筑一座慈尊大殿，高有九层。虽然仅九层，但是每层总在一丈五尺之上，所以，总计下来大约该有十几丈高——我没有去过，只是听说。"② 法尊总是将眼见与听说分别清楚，这便是他严谨求实的最好注脚。

作为佛教徒，他并没有偏重佛教的内容，以相当客观的态度记录下他眼中的西藏，涵盖地理、历史、民族、物产、经济、交通、政治、军事、财政、教育、文化、外交诸方面。该书脉络清晰，语言简洁，所记虽面面俱到，却总能抓住要点，要而不烦。这些独家记录是我们了解20世纪三四十年代西藏的宗教、政治、教育等方面极为珍贵的史料。

---

① 法尊《现代西藏》，东方书社1943年，第61页。
② 法尊《现代西藏》，东方书社1943年，第77页。

# 第六章　川边改革、中央使藏与西藏方志编纂

本章所述几部西藏方志，有"清末民初康藏边地一支史笔"的刘赞廷在川边改革过程中针对藏东地区编纂的西藏图志，有川军刘成勋任西康特区屯垦使兼摄民政事务期间令部下编纂的《西藏》，亦有蒙藏委员会委员长吴忠信奉使入藏主持第十四辈达赖坐床典礼时对西藏实地考察后编纂的《西藏纪要》，这些藏志之编纂，同样与藏事密切相关。

## 第一节　刘赞廷西藏图志——以《昌都县图志》为中心

被誉为"清末民初康藏边地一支史笔"的刘赞廷，以自己历边 14 年的经历，编纂了西康47县方志。其中，17部属于西藏。[1] 这一批西藏图志，因共性大于个性，笔者拟选取《昌都县图志》为样本，[2] 考察其材料来源，论述其编纂特点，评价其文献价值，庶几由此管窥刘赞廷修志之全豹。

---

[1] 《西康各县概况凡例》："'是书初意拟纂康藏两省县志，因西藏卷宗失散无稽，仅以西康各县外附太昭以东八县共四十七县'，而民族文化宫所辑《刘赞廷藏稿》县志包括附录在内，总计只有 44 县，还缺 3 县。如此看来，资料肯定有缺失。"杨长虹《刘赞廷藏稿研究》，《中国藏学》2006 年第 4 期。

[2] 之所以选择《昌都县图志》为样本，是因为昌都位于西藏东部，处于与四川、青海、云南交界的咽喉部位，是川藏公路和滇藏公路的必经之地，战略地位十分重要。又因在刘赞廷所编康藏图志中，《昌都县图志》志目齐全（21 目）。

## 一、刘赞廷简介

有关刘赞廷的生平事迹散见于其所著《康藏资料》《边藏刍言》等书中，综合各处的记载，大体可以勾勒出他的人生轨迹。据刘赞廷自述，他"少从军"[1]，"自前清末叶侧身行伍，服务边防十有四载。"[2] 在其多篇书序中均自署"东光燮丞刘赞廷题"[3]，东光即东光县（今属河北省沧州市），字燮丞。1908年，清廷以四川总督赵尔丰为川滇边务大臣入藏善后《英藏条约》于江孜等处开辟商埠等事宜，但为达赖所阻。刘赞廷时任西军中营哨官，遂由康定出关，经巴安分防盐井。适逢藏军侵扰，奉令驱剿。西渡澜沧江，收札夷，克服闷公，转战桑昂却宗。1909年，德格土司内讧，勾结藏军。刘赞廷调赴石渠，随征于赤水，渡通天河，转至昌都。经三十九族入藏，进驻江孜、波密。后折回，由拉里进攻，破达新寺，南至白马冈。由此西越冬九，至工布以南，收抚底穆宗、布什噶以至雅鲁藏布江边。1910年，又逢康藏建省，移防贡县。因三岩盗匪出巢，分兵抚剿以符改土归流之议。时刘赞廷任川边第一镇之协统。1911年，至辛亥革命，复管带全军，驻扎巴安。1912年，藏军大举入康，以八千人围攻昌都，一万二千人进攻巴安。时任标统的刘赞廷在甘孜援助巴安。同年，代理边军。1918年，藏军马夫越界割草，继而被杀，藏军因此围攻昌都。时刘赞廷驻扎巴安，往御。藏军接连攻克同普、德格、瞻化，进逼道孚。时川督熊克武与滇督唐继尧急电中央，令达赖停止东进。遂令刘赞廷前往昌都与藏官谈判，订立临时停战约定。1919年，民八护法，赴滇会议。1923年，入清史馆，纂修土司目录。1929年，入蒙藏委员会，任专门委员。1932年，随唐柯三赴西康调解大金白利事件。[4] 时瞻化失守、理化告急，刘赞廷赴甘孜阻藏军前进。1935年，随"国民政府军事委员会委员长行营参谋团"再次

---

[1] 刘赞廷《康藏资料》，民族文化宫图书馆复制1962年，第42页。
[2] 刘赞廷《边藏刍言》，民族文化宫图书馆复制1962年。
[3] 如《西康分县图志图例》《赵尔丰奏议公牍全集序》《三十年游藏记凡例》等。
[4] 唐科三《赴康日记》，新亚细亚学会1934年。

入川。1939年，刘文辉任西康省主席，刘赞廷寄寓康区重新整理西康图志。1953年，任职西南图书馆。1954年，被聘为重庆文史馆馆员。在此时期，刘赞廷对其数十年来收集、编纂的手稿、档案进行整理，形成一套皇皇巨著《刘赞廷藏稿》。

## 二、成书及内容

刘赞廷《三十年游藏记》中收录了《西康分县图志》序与《西康各县概况》序，其实就是西康各县图志的总序。《西康各县概况》序载："刘公乾主政西康，开府广益，不厌求详，集搜西南丛书。惟以县志，位置、沿革、河流、山川、一村一镇，犹非临地勘查，不能卓绝其境。羁旅复往，羞于笔资，将有功亏一篑之势。幸遇相助，俾得纂集完成四十七县。"刘赞廷虽未题署纂著时间，但提到刘文辉主政西康。1939年，刘文辉任西康省主席，刘赞廷即于此时重新整理这批西康县志。《西康分县图志》序则署撰写时间为民国三十四年（1945年）十二月，则这批图志最晚应编成于1945年。《昌都县图志》共设置沿革、方位、治所、乡镇、粮赋、山川、道路、关隘、气候、地质、花果、森林、鸟兽、药材、矿产、垦殖、教育、寺院、商情、风俗、遗迹等21目。

## 三、编纂目的

### 1. 保存赵尔丰治边史料

作为赵尔丰的老下属，刘赞廷亲睹赵氏"遭辛亥之变，卒以身殉，官署被焚，档案无存。"[1]当年治边留下的大量档案资料消失殆尽，不禁痛心疾首："追溯往迹，瞬经四十余年。在公当日惨淡经营之文物，行将消失，心焉悫之……深惧公之治边懋绩，归于沦灭，不特公之言行弗彰，且恐后之经营边藏者无所考镜……南北奔走，从事爰搜。两次入藏，三经川康，往返数万里，前后数十年，始克得其旧

---

[1] 刘赞廷《赵尔丰奏议公牍全集》例言，文化官油印本1960年。

稿 76 册及图稿 58 册"抢救赵尔丰档案，一方面是为表彰赵氏治理边藏的丰功伟绩，更重要的是为治理边藏之继任者提供镜鉴。更能体现其关心国事的是《边藏刍言》中的一段话："西藏为我中华民国五族共和之一大部落。卧榻之傍，耽耽者已大有人在。东望三韩付诸瀛岛，南瞻百越沉入西洋。欲缄默而不言，殊中焚之难忍。用敢以足之所至，身之所经，耳之所闻，目之所见，聊供一得之愚，以尽匹夫之责。惟望爱国诸君子，眷顾五色旗帜，维持三藏版图，群策群力，急起直追，或可挽救不亡耳。"刘赞廷向当时的国人敲响警钟：西方列强企图蚕食中国时，不要忘记西藏也是中国不可分割的一部分。

### 2. 马福祥、刘文辉敦促

蒙藏委员会委员长马福祥的敦促则是刘赞廷编纂西康图志的直接原因。刘赞廷 1929 年入职蒙藏委员会，时任蒙藏委员会委员长的马福祥曾敦促刘赞廷编纂西康图籍："西康建省已入版图，惟鲜有图书为缺陷，促以从事编集，以倡西南文化。"马福祥所谓的"图书"应指西康舆地图。但没过多久，"大白事件"发生，刘赞廷随唐柯三赶赴西康进行调解，纂辑工作遂暂告段落。这次康藏之行，刘氏还邀请专业测绘人员同往，实地测量纬度、高拔。两年后，舆图绘制完成。此后，刘氏在南京编修赵尔丰川边奏议及西康各县方志，拟将所绘新式舆图附入诸县志，又因其他公务耽搁未能成行。1939 年，刘文辉就任西康省主席，大倡西康图书文化事业，刘赞廷遂寄寓康省继续从事西康诸县图志的编纂工作。这批西康方志终于在 1945 年编纂完成。

## 四、材料来源

后志承袭前志材料在方志编纂中并不稀见，许多清代民国西藏方志均不同程度存在此类情况。刘赞廷从 1908 年跟随赵尔丰治边，到 1911 年赵尔丰被杀，前后 4 年，对赵尔丰的治边功绩，十分熟稔。在提到这批图志材料来源时，刘赞廷说："是书根据边务大臣赵尔丰建省、改土归流各卷宗及著者日记合纂。"《昌都县图志》借鉴旧志者极少，材料来源主要有三：赵尔丰治边遗留下的大量档案、西康建省后的档案以及刘赞廷自著之笔记。

**1. 赵尔丰治边档案及奏牍**

西藏 17 县图志很多类目均附有大量赵尔丰改土归流之诏令奏议。如《昌都县图志·沿革》附有《札陆军随员将川督告示过察木多后再行张贴文》《札新来子仲等大兵到后赶即退去并将谢迪巴捆传来辕文》《札拉里粮员速报买有军粮若干文》《赵大臣示谕察木多头人百姓等遵章纳粮等事一案由》《札察木多粮员转饬仓储巴遵照章程收粮办事一案由》《谨将章程中应参酌及应添入者缮具清折恭呈宪鉴》《禀察木多地方改派头人村长据情转禀恳示祗遵由》《申赍各村保正村长花名年岁清册由》《察木多理事官准补荣县知县申造察木多各村保正村长花名年岁籍贯清册》等 9 篇，"教育"附有《夷妇四朗雍左捐助学费一函》1 篇，内容涉及川军进入察木多告示僧俗避让、晓谕察木多头人及百姓遵章纳粮、编制察木多各村保正村长姓名及村户数量清册等等。

赵尔丰治理川边，施行了诸种改革举措，如改流设官、练兵、招垦、开矿、修路、通商、兴学等等，西藏诸县图志之"垦殖""矿产""商情""教育"等类目即为配合这些改革举措而设。《三十年游藏记·教育》载："（光绪三十三年）教育所立学校名曰官话小学堂……凡赵使设置一县，即成立学校数处……（光绪三十四年）江卡、乍丫、察木多、左贡、桑昂等处，或已规定校舍，将次开堂；或正调查学龄陆续扩充。"[①]《昌都县图志·教育》载："本县初始先设本城官话小学堂一所，男女生四十余人。拟设俄洛桥、猛卜两堂，适适民国，谨留本城一堂，改为县立小学校，至民国七年失陷停止。"该目内容来自赵尔丰治边之档案，"至民国七年失陷停止"一句乃刘氏后来所补。《科麦县志·教育》载："本县初设本城小学堂一所，男女二十七人，至民国元年停止。"《察隅县图志·教育》"本县设治之初，以城设官话小学堂一所，男女生二十余人，至民国停止。"《恩达县

---

① 刘赞廷《三十年游藏记》，民族文化宫油印本 1961 年。

图志·教育》："本县初始设本城官话小学堂一所，男女学生三十余人。拟设八宿小学，适逢鼎革，未果。至民国元年，因学费支绌，一律停止。"均是止于民元，便再无记录，诸县"教育"所载基本不出赵氏档案范围。

又，《三十年游藏记·垦殖》载："西藏地广人稀，尚有乏粮之患，盖藏人尚以游牧天然之食，不究于耕种，以致荒芜万里悉为牛马之田。而喇嘛以愚民为政策，不准无故辟地违天，破坏风水，制人民不耕不织以为天命。光绪三十四年，赵尔丰驻藏，拟建行省必先开垦，因粮足能以养民，民足能以养官。遂由内地移民，分发各地垦殖荒田，宣民富国之为也。"则"垦殖"目的设置亦因赵尔丰治边之需，由内地向西藏移民，开荒种田。因《昌都县图志·垦殖》有目无内容，我们以其他县志为例说明。《盐井县图志·垦殖》载："本县设治之初，由垦务局招夫四十名来此，于临城附近开垦"。宣统元年，县令王会同又勘察大片土地，认为适宜开垦，然"适逢民国未果"。盐井县于光绪三十二年（1906 年）改土归流，垦荒随即开始，因辛亥革命爆发而终止，该目内容则止于民元。《察隅县图志·垦殖》载："本县荒芜之田甚多，设治以后，经县知事苟国华查勘，呈请招夫开垦，适鼎革未果。"察隅县宣统二年（1910 年）设治，"垦殖"内容亦止于民元。诸县"垦殖"内容基本止于民元。偶有民元以后内容，如《宁静县志·垦殖》有"至民国六年，吴乐□莅此，教种马铃薯，收获甚丰。盖西康高原，半为沙田，宜种马铃薯，尤宜大豆，现已为大宗食料。"此句为刘氏后来所补。其余诸县"垦殖"目皆当如是观之。

《昌都县图志·粮税》未附赵氏相关奏议，因此不能确定昌都粮税相关数据是否与赵氏有关，但《盐井县志·粮税》为我们提供了线索。《盐井县志·粮税》载："每年征收青稞七百九十九石七斗四升五合三勺七抄五撮，南麦一百八十石零七斗一升，大麦十四石八斗九升五合，荞子一百石零七斗一合二勺五抄，黍米八十三石二斗九升五合；牛马税收三二藏圆三百九十五元二角，铜圆三十九枚。"这段粮税数字与该目所附宣统二年盐井委员王会同呈报给川滇边务大臣赵尔丰的《卸管盐井王令会同详征盐井五区各粮税数目由》记载完全吻合，说明这段材料来自赵氏治边档案。然而，西藏 17 县图志，仅盐井县之"粮税"附有札文，且与正文粮税数字吻合。其余诸县图志之"粮税"是否亦来自赵氏治边档案呢?《恩达县图志·粮赋》载:"本县每年征杂粮六百石零一斗四千一合,牲畜税收三二藏圆二千二百零一元二嘴,铜圆七十二枚。至民国元年,查出漏户粮三百石有奇。""至民国元年,查出漏户粮三百石有奇"提示我们,前一句提及的所征收杂粮、牲畜税、铜圆等,可以肯定是民国元年以前制定的标准,不出意外,应该是赵氏治边的数据。《宁静县志·粮税》可以佐证这一说法:"本县粮赋为初任委员段鹏瑞所定。至民国四年,韩光钧莅此清查漏户增加四百七十石有奇。"段鹏瑞于光绪三十一年(1905年)投到赵尔丰部下,宁静县粮税数额属赵氏治边档案无疑。而民国四年(1915年)清查漏缴一事,可能采录了西康建省后的档案。西藏诸县图志"粮税"的内容,主体应采纳了赵氏治边档案,个别出现民国元年以后的材料,应是1939年以后刘赞廷在西康重新整理这批图志时所增补。

### 2. 刘赞廷入藏见闻笔记

刘赞廷至少两次到达昌都。宣统元年(1909年),德格土司内争,并勾结藏军。赵尔丰督军亲剿,刘赞廷随军出征,是为第一次进入昌都;民国七年(1918年)第二次康藏纠纷起,藏军攻下昌都,刘赞廷奉命前往谈判,此为再次进入昌都。两次入藏,刘赞廷均随时记录沿途及在藏见闻,留下了不少有价值的资料。《昌都县图志·道路》按北路、东路、东南路、南路、西路、西北路等六路介绍昌都的道路交通情况。其中在北路牛场、东南路窟窿山、南路窝的泥刘赞廷均留下了诗篇,即懒兵诗。记述东南路窟窿山时,刘赞廷有诗为记:"窟窿山下客,攀石渡天台。万仞临江道,千层曲径隈。马蹄随雪舞,迎面洌风催。纵是刘郎路,神仙心已灰。"写出了刘赞廷在面对窟窿山高峻奇崛而心生绝望的心情。若非亲身经历,刘赞廷绝无可能写出如此具体可感的诗篇。又,《昌都县图志·遗迹》载:"本县前述为黄帝故都,今详查本城地势,以江巴林寺为当年建宫之基,因此地为一大平原,后为狮子山,形势巍峨庄严。懒兵附之一诗:烟云万里起黄图,舜营尧台痕已无。欲别沧江知禹贡,故宫留迹在昌都。"这里提到"今详查本城地势",说明刘赞廷应亲自考察过昌都地形地势,故能颇为具体地指出黄帝故宫遗址及狮子山方位，并留懒兵诗为证。其余诸县图志的"道路""遗迹"几乎皆有懒兵诗，这些内容均经刘赞廷亲自考察过或经过本人验证过，故可靠性较高。

**3. 旧志及当时舆图**

《昌都县图志》附有舆图，此图与其他诸县舆图均统一采用现代测绘方法绘制而成。关于这一点刘赞廷说得很清楚："得赵使遗留《建省土司沿革图》《分治境界图》《行军道路图》《战事略图》共189幅，与余所记之路道、山川，矫正无不相若。乃为旧式图画，悉无经纬，旋聘测员杜子钧按西康省分治各县，东由泸定，西至恩达，重行绘勘。"得自赵尔丰使者的舆图没有经纬度、比例尺，不符合当时对新式地图的要求，刘赞廷遂聘请专业人员杜子钧进行实地勘测。同时亦广泛参考了西藏旧志及当时西康诸种地图。《西康分县图志·图例》载："本图参考各书及测绘人员列下：《水经注》《四川通志》《西招图略》《卫藏图识》《西藏图考》《大清一统志》《西域志》《西藏志》《土司沿革图》《西康建省境界图》《行军战略图》、黄德润《电线邮政图》、程凤翔《沧江溯源图》、顾占文《西征记略图》、阎恩培《边务略图》、杨维范《建省略图》、李介然《西南喀木图》、苟国华《杂猺野番图》、杜子钧《西康分县图》、凤山《收抚波密图》、设云逯《村镇户籍表》、陈廉《村镇户籍表》。"以上述诸种地图为基础，采用新式地图的测绘方法，刘赞廷完成了近两百幅地图的现代化绘制。

除了舆图，《昌都县图志》亦偶有抄录旧志者。如"沿革"载："管理大小寺院五十座，喇嘛四千五百名，百姓七千六百余户……乾隆十三年，于此设游击一员，千把、外委各一员，率兵镇守以为控制。复设粮务一员。"这一句应引自嘉庆《四川通志·西域·察木多》："又有昌诸巴五家扎聪，所管大小寺院五十座。复设粮务一员，游击一员，千把、外委各一员，以为控制……（户口）管辖番民七千六百三十五户，喇嘛四千五百余众。"诸县图志"沿革"目均有抄录旧志的内容，此不赘。

总体来看，《昌都县图志》摘录赵尔丰治边档案资料者占大部分，出于刘赞廷亲自调查搜访及旧志者只占很小比例。

## 五、体例与内容特点

民国时期大规模纂修方志始于 1916 年。当时北洋政府内务府与教育部共同下令,要求各地编纂方志。1917 年山西省公署首开其端,颁发了《山西各县志书凡例》,提出了编撰县志的一些具体规定,如"方里图,用新测绘法,务须精审,不得以旧志县境全图充数。"[1]"士农工商,各有偏重,调查详载,务得其实。"该《凡例》在民国方志初纂阶段起到了一定指导作用。但由于这一时期人力、财力准备不足,加之缺乏理论指导和实践经验,因此所修志书亦多粗略。[2] 1929 年,开始第二次大规模修纂方志。国民政府内政部颁布了《修志事例概要》,其主要条款包括:"旧志舆图,多不精确,本届志书,舆图应由专门人员以最新科学方法制绘精印,订列专册,以裨实用。"[3] "志书中应多列统计表,如土地、户口、物产、实业、地质、气候、交通、赋税、教育、卫生以及人民生活、社会经济各种状况,均应分年精确调查,制成统计比较表编入。"全国各地方志的编纂因此有了理论指导和操作规范。刘赞廷所编纂的这批西藏方志,就其呈现出体例与内容方面的特点,显然受到了第一次、第二次修志理论的影响。《昌都县图志》共设置沿革、方位、治所、乡镇、粮赋、山川、道路、关隘、气候、地质、花果、森林、鸟兽、药材、矿产、垦殖、教育、寺院、商情、风俗、遗迹等 21 目。其余诸县中,除硕督县(12 目)、嘉黎县(12 目)、太昭县(12 目)、九族县(16 目)、冬九县(12 目)、波密县(13 目)等 6 县外,其余均为 21 目,且类目名称完全一致。这些类目与清代传统西藏方志的类目既有相同也有不同。和《西藏志》事迹、疆圉、山川、寺庙、天时、物产、岁节、纪年、风俗、衣冠、饮食、婚嫁、夫妇、生育、丧葬、医药、占卜、礼仪、宴会、市肆、房舍、刑法、封爵、头目、兵制、边防、征调、赋役、朝贡、外番、碑文、台站、粮台等目比较,继承了诸如沿革、

---

[1] 祁明编《山西方志要览》,山西省新闻出版局 1997 年,第 273 页。
[2] 傅登舟《民国时期方志纂修述略》,《文献》1989 年第 4 期。
[3] 赵庚奇《修志文献选辑》,北京燕山出版社 1990 年,第 125 页。

疆域、山川、物产、气候、风俗等类目，淘汰了封爵、头目、朝贡等过时类目，增加了乡镇、地质、矿产、垦殖、教育等反映近代实业和近代文明进展方面的新类目，及时体现了民国时期编纂方志的最新要求。

《昌都县图志》另一较有特色的地方在于，汇列大量清末昌都地区改土归流之奏议公牍，附在相应类目后。这些札文，对于了解赵尔丰昌都改革的相关史事以及昌都方志有关类目的内容，均是有益的补充。

## 六、文献价值及不足

作为昌都地区最早的地方志，《昌都县图志》保存了民国前后西藏东部地区珍贵的人文史地资料，具有一定的文献价值。如"商情"称："陕邦之毛盛福、广和盛、春发源，云南之李洪兴等，皆数十万成本购诸川茶、绸缎、粮、糖、布以及各种杂货运此分销。类伍齐、三十九族、波密以及野人地方调换土产输至康定县出口，行以为常。"记载了民国时期昌都与内地密切的经贸联系，《中华民国专题史 第13卷 边疆与少数民族》便援此例说明民国时期西藏的社会经济问题。[①]再如"地质"载："产菜蔬，因此汉人居多，临城附近辟地为圃，数十家瓜棚豆架，形同内地。"记载了昌都城边地带，汉人在此开辟农田，种植蔬菜的情况。《西藏昌都近代社会研究》便以此为原始文献说明民国时期昌都的经济与城市的变迁。[②]又如，2005年出版的《昌都地区志》，其"教育"篇"第三章 学前及其他教育 第二节 官话学堂"载："清宣统二年（1910年），昌都府在今昌都镇所在地开办了一所官话学堂，男女共40余人……民国元年（1912年）因经费不足仅留昌都镇、察雅县城、恩达县城……等官话学堂各一所，并均改为县立小学。至民国七

---

① 张宪文、张玉法编《中华民国专题史》第13卷《边疆与少数民族》，南京大学出版社2015年，第454页。

② 王川《西藏昌都近代社会研究》，四川人民出版社2006年，第188页。

年（1918年），各校因川藏纠纷而停办。"①这一段文字完全抄自《昌都县图志·教育》："本县初始先设本城官话小学堂一所，男女生四十余人，拟设俄洛桥、猛卜两堂。适逢民国，谨留本城一堂，改为县立小学校。至民国七年失陷停止。"

第二，刘赞廷康区方志一个显著特点，几乎均为图志，这与他作为军人因战事需要有关。清代西藏方志有舆图的，皆为传统的山水画手法。《昌都县图志》及其余西藏县志之舆图，采用现代测绘技术，精确测量，这一点刘赞廷说得很清楚："得赵使遗留《建省土司沿革图》《分治境界图》《行军道路图》《战事略图》共189幅，与余所记之路道、山川，矫正无不相若。乃为旧式图画，悉无经纬，旋聘测员杜子钧按西康省分治各县，东由泸定，西至恩达，重行绘勘。"②这些地图已经脱离清代传统的绘画地图的范式，采用计里画方的方法，标明面积，明确方位，简约图符，以点、线、面显示疆域。这些舆图基本准确，反映了西藏志书修纂手段的进步、内容的丰富，对于后来绘制当地历史地图有参考价值。

《昌都县图志》也存在一些不足。有的类目空有名称，没有内容，形同虚设。如"垦殖"仅有"本县开垦，无"五字。不只《昌都县图志》，《定青县图志》之"垦殖"，《察雅县图志》《科麦县志》《恩达县图志》《定青县图志》等县之"矿产"均以一"无"字了事，其实完全可以删除。另一个问题是，有些类目所附札文涉及赋税与人口，刘氏未能说明其与正文相关数据的关系。如《盐井县图志·粮税》正文提及每年征收的青稞、南麦、大麦、荞子、黍米、牛马税及盐税等数字，与该目所附《卸管盐井王令会同详征收盐井五区各粮税数目由》所列相应数字完全符合。但能完全对应上的仅此一例。《盐井县图志·乡镇》所载村子及户口数量与该目所附《盐井委员造报举充各区保正村长姓名清册》所提及的相关数字就有很大出入，说明并未依据后者。诸县图志中，哪些县的"粮税""乡镇"依据了所附札文，哪些没有，没有的又依据何种材料，对此刘氏未做任何说明，让人不清楚这些数据的统计时间，从而给研究者的利用制造了一定难度。

---

① 西藏昌都地区地方志编纂委员会编《昌都地区志》下，方志出版社2005年，第710页。
② 刘赞廷《康藏资料》，民族文化宫图书馆复制1961年，第43页。

## 第二节 蓝世钲《西藏》、王维栋《西藏》

中央民族大学藏有蓝世钲与王维栋分别编纂的《西藏》。两书篇幅相当，体例相近，且合订一本，故笔者将二者放在一起考察。

### 一、蓝世钲《西藏》

#### 1. 作者及成书

蓝世钲生卒年不详，只知其一直在川军刘成勋部下，历任营长、旅长。1924年10月，被国民政府任命为四川陆军第十一师师长。[①] 刘成勋是四川军阀中叱咤风云的人物，1922—1923年间任川军总司令兼四川省省长。1925年，北京临时政府下令：四川川边道署暂行改为西康特区，任命刘成勋为西康屯垦使兼摄民政事宜，[②] 前后有1年多时间。蓝世钲极有可能在刘成勋任西康特区屯垦使兼摄民政事务期间，被委以编纂一部西藏方志的任务，以供治理西康特区之用。

中央民族大学所藏《西藏》，正文前只署蓝世钲姓名，无目录，无自序与他序，亦无版权页，应是尚未出版之物。因无序言，成书的确切时间难以断定。《西藏》乃抄录他书材料编纂而成。据笔者考察，其抄录的成书最晚的一部是1930年出版华企云的《西藏问题》，故大致可以判断，蓝世钲《西藏》编纂时间当在1930年以后。

全书分为6部分：种族及人口、地形及交通、政治、经济、宗教及教育、语言文字。

---

[①] 中国第二历史档案馆编《中华民国史档案资料汇编》第5辑第1编《军事》，凤凰出版社1994年，第671页。

[②] 四川省地方志编纂委员会编《四川省志人物志》上，四川人民出版社2001年，第175页。

## 2. 材料来源

《西藏》主要由抄录他书材料编纂而成，试举两例：

| 蓝世钲《西藏》<br>二 地形及交通 | 华企云《西藏问题》第一编<br>第二章第二节 西藏之山脉及河流 |
| --- | --- |
| 至印度河，虽亦发源于岗底斯山，然西北流入印度喀什米尔，更迤南注于阿剌伯海与哈拉乌苏河（即潞江，一作怒江）。其源虽出于拉萨北二百八十里之布喀巨泽，然其流域纯在西康地界，故均未列入其他水，无出路者。<br>凡低洼之地均名为湖沼，最大者为腾格里海，藏人视为圣湖，巡拜者甚众。全湖面积约六千三百方里。其次者则为牙母鲁克于木卒池、加木卒吉木卒池、拉木卒西木卒池、打鲁木卒池、扎母卓迭纳克池以外，小湖沼尚多，未及列入。 | （二）印度河 亦发源于冈底斯山，西北流入印度喀什米尔，更迤南注于阿剌伯海。<br>（三）哈拉乌苏河 一作哈喇乌苏河，即潞江（一作怒江）上游。按哈拉乌苏河，即蒙古语黑水（蒙语谓黑曰哈剌，水曰乌苏。）禹贡云："导黑水于三危，入于南海。"即指此也。源出拉萨北二百八十里，有巨泽名布喀，其水西北流百余里入厄尔几根池，又东北流入衣达池，从池转东南流入喀喇池，名喀喇乌苏。更东北流四百五十余里，至索克宗城。又南百余里入喀木（即西康）境。<br>论湖泊之大者，则藏地中部有腾格里海，在拉萨西北二百二十里，为西藏第一大湖。蒙语谓天曰腾格里，言水色清如天也。藏人视为圣湖，巡拜者甚众。全湖面积约六千三百方里。① |

华企云十分关心中国边疆问题，除民国十九年（1930年）出版的《西藏问题》，还编有《蒙古问题》《满洲与蒙古》《云南问题》等。比较上面两段可以看出，《西藏问题》对藏地河流记载比《西藏》要详。如，哈拉乌苏河，《西藏问题》较《西藏》多出河名之解释："蒙语谓黑曰哈剌，水曰乌苏"，多出河水流向："其水西北流百余里入厄尔几根池，又东北流入衣达池，从池转东南流入喀喇池，名喀喇乌苏。更东北流四百五十余里，至索克宗城。又南百余里入喀木（即西康）境"。又，

---

① 华企云《西藏问题》，大东书局1930年，第60页。

腾格里海,《西藏问题》较《西藏》多出距拉萨里程数:"在拉萨西北二百二十余里",以及湖名之解释:"蒙语谓天曰腾格里,言水色清如天也。"这说明,系蓝世珽《西藏》节录自华企云《西藏问题》。

《西藏》该段还罗列了牙母鲁克于木卒池等5个池名,这段文字由撮录黄沛翘《西藏图考》(卷之五 城池山川等汇考)而成。

再如:

| 蓝世珽《西藏》<br>四 经济 (五) 矿产 | 《西藏通览》第十二章<br>第三节 矿物及金矿 |
| --- | --- |
| 西藏为黄金世界者,然藏人禁止开采,弃材于地,良可慨也。其他各处产金之地甚多,最旺者约有四处:一曰索克札兰金矿,一曰索克珠拉克巴金矿,一曰唐佳金矿,一曰沙尔加西亚金矿。惟索克札兰与索克珠拉克巴两金矿由商上征税,余则任人采取。金矿之外尚有银矿、铜矿、铅矿、松蕊、石青、玛瑙、琥珀、密蜡、砗磲、硼砂、磅砂等矿。查铜银铅三种产自喀木地方,松蕊、石青则各地皆产。硼砂、磅砂、玛瑙、琥珀以出自穆达赖池左右者为佳品,有黑色、紫色二种。 | 矿物有金、银、铜、铅、松蕊、石青、金石、玛瑙、琥珀、蜜蜡、石砗磲、硼砂、盐等,其详况不能知悉,今第揭示其概况于后。金多产于西藏东部及接近四川诸地;银、铜、铅三种出于喀木地方,石青则各地皆产之;硼砂、玛瑙、琥珀以出自穆达赖池左右者为佳品,有紫色、黑色二种。盐产于各地盐池……<br>今日西藏中称为金矿之地约有四处:一曰索克札兰金矿,二曰索克珠拉克巴金矿,三曰唐佳金矿,四曰萨尔加西亚金矿。其中索克札兰及索克珠拉克巴二金矿为噶布伦所管理,常听其指挥监督。噶布伦因征收租税之故,每年照例必巡视西藏各地金矿一次,其他金矿皆任土人随意采掘,今试略言此等金矿状况……[①] |

《西藏通览》由日本军官山县初男编纂,1906年于日本出版,1908年中国学者将其译成中文在国内出版。该书为晚清西藏人文史地最全之记录,深刻影响了《西藏新志》《中华全国风俗志·西藏卷》《西藏志》《西藏纪要》等一批国内藏学文献的编纂。

---

① [日]山县初男编著《西藏通览》,华文书局股份有限公司1969年,第209页。

如今能见到的关于西藏四大产金地的最早记录就是《西藏通览》，后来成书的陈观浔《西藏志》、尹扶一《西藏纪要》等有关西藏产金地的记载均抄自《西藏通览》。《西藏志》将所抄该段重整了语序，先介绍四大金矿的具体情况，且文字稍有更动；《西藏纪要》则为了与《西藏通览》区别，改变了部分字句的表达方式，因此，与蓝世钲《西藏》此段文字最为接近的就是《西藏通览》。上引两段文字基本相同，唯语句顺序有所差别。《西藏通览》先概论西藏矿物之种类及产地，接着重点介绍了四大金矿的管理及诸金矿金之品质及开采情况；《西藏》先重点介绍了四大金矿及管理情况，然后是金矿以外其他矿产的种类及产地情形。《西藏通览》比《西藏》内容详尽得多：第一，指出西藏产金地多分布于西藏东部及接近四川诸地。《西藏》无此内容；第二，在索克札兰与索克珠拉克巴两金矿管理上，《西藏通览》明确指出由噶布伦管理，因为收税之故，噶布伦每年都要巡视各金矿。《西藏》只提到由商上征税；第三，最重要的是，《西藏通览》对于四大金矿金之品质、开采情况及掘金后如何处置，介绍得极为详尽，如"索克珠拉克巴金矿，其矿脉虽广布地中，然金之品质率居劣等，产出亦不甚多。且地质坚硬，工事困难，著手不易，从事采掘者皆设洼处于土中，栖息是间。""在西藏西部所采得之黄金，先运至中印度，更经家门商人之手，始再输出印度，每岁约在八千磅。矿夫每掘收黄金于手中，非即直接输至外国也，常持之与人交换日常必需物品。见游牧种族则与之交易牛羊，如尚有残余，则就支那商人购求茶叶……"，《西藏》无此内容。因此，是《西藏》采录《西藏通览》，而非相反。

此外，《西藏》"二、地形及交通"之雅鲁藏布江源流及与诸水会合情况，以及"三 政治"之"寅 阶级制度"关于社会中所分之阶级一段，均抄自《西藏通览》，此不赘。

或许《西藏》所采录的文献今已不传，笔者未能将《西藏》材料来源一一追溯出来。不过，笔者还是发现了《西藏》抄纂他书的蛛丝马迹。如，《西藏》"一 种族及人口"之"各族之组织"载云："不耳族、克什米耳族在藏日久，已与藏人同化矣"；其"二 地形及交通"之"疆域及面积"载："(西藏)正西与克什米尔交界"；"二 地形及交通"之"水系"又载："印度河虽亦发源于岗底斯山，然西北流入印度喀什米尔"。"克什米耳""克什米尔""喀什米尔"三者均指同一个地方，但名称却变来变去，说明这段材料来源的多样性，蓝世钲未能将其统一起来。

再如，《西藏》"（三）政治"之"阶级制度"关于西藏武职等级的记载："代本官三品，上中阶级；如本官四品，中等阶级；甲本官五品，中等阶级；定本官六品，中下阶级"；在"（三）政治"之"军事组织大要"载西藏武官管辖兵员数量云："定琫者，管兵二十五名……甲琫者，管兵一百二十五名……如琫者，管兵二百五十名……戴琫者，管兵五百名。"代本即戴琫，如本即如琫，甲本即甲琫，定本即定琫，均指西藏武官，但等级有差。之所以有两个名称，系译法不同。同书之同一事物使用两种不同的称谓，说明其参考了两种史料，但没能理解两种称谓之间的联系，故未能将不同称谓统一起来。

## 二、王维栋《西藏》

### 1. 成书及内容

王维栋生平不详。与蓝世钲《西藏》一样，中央民族大学所藏本正文前亦只署王维栋姓名，无目录，无自序与他序，无版权页，亦是未出版之物。因无序言，编纂时间难以确定。王维栋《西藏》系全抄他书材料编纂而成。据笔者考察，其抄录成书最晚的一部是1934年出版的梅心如《西康》。故大致可以判断，王维栋《西藏》编纂时间当在1934年以后。

全书分5个部分：种族人口及来源、地形及交通、政治、经济、宗教。

### 2. 材料来源

王维栋《西藏》全由抄录他书材料编纂而成，试举两例：

| 王维栋《西藏》<br>二 地形及交通 甲 山系 | 贝尔《西藏之过去与现在》<br>第一章 境界、面积、人口 |
|---|---|
| 　　西藏四方皆环以雪山，地理第一高原也。山峦重叠，人烟稀疏，交通匪易。西藏人统治之地，约自东经七十八度至一百〇三度，北纬二十七度至三十七度。边界不易确定，尤以东北两方为甚，则因国境太广难以遍历之故，有以致之也；人口稀少，中国与西藏政府统治之，亦甚懈弛而多变动。甚至人烟稍密之处，西藏亦不必以山脉河流为界。<br>　　西藏、布丹、锡金三国交叉处，西藏人称为"高地树低地树"界。换言之，松林属西藏，竹林属布丹，实际周围约高出海面一万一千五百尺。在西藏人欲得高地以牧牛羊，布丹人则削竹以为器用。如此分界，本甚适当，但西洋人素喜划山为界，以便辨别，制图者每患此种界线太不分明。在西北方，西藏与新疆（亦称中国土耳其斯坦）之界，起于电池以北之昆仑山，约在北纬三十五度三十分东经八十度三十分之间，于是随分水岭而东，至东经九十度三十分，脱离昆仑山脉，蜿蜒北向，经柴达木河盆地以西，达阿勒腾塔格之分水岭，经过丛集之祁连山，至东经一百零一度，折而南，经过唐古之西，于青海湖与西宁间通过。约从边界之最北点东向，不复沿新疆而沿甘肃，但界线不甚明了。柴达木及青海等处常为西藏与中国之争点。自唐古之近旁南向或东南向，分西藏与甘肃、四川、云南之界。昌都（即察木多）、察雅、孟康现完全归西藏管辖；昌都以东属康，以西属藏。折而西，渡萨尔温江（即怒江），其南与缅甸分界处…… | 　　西藏人统治之地，约自东经七十八度至一百〇三度，北纬二十七度至三十七度。边界不易确定，尤以东北两方为甚，则因国境太广难以遍历之故，有以致之也；人口稀少，西藏与中国政府统治之，亦甚懈弛而多变动。甚至人烟稍密之处，西藏亦不必以山脉河流为界。<br>　　一九〇四年，吾探险旅行，经布丹入西藏，见两国境界正在西藏、布丹、锡金三国交叉处，西藏人称为"高地树低地树"界。换言之，松林属西藏，竹林属布丹，实际周围约高出海面一万一千五百尺。在西藏人欲得高地以牧牛羊，布丹人欲得竹以为器用。如此分界，本甚适当，但西洋人素喜划山为界，以便辨别，制图者每患此种界线太不分明。前此西藏要索锡金北部以致引起英藏争论，即由于此。一八八八年，西藏要索林都而侵入锡金，亦受此影响。在西北方，西藏与新疆（亦称中国土耳其斯坦）之界，起于电池以北之昆仑山，约在北纬三十五度三十分东经八十度三十分之间，于是随分水岭而东，至东经九十度三十分，脱离昆仑山脉，蜿蜒北向，经柴达木河盆地以西，达阿勒腾塔格之分水岭，再东，经过丛集之祁连山，一称南山，至东经一百零一度，折而南，经过唐古之西，于青海湖与西宁间通过。约从边界之最北点（东经九十四度三十分）东向，不复沿新疆而沿甘肃，但界线不甚明了。柴达木及青海等处常为西藏与中国之争点。自唐古之近旁南向或东南向，与二十八度平行，分西藏与甘肃、四川、云南之界。德格、 |

| 王维栋《西藏》<br>二 地形及交通 甲 山系 | 贝尔《西藏之过去与现在》<br>第一章 境界、面积、人口 |
|---|---|
|  | 昌都（即察木多）、察雅、孟康完全归西藏管辖；安都、哥拉克、里郎、巴塘（今巴安县）、里塘（今理化县）则尚在争论中。折而西，约于北纬二十八度二十分渡萨尔温江（即怒江），其南与缅甸分界处，初亦不甚明显……① |

英国外交家贝尔于1904年进抵西藏，此后一直在西藏、不丹、锡金等地活动，直到1918年。返英后，贝尔将其在藏所见所闻所感著成《西藏之过去与现在》一书，1924年于英国出版。1926年中国学人宫廷璋将其翻译成中文出版。通过对比不难发现，两段内容虽基本相同，但贝尔《西藏之过去与现在》记载更详。比如，西洋人以山为标志为西藏与不丹划界，由此引发争论："前此西藏要索锡金北部以致引起英藏争论，即由于此。一八八八年，西藏要索林都而侵入锡金，亦受此影响"；在西藏东部、南部的划界问题上亦存争议："安都、哥拉克、里郎、巴塘（今巴安县）、里塘（今理化县）则尚在争论中"。这些内容，皆不见于王维栋《西藏》。特别是贝尔的这段自述："一九〇四年，吾探险旅行，经布丹入西藏，见两国境界正在西藏、布丹、锡金三国交叉处，西藏人称为'高地树低地树'界"，更强调了该书材料的一手性。这表明乃《西藏》抄录《西藏之过去与现在》，而非相反。又如：

| 王维栋《西藏》五、宗教 | 刘曼卿《康藏轺征》"五十 三大寺" |
|---|---|
| 至三大寺之组织不同，均略言之。寺之组织，大概分为四级，曰寺、曰札仓、曰康村、曰屈则。康村者，以地域分， | 语毕，参观各康村各札仓而至于寺，皆大开其门以为迎迓。闻居恒键锢，此日独让予（刘曼卿）一饱眼福。又引予 |

---

① ［英］贝尔著，宫廷璋译《西藏之过去与现在》，商务印书馆1930年，第4—5页。

续表

| 王维栋《西藏》五、宗教 | 刘曼卿《康藏轺征》"五十三大寺" |
|---|---|
| 如西康籍喇嘛住者曰巴而康村，汉人住者曰甲康村者是也。屈则乃少数人同居之卧室，但内中必有一老年师傅为这督率。三大寺内容不同，组织亦变易，大致不外此也。所谓三大寺者，即别蚌寺、色拉寺、噶颠寺。三处在西藏规模最大，地位最高，人数亦最众。别蚌寺定员为七千七，噶颠定员为五千五，色拉定员为三千三，实际各已超出数百至一千不等。三寺性质各不同，噶颠则主修苦行，不问世事，因黄教之祖宗喀巴氏即修持于此，而就地涅槃。今寺中犹存其床与衣钵。本寺喇嘛常以黄教嫡系自居。别蚌讲繁华，内中僧侣多出而操政教。色拉团结最坚，实力特强。前此藏政府驱汉军，此寺与有力焉，故目前色拉仍处于监视官厅之地位，要不可侮。此外尚有两职僧为应属目者，一即别蚌寺之搓肩胁敖，一即噶颠寺之慈把。胁敖主执法，慈把主仪范，皆凛凛然不可侵。藏谚有谓当正月大经会时，只有胁敖才是官，只有慈把才是喇嘛。其声威可谓赫奕矣…… | 看活佛头发所生树，在狭巷中，树自外入，枝干盘虬，有如乱麻，头发之说或自此出欤？问寺中组织，答大概分四级，曰寺、曰札仓、曰康村、曰屈则。康村者，以地域分，如西康籍喇嘛住者曰巴而康村，汉人住者曰甲康村者是也。屈则乃少数人同居之卧室，但内中必有一老年师傅为之督率。三大寺内容不同，组织亦稍稍变易，大致不外此也。所谓三大寺者，即则邦寺、涉拉寺、噶颠寺。三处在西藏规模最大，地位最高，人数亦最众。则邦寺定额为七千七，噶颠定额为五千五，涉拉定额为三千三，实际各已超出数百至一千不等。三寺性质各不同，则邦讲繁华，内中僧侣多出而操政教权。涉拉团结最坚，实力特强。前此藏政府驱汉军，此寺与有力焉，故目前涉拉仍处于监视官厅之地位，要不可侮。噶颠则主修苦行，不问世事，因黄教之祖宗喀巴氏即修持于此，而就地涅槃。今寺中犹存其床与衣钵。本寺喇嘛常以黄教嫡系自居。尚有两职僧为应属目者，一即则邦寺之搓肩胁敖，一即噶颠寺之慈把。胁敖主执法，慈把主仪范，皆凛凛然不可侵。藏谚有谓当正月大经会时，只有胁敖才是官，只有慈把才是喇嘛。其声威可谓赫奕矣……[①] |

刘曼卿1929年经四川西康入藏，历时一年返京，记录此行的《康藏轺征》于1931年出版，故笔者所引该段段首有刘曼卿参观别蚌寺"参观各康村各札仓而

---

① 刘曼卿《康藏轺征》第2版，商务印书馆1934年，第104页。

至于寺"的真实记录。反观王维栋《西藏》相关记载则不如刘曼卿完璧。另，二书此段文字基本相同，唯介绍三大寺规模时，《康藏轺征》先别蚌寺、次色拉寺、次噶颠寺，王维栋《西藏》同；介绍三大寺性质时，《康藏轺征》仍是先别蚌寺、次色拉寺、次噶颠寺，王维栋《西藏》则先噶颠寺，再别蚌寺、再色拉寺，《康藏轺征》较符合正常记述逻辑。王维栋《西藏》各章节材料来源见下表：

| 王维栋《西藏》 | 材料来源 |
| --- | --- |
| 一、种族人口及来源（引言） | 《西藏始末纪要》第一卷第一章第一节 西藏建国前之史略<br>《西藏之过去与现在》第一章 境界、面积、人口 |
| 甲 各族之组织 | 《西藏通览》第五章 风俗（引言） |
| 乙 各族之特点 | 《西藏通览》第五章第一节 职业 |
| 二、地形及交通 |  |
| 甲 山系 | 《西藏之过去与现在》第二章 分区<br>《西藏通览》第二章第一节 山脉 |
| 乙 水系 | 《西藏之过去与现在》第二章 分区 |
| 丙 交通 | 《康藏建省略》第二章 一年至十年经始建略 |
| 三、政治 | 《康藏轺征》四十二 探问藏政府组织 |
| 四、经济 |  |
| （1）一般经济之概观 | 《康藏轺征》二十六 协耶桥<br>《西藏通览》第六章第十节 财政 |
| （2）商务 | 《西藏通览》十一章 贸易第四节西藏贸易之警钟 |
| （3）牲畜 | 《康藏轺征》十六 游牧 |
| （4）手工业 | 《西藏通览》十三章 工艺 |
| （5）货币 | 《康藏轺征》五十一 便便大腹贾 |
| 五、宗教 | 《西康》三 宗教派别及喇嘛之生活 |

## 第三节 吴忠信《西藏纪要》

### 一、作者及成书

吴忠信（1884—1959），字礼卿，安徽合肥人。1905年毕业于江南武备学堂，在清军任管带，入同盟会。参加辛亥革命、二次革命和护法运动等。1927年起历任淞沪警察厅长，华北编遣委员会主任，安徽省主席等职。1932年8月任南京国民政府蒙藏委员会委员长。1940年赴拉萨主持第十四辈达赖坐床大典。1944年任新疆省政府主席。1947年任国民政府委员。1948年任总统府资政、秘书长。1949年去台湾，后任国民党中央评议委员、中央纪律委员会主任委员。

《西藏纪要》通行版本为台北"中央文物供应社"1953年版。另有1991年北京全国图书馆文献缩微复制中心版。其实，该书还有更早的版本。张其昀在所作序中云："吴礼卿先生于对日抗战期间，奉国民政府令派前往西藏主持第十四辈达赖喇嘛转世事宜。于民国二十八年秋由渝启程，至二十九年夏任务完毕，东返陪都，著有《入藏报告》一册。是书根据实地考察之结果，详述西藏史地、宗教、政治、经济、社会、文化、军事以及对外关系，实为研究西藏问题一最可宝贵之文献。"[1] 则该书乃吴忠信在藏实地考察的结果，记载彼时西藏之史志，成书时间当在民国二十九年（1940年）完成使藏任务后不久。1953年，台北"中央文物供应社""重为印行，名曰《西藏纪要》"。

该书共分三章："第一章中央与西藏关系之今昔""第二章奉派赴藏及在藏洽办各案之经过""第三章西藏现状之考察"。其中第一章、第三章与西藏史志关系最为密切。第一章，没有像以往志书一样，溯源西藏与中央的历史，而是将重点放在民国建立以来的20余年，并将这段时期大致分为三个阶段：民元至十三辈达赖圆寂，即1912—1933年，此为藏中关系最恶劣时期；黄慕松入藏及其任蒙藏委员会委员长期内，即1933—1935年，此为藏中关系缓和期；吴忠信任蒙藏

---

[1] 吴忠信《西藏纪要》，全国图书馆文献缩微复制中心1991年。

委员会委员长及奉派入藏，即 1935—1938 年，此时西藏主权已归中央。此前每部藏志，但凡涉及西藏历史，必然要从唐代溯源，给人以千篇一律之感。《西藏纪要》这种有详有略的做法值得肯定。第三章西藏现状之考察分为 11 节，分别为：第 1 节西藏社会之特质、第 2 节宗教、第 3 节礼俗、第 4 节政治、第 5 节军事、第 6 节财政金融、第 7 节教育、第 8 节交通、第 9 节对外关系、第 10 节经济、第 11 节卫生及人口等，这一章内容与西藏史志密切相关。

## 二、文献特点及价值

该书乃吴忠信在藏实地考察的结果，与西藏史志关系最密切的第一章、第三章基本得自作者的亲身闻见，试举几例：

"第三章第一节西藏社会之特质"之"三、贵族专政"一段，作者将西藏之贵族称为世家，称有二百之数，并概括了西藏世家之渊源，即（一）地方原始土司有功于政府者；（二）历辈达赖之家属；（三）曾为噶伦以上官吏者；（四）其他富绅政府特许者。介绍西藏贵族的数量及来源，这在西藏方志中尚属首次。

"第三章第五节军事"之"官兵来源及待遇"载士兵来源云："兵士完全来自农家，游牧人民无当兵资格。其征兵方法，系以庄田大小为标准。庄田之单位为'岗'，一'岗'面积为牛一日可能耕种之地区。凡家有田八'岗'者，出兵一名。庄田多者，照此比例计算。如无丁可出，必须雇人替代。"载士兵待遇云："其待遇每名每月可得青稞二克（每克约二十斤），藏银四两五钱，服装每年冬夏各一套，由士兵之主人负责制备。士兵免支差役，士兵犯罪时由马基康（军备处）处罚，失弃枪支武器，由主人负责赔偿。"关于士兵训练内容，"士兵之训练"载："西藏军队，全部受英国式之训练……但其训练，只重皮毛，而无实质，除立正、开步走及使用步枪外，其他即无所知。使用机关枪之兵士，全藏仅数人而已。藏兵每值作战时，多携家小以行，行动迟滞。基于信佛，身上均带护身佛，谓能避枪弹，故作战之初，常极勇敢，稍遇挫折，即归瓦解。"关于 30 年代西藏士兵来源、待遇及训练内容的大量细节，仅见于该书。

"第三章第六节财政金融"之"四、货币"一段,提到西藏货币,种类较多:清乾隆年间,西藏自铸"乾隆通宝",仅硬币一种,重量为纯银一钱五分;清末赵尔丰督康时,曾铸藏币一元者,在藏流通;民国以后,藏政府自铸银币、铜币及印行纸币。银币为一两五钱、三两,铜币为一钱,共三种硬币。纸币则有七两五钱与一百两两种。除了以上本位货币以外,尚有康省之康洋、国民政府之大洋、印度之卢比等外币在藏通行。此外,作者还提到彼时西藏滥发货币之情况:"今春七两五者,票面号码达八十七万余号,一百两者,票面号码达三万余号。以此计算,总额尚不及千万,不能谓多,只以无准备金,长此以往,继续发行为可虑耳。"

以上几段材料均首见于《西藏纪要》,记录了彼时西藏政治、军事、金融等方面的诸多细节,具有极高史料价值。后世研究此一时期的藏事,多引用该书材料,即为明证。[1]

---

[1] 张曼涛主编《汉藏佛教关系研究》,大乘文化出版社1979年,第19—25页;马戎《西藏的人口与社会》,同心出版社1996年,第335—336页;徐晓光《藏族法制史研究》,法律出版社2001年,第337页;孙镇平《西藏人权与社会保障》,北京出版社2006年,第146页;郭卿友《民国藏事通鉴》,中国藏学出版社2008年,第469—471页。

# 第七章 汉文西藏方志概述

就汉地方志而言，居于主流地位的是各基层政权所修之府志、州志、县志，私撰志书作为官修方志的有益补充，比例不大；雍正年间，清廷诏令各州、县志，每60年一修，自此修志成为常态化而非一时性工作；内地州、县志历经数百年发展，体例已相对成熟完备。相比之下，汉文西藏方志呈现出完全不同的面貌。

## 第一节 官修少私撰多

"清朝统治者积极提倡修志，一则是用来作为粉饰所谓'盛世'的点缀品，歌颂'升平气象'的工具；再则也要利用它来作为巩固封建统治服务，所以对修志工作从不放任自流，听之任之，而是严加控制，层层把关。因此，所有志书大多出于官修，私人编修极少。"[①] 与此相反，清及民国汉文西藏方志共48部，除了乾隆《西藏志》、雍正《四川通志·西域志》、乾隆《雅州府志·西域志》、乾隆《西宁府新志·西藏》《卫藏通志》、嘉庆《四川通志·西域志》等6部为官修外，其余42部皆为私人编撰，私撰比例极高。

西藏官修志书之所以少，一是因为清廷对西藏不够重视，长期将其视为化外之地，文化政策难以抵达。清廷曾于康熙、乾隆、嘉庆三次编纂《大清一统志》，而每次纂修前，先令各地纂修各类方志。这种行政命令，地方官吏要奉命照办。然而，我们只看到初修的《一统志》催生了《西藏志》，此后便再无因《一统志》

---

① 仓修良《方志学通论》，方志出版社2003年，第341页。

而编纂的汉文西藏方志了。[①]民国以后，国内政局混乱，各派系忙于内斗，无暇顾及边陲西藏，官方修志事业陷于停滞。二是因为缺乏编纂方志的学术土壤。首先，在藏族宗教文化占主导的西藏，缺乏编纂汉文西藏方志的传统。其次，清朝中央政府对西藏采取派出驻藏大臣，因俗而治的政策，使得在藏地无法形成规模庞大的汉人文官群体及汉族学者群体。而基层汉人文官与汉族学者是修志主力军，这两个群体的缺席，自然难以产生一定数量的汉文西藏方志。

今天我们能见到的这些私撰汉文西藏方志，多为随军进藏人员、入藏公务人员、驻藏大员以及关心国事的仁人志士，他们或为志异，将藏地迥异于内地的风物记载下来，或是有感于对西藏史地知识的欠缺，记录西藏的地理、历史、民情等，以供行军、治藏之参考等。总之，由这些人有意无意地记录一些藏地的史地材料，形成了所谓的方志。

## 第二节 藏事起藏志出

与汉地将修志作为常规事业相比，汉文西藏方志的编纂总是与一定的藏事联系在一起。准噶尔、廓尔喀寇藏清廷用兵，近代以来英俄窥藏等总会催生一定数量的藏志。

一、编纂缘起与藏事有关。准噶尔部乱藏，李凤彩随平准清军入藏，在藏留心考察当地风物，纂成《藏纪概》；子铭氏亦随军入藏，进行驻藏军队轮换，留心考察西藏历史、地理、风俗、人情等，纂成《西域全书》；还有一些在西藏或康藏地区驻守或转饷的军旅人员，参考《西藏志考》《西藏志》，再结合自身经历而编者，《西藏纪述》《西藏见闻录》《西域遗闻》皆属此类；《卫藏图识》则专为入藏平定廓尔喀之清兵了解藏情而编。近代以来，国门洞开，英俄觊觎西藏。有识之士编纂藏志，向国人介绍西藏的战略地位，提醒国人保国卫疆，黄沛翘《西

---

[①] 再修、三修《一统志》中仍设"西藏"篇，但沿用初修《一统志》内容，没有新增内容。

藏图考》、马吉符《藏政撷要》、邵钦权《卫藏揽要》、胡炳熊《藏事举要》、尹扶一《西藏纪要》、石青阳《藏事纪要初稿》、洪涤尘《西藏史地大纲》等均属此类。其间，帝国主义阵营中亦有从事藏志编纂，为侵藏做准备者，如日本人山县初男《西藏通览》等。

二、类目设置与藏事有关。清代几乎每一部藏志都设有"程站（程途）"类目。自内地进入西藏，有南北三条线路：由青海西宁入藏、自四川成都入藏、从云南昆明入藏。"程站（程途）"所记为清军入藏沿途所设驿站，并标明各站点间里程以及山川形势特点。部分藏志设有"粮台（台站）"，所记为清军入藏途中所设粮草补给站，如《西域全书》、嘉庆《四川通志西域志》《卫藏图识》等。此外，像"兵制""关隘""设隘边防""塘铺""镇抚"等类目所记更是与军事活动直接相关。

民国藏志之章节多数会提及英俄与西藏关系，如胡炳熊《藏事举要》之"二、西藏与俄英之交涉""四、西藏善后私议"，针对西藏问题提出筹边之策。尹扶一《西藏纪要》"第 16 章 民元中英关于西藏之交涉""第 17 章 森母拉之议程"，石青阳《藏事纪要初稿》"第四章 英国干涉西藏之经过"，吴忠信《西藏纪要》之"第九节 对外关系 一 英人在西藏之情形"；洪涤尘《西藏史地大纲》之"第七节 英俄帝国主义之侵略"等。

三、作者与藏事有关。汉文西藏方志编纂者基本为随军进藏人员、长期活动于进藏路途台站粮务官、驻藏大臣及关心藏事之有识之士。首部汉文西藏方志《藏纪概》，即因准噶尔部乱藏，清廷派兵剿准，李凤彩随军入藏；《西域全书》作者子铭氏乃因驻藏军队轮值而随军入藏；根据《西藏志考》《西藏志》等编纂的《西藏纪述》《西藏见闻录》《西域遗闻》，其作者张海、萧腾麟、陈克绳等是在西藏或康藏地区驻守或转饷的军旅人员；《卫藏图识》是马扬、盛绳祖专为入藏平廓之清兵了解藏情而编，二人应为军队文职人员。《藏政撷要》之马吉符、《卫藏揽要》之邵钦权、《藏事举要》之胡炳熊、《西藏纪要》之尹扶一、《藏事纪要初稿》之石青阳、《西藏史地大纲》之洪涤尘，均属于睁眼看世界的有识之士，英俄对西藏的虎视眈眈让他们忧心忡忡，希冀编纂图籍唤起政府、国人关注西藏，共谋守护边疆大计。

## 第三节 大多属于简志

与汉地方志相比，汉文西藏方志总体上都比较简略。表现之一，卷（章）数少、字数少。汉地方志少则数十卷，多则数百卷，而汉文西藏方志卷（章）数最多的《西藏通览》也仅18章，卷数最少的只有1卷，且这一类简志数量最多。其余2至8卷不等。

表现之二，多采用平目体。除民国汉文西藏方志普遍采用章节体外，其余基本上为平目体。这种结构形式将志书内容分为若干类目，各类目间平行独立，互不统摄。平目体是一种不成书的篇目形式，因其结构简单，比较适合内容单一、字数较少的志书。宋元以前应用较为普遍，直至清初仍较为流行，此后这类体式逐渐减少。清代汉文西藏方志普遍采用平目体，民国汉文西藏方志流行章节体，但仍有《卫藏揽要》、陈观浔《西藏志》、刘赞廷所编17种西藏图志采用平目体，皆与其卷数大都很少密切相关。

表现之三，结构不完备。一般而言，完整的志书结构应包括序、目录、凡例、图片、正文、跋等，且正文类目设置齐全，不应有大的缺项。汉文西藏方志结构完备者较少，多数有缺项。方志序跋是志书重要组成部分，可借此了解作者编纂意图、编纂经过，确定成书时间。

乾隆《西藏志》作为西藏方志史上十分重要的一部，既无纂者之序跋，亦无好友所作之序跋，仅有成书半个世纪后和宁将抄本雕版印刷时所作之序。

《西藏志考》《西藏考》《西藏记》《卫藏通志》《西招图略》、吴忠信《西藏纪要》、蓝世钲《西藏》、王维栋《西藏》等均无序跋；《西域遗闻》《西藏纪述》等缺少目录；除个别藏志外，绝大多数则无凡例；类目不全者，《西藏考》全书仅有3个类目，《西域遗闻》11个类目，胡炳熊《藏事举要》涉方志内容者仅6个类目，石青阳《藏事纪要初稿》涉方志内容者仅8个类目，蓝世钲《西藏》6个类目，王维栋《西藏》5个类目。

汉文西藏方志多数是私纂，而私纂受制于财力、人力，在材料搜集与编撰质量上不可避免地会受到一定程度的影响。如张之浚为《西域遗闻》所作序曾转述纂者陈克绳之言云"此余转饟时，所身历之途，目击之事，于风饕雪虐中，呵冻手录者。"以"呵冻手录"方式搜集的材料必然是杂乱零散的，不成系统，这个特点也直接决定了此书的体例只能选择平目体，而不适合讲求首尾贯通的纲目体。相较而言，官修方志因有足够的人力、财力支持，就有可能搜罗更为全面、详细的材料，编出的方志质量也有保证。

## 第四节 所谓"方志"

有一点不得不提，今天我们视为西藏方志的这些著作，当时作者或许并不这样认为。萧腾麟在《西藏见闻录》自序中谈到其搜集材料与撰写该书的经过："凡目之所睹，耳之所闻，躬之所践履者，辄笔之于纸，以志无忘。"萧腾麟写作此书也许是为了纪念在察木多五年督理台站的难忘经历。又如，《西招图略》序称，"因书二十有八条以叙其事略，复绘之图以明其方舆，名之曰《西招图略》，庶便于交代以口述之未尽者。"作为驻藏大臣，松筠编撰此书是为了将来就如何安边、固边等事宜向上级述职之用。再如，《卫藏图识》作者在凡例中明确指出"俾从军者便于检阅"，"未敢妄附志书之例"，作者希望编撰该书能有助于行军，但不敢声称是方志之作。

另外，这些著作的命名也与传统方志有别。汉地方志无论官修还是私纂，基本上是以"通志"冠于"省"之上或以"志"冠以"府、县"之上的方式命名，如《河南通志》《陕西通志》《曲阜县志》《亳州志》等，较为整齐划一。汉文西藏方志除《卫藏通志》《西藏志》等个别称"通志""志"外，绝大多数称名都比较自由，如"纪概""纪述""见闻录""考""记""遗闻""图说""图略""图识""全书""撷要""揽要""举要""纪要""大纲"等等，各有千秋。如果不是为了避嫌，那就是纂者本人并没有将其视为方志。

# 第八章　汉文西藏方志之比较研究

## 第一节 纵向研究

### 一、体例的变化

方志对一地之沿革、疆域、山川、风俗等各方面情况的记载必须要有一定的体例。方志的体例多种多样，从志书结构看，有平目体、纲目体、纪传体、编年体、三宝体、部类体、三书体、章节体等。汉文西藏方志采用体例见下表：

| 序号 | 方志名称 | 卷（章） | 编纂者 | 年代 | 体例 |
| --- | --- | --- | --- | --- | --- |
| 1 | 《藏纪概》 | 3卷 | 李凤彩 | 清代 | 平目体 |
| 2 | 雍正《四川通志·西域》 | 不分卷 | 黄廷桂、张晋生 | 清代 | 平目体 |
| 3 | 乾隆《雅州府志·西域》 | 不分卷 | 曹抡彬 | 清代 | 平目体 |
| 4 | 《西域全书》 | 不分卷 | 子铭氏 | 清代 | 平目体 |
| 5 | 《西藏纪述》 | 1卷 | 张海 | 清代 | 平目体 |
| 6 | 《西藏见闻录》 | 2卷 | 萧腾麟 | 清代 | 平目体 |
| 7 | 《西藏志》 | 不分卷 | 佚名 | 清代 | 平目体 |
| 8 | 《西藏志考》 | 不分卷 | 佚名 | 清代 | 平目体 |
| 9 | 《西藏记》 | 2卷 | 佚名 | 清代 | 平目体 |
| 10 | 《西宁府新志·武备志·西藏》 | 1卷 | 杨应琚 | 清代 | 平目体 |

续表

| 序号 | 方志名称 | 卷（章） | 编纂者 | 年代 | 体例 |
|---|---|---|---|---|---|
| 11 | 《卫藏图识》 | 4卷 | 马扬、盛绳祖 | 清代 | 纲目体 |
| 12 | 《西域遗闻》 | 1卷 | 陈克绳 | 清代 | 平目体 |
| 13 | 《卫藏通志》 | 16卷 | 和琳、松筠、和宁 | 清代 | 纲目体 |
| 14 | 《西招图略》 | 1卷 | 松筠 | 清代 | 平目体 |
| 15 | 嘉庆《四川通志·西域志》 | 6卷 | 常明、杨芳灿 | 清代 | 平目体 |
| 16 | 《西藏图考》 | 8卷 | 黄沛翘 | 清代 | 平目体 |
| 17 | 《西藏考》 | 1卷 | 佚名 | 清代 | 无目录 |
| 18 | 《西藏通览》 | 18章 | [日]山县初男 | [日]明治 | 章节体 |
| 19 | 《西藏新志》 | 3卷 | 许光世、蔡晋成 | 清代 | 章节体 |
| 20 | 《藏政撷要》 | 7章 | 马吉符 | 民国 | 章节体 |
| 21 | 《卫藏揽要》 | 6卷 | 邵钦权 | 民国 | 平目体 |
| 22 | 《西藏志》 | 不分卷 | 陈观浔 | 民国 | 平目体 |
| 23 | 《藏事举要》 | 4章 | 胡炳熊 | 民国 | 章节体 |
| 24 | 《西藏纪要》 | 18章 | 尹扶一 | 民国 | 章节体 |
| 25 | 《藏事纪要初稿》 | 6章 | 石青阳 | 民国 | 章节体 |
| 26 | 《西藏史地大纲》 | 2章 | 洪涤尘 | 民国 | 章节体 |
| 27 | 《西藏》 | 不分章 | 蓝世钲 | 民国 | 章节体 |
| 28 | 《西藏》 | 不分章 | 王维栋 | 民国 | 章节体 |
| 29 | 《现代西藏》 | 10章 | 法尊 | 民国 | 章节体 |
| 30 | 《西藏纪要》 | 2章 | 吴忠信 | 民国 | 章节体 |
| 31 | 《昌都调查报告》 | 不分卷 | 蒙藏委员会调查室 | 民国 | 章节体 |
| 32 | 《太昭县图志》 | 不分卷 | 刘赞廷 | 民国 | 平目体 |
| 33 | 《嘉黎县图志》 | 不分卷 | 刘赞廷 | 民国 | 平目体 |
| 34 | 《昌都县图志》 | 不分卷 | 刘赞廷 | 民国 | 平目体 |
| 35 | 《贡县图志》 | 不分卷 | 刘赞廷 | 民国 | 平目体 |
| 36 | 《武城县图志》 | 不分卷 | 刘赞廷 | 民国 | 平目体 |
| 37 | 《察隅县图志》 | 不分卷 | 刘赞廷 | 民国 | 平目体 |

续表

| 序号 | 方志名称 | 卷（章） | 编纂者 | 年代 | 体例 |
|---|---|---|---|---|---|
| 38 | 《科麦县图志》 | 不分卷 | 刘赞廷 | 民国 | 平目体 |
| 39 | 《硕督县图志》 | 不分卷 | 刘赞廷 | 民国 | 平目体 |
| 40 | 《同普县图志》 | 不分卷 | 刘赞廷 | 民国 | 平目体 |
| 41 | 《察雅县图志》 | 不分卷 | 刘赞廷 | 民国 | 平目体 |
| 42 | 《宁静县图志》 | 不分卷 | 刘赞廷 | 民国 | 平目体 |
| 43 | 《盐井县图志》 | 不分卷 | 刘赞廷 | 民国 | 平目体 |
| 44 | 《波密县图志》 | 不分卷 | 刘赞廷 | 民国 | 平目体 |
| 45 | 《九族县图志》 | 不分卷 | 刘赞廷 | 民国 | 平目体 |
| 46 | 《冬九县图志》 | 不分卷 | 刘赞廷 | 民国 | 平目体 |
| 47 | 《恩达县图志》 | 不分卷 | 刘赞廷 | 民国 | 平目体 |
| 48 | 《定青县图志》 | 不分卷 | 刘赞廷 | 民国 | 平目体 |

从上述48部汉文西藏方志统计结果来看，采用体例主要是平目体和章节体，其中平目体33部，占69%，章节体12部，占25%。清代汉文西藏方志基本采用平目体。平目体志书将内容分成若干类，平行排列，无纲统摄。此体在清代前期颇为流行，主要因朝廷将顺治年间河南巡抚贾汉复纂修的《河南通志》当作范式颁著天下，所以各地修志模仿贾志体例一时成为风尚。如《西域全书》将全书内容分为拉撒康卫全图、拉撒舆图、戎城全图、人物图形、历代事实、四至疆围、山川形势、寺庙名色、天时寒暑、土地畜产、年节时令、属相纪年、风俗好尚、衣冠饮食、婚姻嫁娶、夫妇配偶、生产养育、死丧孝服、疾病医药、占卜吉凶、交接礼仪、生易经营、居住房屋、刑法律例、封爵职衔、设委碟巴、兵防甲胄、设隘防边、文书征调、催科差徭、表章贡赋、招徕土地、历代碑记、台站粮务、略笔杂叙、考遗、道途全载等37目。清末黄沛翘《西藏图考》依然采用这一体例，全书分8卷：卷一西藏全图、沿边图、西招原图、乍丫图等，卷二西藏源流考、续审隘篇及内地程站考，卷三西藏程站考、卷四诸路程站附考，卷五城池、津梁、关隘、塘铺、山川、公署、寺庙、古迹、物产汇考，名山大川详考，卷六藏事续

考，卷七艺文考上、附奏议，卷八艺文考下、外夷附考。甚至在民国汉文藏志几乎全部采纳章节体的背景下，刘赞廷西藏诸县志仍坚持用平目体，可见这一体例适合编纂汉文西藏方志。不过这种体例的志书并列类目，无所统摄，缺陷是很明显的。

汉文西藏方志采用章节体是从《西藏通览》开始的。该书分为两编：第一编介绍西藏自然地理与人文风俗，"第一章位置境界广袤区分人口""第二章地势""第三章气候""第四章人种""第五章风俗""第六章政体""第七章宗教""第八章言语文字""第九章教育""第十章兵制""第十一章贸易""第十二章物产""第十三章工艺""第十四章寺庙""第十五章交通""第十六章都邑"；第二编介绍西藏历史及与中英俄关系史，"第一章史略""第二章西藏锁国之理由""第三章西藏探险者""第四章西藏与俄国""第五章西藏与英国""第六章西藏与清俄英之关系"。每一章又根据内容多寡细分为若干小节，如"第一编第二章地势"分为"山脉、河江、湖泽"等3节，"第五章风俗"分为"职业"等16节。尤其是"第六章政体"，划分为"西藏政府之组织"等11节，并且"第四节前藏政府"下再细分为"噶伦卜"等8个部分，形成层次分明的三级目录结构。受其直接影响成书的许光世、蔡晋成《西藏新志》，尹扶一《西藏纪要》等，均采用章节体，其他藏志也不约而同采用这一体例，遂使章节体成为民国西藏方志的主要结构形式。

## 二、类目（章节）设置的变化

汉文西藏方志以乾隆《西藏志》类目最有代表性。全志分为事迹、疆圉、山川、寺庙、天时、物产、岁节、纪年、风俗、衣冠、饮食、婚嫁、夫妇、生育、丧葬、医药、占卜、礼仪、宴会、市肆、房舍、刑法、封爵、头目、兵制、边防、征调、赋役、朝贡、外番、碑文、唐碑、台站、粮台、附录、程站等36目，类目设置较为齐备，其后成书的西藏方志，类目或增或减，然大体没有超过该志范围。

1840年，英帝国主义叩开中国大门，列强随之纷纷闯入。此后的西藏被英、俄、日等帝国主义环伺，危机重重，有识之士起而揭露并抨击英帝国主义侵占西藏的图谋。此时编纂的西藏方志，增加了西藏与中央之关系、西藏与英国之关系、西藏与俄国之关系等内容，及时反映了彼时的社会潮流。

1929年，国民政府内政部颁布了《修志事例概要》，其主要条款包括："旧志舆图，多不精确，本届志书，舆图应由专门人员以最新科学方法制绘精印，订列专册，以裨实用。"[1]"志书中应多列统计表，如土地、户口、物产、实业、地质、气候、交通、赋税、教育、卫生以及人民生活、社会经济各种状况，均应分年精确调查，制成统计比较表编入。"[2]全国各地方志的编纂因此有了理论指导和操作规范。刘赞廷所编纂的17种西藏诸县方志，明显受其影响。如《昌都县图志》共设置沿革、方位、治所、乡镇、粮赋、山川、道路、关隘、气候、地质、花果、森林、鸟兽、药材、矿产、垦殖、教育、寺院、商情、风俗、遗迹等21目。其余诸县中，除硕督县（12目）、嘉黎县（12目）、太昭县（12目）、九族县（16目）、冬九县（12目）、波密县（13目）等6县外，其余均为21目，且类目名称完全一致。这些类目与清代传统汉文西藏方志的类目既有相同也有不同。和《西藏志》比较，继承了诸如沿革、疆域、山川、物产、气候、风俗等类目，淘汰了封爵、头目、朝贡等过时类目，增加了乡镇、地质、矿产、垦殖、教育等反映近代实业和近代文明进展方面的新类目，及时体现了民国时期编纂方志的最新要求。

## 第二节 横向研究

成书于乾隆七年（1742年）的《西藏志》是清代最重要的一部汉文西藏方志，因其全盘接收了《西域全书》的材料，使其成为汉文西藏方志史上里程碑式著作。

---

[1] 赵庚奇编《修志文献选辑》，北京燕山出版社1990年，第125页。
[2] 赵庚奇编《修志文献选辑》，北京燕山出版社1990年，第125页。

更因其官撰性质，在公信力及传播范围方面具有巨大优势，对后起西藏方志编纂产生了极为深刻的影响，先后有《西藏记》等6部方志不同程度采撷其类目及内容。成书于乾隆元年（1736年）的《江南通志》，规模宏大，体例规范，结构科学，史料丰富，记述严谨，是江苏古代质量最高的省志，被《四库全书总目》称为良志，《续修四库全书提要》誉为名作。二书均成于乾隆初年，且皆属通志，笔者试将二书做比较研究，以见内地方志与西藏方志在编纂上的异同，以期更好地认识西藏方志。

### 一、编纂目的相同

雍正间，清世宗颁发谕旨，通令全国各省编修通志，以备《一统志》采摘，《江南通志》即因此而纂。《西藏志》亦因乾隆朝修《大清一统志》而呈送。

### 二、编纂组织不同

《江南通志》是官修志书。两江总督尹继善奉令征集人员，开局编纂。纂修分工方面，由尹继善领衔，总裁12人、协裁11人、提调6人、监理6人、协理24人、采辑24人、纂修12人、分修20人、参校7人、缮校31人、监局1人、督催1人、司局2人等，共157人，规模不可谓不大，且分工明确。《西藏志》虽属官修，实际上只是将子铭氏《西域全书》内容全盘接收过来，稍加剪裁便告完成，一二人即可胜任，两相对比，差距立显。

### 三、方志体例不同

《江南通志》为纲目体，全书序目1卷，包括：序、原序、目录、原修姓氏、纂修职名、凡例、《上江南通志表》。卷首4卷，包括：清世祖（顺治）、清圣祖（康熙）、清世宗（雍正）诏谕及御制。正文200卷，设舆地、河渠、食货、学校、武备、职官、选举、人物、艺文、杂类等 10：卷 1—48 舆地志：图说、建置沿革总表、星野、疆域、山川、风俗、城池、公署、关津、古都邑、古迹、坛庙、寺观。卷 49—66 河渠志：黄河、淮、江、海、运河、水利、水利治绩。卷 67—86 食货志：田赋、户口、徭役、漕运、关税、芦课、盐法、钱法、蠲赈、积贮、物产。卷 87—91 学校志：学宫、书院、试院。卷 92—98 武备志：兵制、江防、海防、驿传。卷 99—118 职官志：文职、武职、名宦。卷 119—137 选举志：进士、举人、荐辟。卷 138—189 人物志：名贤、宦绩、武功、忠节、孝义、儒林、文苑、隐逸、艺术、流寓、方外、贤淑、义烈、完节、贞孝。卷 190—194 艺文志：经部、史部、子部、集部。卷 195—200 杂类志：纪闻、禨祥、摭史纪事、辨讹。《江南通志》10 志 68 个门类，600 余万字。皇皇巨制，内容涉及自然、经济、政治、文化、社会、人物等各个方面。

《西藏志》采用平目体，设有：事迹、疆圉、山川、寺庙、天时、物产、岁节、纪年、风俗、衣冠、饮食、婚嫁、夫妇、生育、丧葬、医药、占卜、礼仪、宴会、市肆、房舍、刑法、封爵、头目、兵制、边防、征调、赋役、朝贡、外番、碑文、台站、粮台等 33 目，2.7 万余字。

平目体是一种简易方志体裁，适用于内容单薄的志书。有清一代，汉文西藏方志普遍采用平目体，这与诸志体量不大密切相关。与《江南通志》相比，《西藏志》在材料广度与深度上均逊色不少。同样记述一地风俗，《西藏志·风俗》先概述西藏在民风、饮食、服饰、生活习惯等方面的特征，再按绿马岭一带，昌都、春结一带，千巴尔极一带，羊卓白地、札什伦布、三桑一带，阿里、噶尔渡一带，哈拉乌素、达木一带等分述，将丧葬、衣冠等作为重点，全目 700 余字。《江南通志·风俗》先概说江南有修习诗书礼义的传统，然后按江宁府、苏州府、松江府、常州府、镇江府、淮安府、扬州府、徐州府、太仓州、海州、通州、安庆府、徽州府、宁国府、池州府、太平府、庐州府、凤阳府、颍州府、滁州、和州、广德州、六安州、泗州等 24 府（州）的次序，从好诗书、重礼义、风俗淳诸方面分别予以详述。全目 3600 余字，规模是《西藏志》的 5 倍。

四、记述重点不同。《江南通志》成书于乾隆元年，其时正值"康乾盛世"

鼎盛之期，乾嘉朴学盛行东南学界，该书以严谨的体例和周密的考订，成为古代"江南"地区的百科全书，尤详于水利、田赋、人物的记述。《河渠志》记述黄河、淮河、长江、海、运河，以及各府州县水利设施（《水利》）与水利治理活动（《水利治绩》）的历史，篇幅多达17卷。唐五代以后，江南逐渐成为全国经济重镇、天下著名"粮仓"。到南宋时，"苏常熟，天下足"已成为天南海北妇孺皆知的谣谚，编者遂专立《食货志》20卷，其中《田赋》门就有7卷，用以载录这方面的史料。汉魏以降，江南文化发达，人才辈出，历代政治家、文学家、艺术家、科学家、实业家、著名学者与能工巧匠，数不胜数。书中《人物志》共有52卷，卷数超过全书总卷数的25%，篇幅更超过全书的30%，充分体现了江南人文荟萃的特色。《江南通志》很好地反映了江南经济繁荣、文化发达这一特点。

  《西藏志》类目设置及记述内容极具西藏特色。如"婚嫁"载："西藏风俗，女强男弱，夫妇明媒正娶者少，多皆苟合，一家弟兄三四人只娶一妻共之"；"衣冠"载："西藏衣服冠裳多用毛氆氇……发不束不绾不梳，披垂肩后……左手带银钏名则笼，右手带砗磲圈名同箍，无论贫富必带之……贵贱不等皆项挂素珠一二串，自珊瑚青金砗磲磁器至木株者……"；"饮食"云："饮食皆以茶为主，入酥油、盐，搅之，饮茶食糌粑，或肉米粥，名曰土巴汤。其次，面果牛羊肉奶子奶渣等类。牛羊肉多生食……"；"丧葬"载："西藏凡人死，不论老少男女，用绳系成一块，膝嘴相连，两手交插腿中，以平日所著旧衣裹之，盛以毛袋，男女罗哭，用绳吊尸于梁，延喇嘛念经……其尸放二三日或五七日，背送剐人场，缚于柱上，碎割喂犬，骨于石臼内杵碎，和炒面搓团喂狗……每割一尸，必得银钱数十枚。无钱弃尸于水，其喇嘛则喂鹰"。西藏的衣冠、饮食、婚嫁、丧葬等风习与内地迥异，《西藏志》浓墨重彩予以记述，这亦是其特色所在。而中国大江南北，在此等风习方面差异并不大，抑或方志编纂者认为不值得记述，因此，内地通志及府县志通常不设此等类目，《江南通志》即无此类内容。

  最具西藏方志特色的是"程途"目。《西藏志》记载了15条入藏及出防路线：自四川成都入藏，自四川打箭炉霍耳至察木多，自察木多类乌齐入藏，自西藏至西宁，自西藏出防腾格那尔，自西藏出防玉树卡伦，自西藏出防纳克产卡仑，自西藏出防奔卡立马尔，自西藏出防生根物角，自西藏出防噶尔骨岔，自西藏至札什隆布，自札什隆布至前藏，自西藏至布鲁克巴，自松潘至西藏，自两河口至青海。由于西藏雪山重叠，江河难涉，高寒缺氧，交通条件极端落后，由内地进入西藏殊为不易。且多数汉文西藏方志由随军入藏人员编纂，兼具行军指南性质。因此，记录入藏路线，标记程站里数及食宿驿站，就成为汉文西藏方志最为重要的内容，绝大多数清代西藏方志均设置"程站"目。《江南通志》则无此目。

# 第九章 藏文西藏方志概述

由藏族学者编纂的藏文西藏方志，则要早于汉文西藏方志。"多罗那他于16世纪撰写的介绍后藏地区寺院分布及历史沿革的著作，可谓是现在我们知道的比较早的一部属于志书的著作，人们常常将该书称为《后藏志》。"① 明代则有《墨尔多神山志》、六世噶玛红帽系活佛却吉旺秋的《工布圣地志》等。到了清代，则出现了数量庞大的为宗教服务的寺庙志、地理志、行路指南等，这些是迥异于汉文西藏方志的类型。同时，亦与汉地的寺庙志不尽相同，却极具西藏特色，下面分别予以介绍。

## 第一节 寺志

寺志是专门记述寺庙地理、历史、圣物、圣迹等内容的志书。由于藏区佛教兴盛，大小寺庙林立，因此，寺志在藏文西藏方志中最为发达。较为著名的寺志有：五世达赖阿旺罗桑嘉措《大昭寺志》，空顿《布达拉志》，美杰成瓦与夏扎·旺秋杰布分别撰写的《桑耶寺志》、土观·洛桑却吉尼玛《佑宁寺志》、阿莽班智达·贡却坚赞《拉卜楞寺志》、色多·罗桑崔臣嘉措《塔尔寺志》、强巴喇嘛《四大寺院及上下密宗学院形成记》等。

从内容上看，寺志分为两种：一种是寺庙志，以记载寺院历史沿革、住持传

---

① 孙林《藏族史学发展史纲要》，中国藏学出版社2006年，第456页。

承和传记，还有寺院的组织、分属情况等为主要内容的志书，一般篇幅比较大。比如成书于公元1800年的《拉卜楞寺志》，全书24章，全面叙述拉卜楞寺的建寺、活佛系统的建立、法座的传承、分属寺院的历史和传规等，对于寺院相关宗教活动也有记录，印刷藏文本达576页，篇幅不可谓不大；一种是塔志，记述佛塔修建的缘起、经过以及所用财力、物力、人力等，主要是对先辈的纪念。其中，灵塔志是一种较为独特的志书。塔葬是藏族独有的丧葬风俗。藏传佛教高僧圆寂后，有火化和保存遗体两种处理方式。第一种，高僧火化后，弟子们修建灵塔，专门安放并供奉其骨灰；第二种，高僧圆寂后，其遗体经过特殊处理，放置于专门修建的塔内，即为肉身灵塔，五世达赖及其后历代达赖喇嘛遗体，即如此安葬。灵塔志大多内容单一，但因记载物件的神圣，故多倾注很大心血。也有些灵塔志，内容比较丰富，如第悉·桑结嘉措《五世达赖灵塔志》，藏文版有千余页。其他有代表性的塔志尚有索南僧格《扎什伦布寺灵塔志》，六世班禅《七世达赖喇嘛金塔志》等。因寺庙志是大宗，下面予以重点介绍。

从编纂主旨上看，"寺志不仅仅是为了介绍一寺一庙的具体情况，光显寺庙的名声，更主要目的是将寺志纂修视为弘扬佛教的重要方式。"[1] 在藏族僧人看来，佛教长盛不衰，得益于僧人聚集的寺院，而寺志不仅仅是让人们了解一座寺院的历史、地理，更主要是能使世人生起崇奉佛教的信念，从而找到解脱的路径。如洛桑却吉尼玛在《佑宁寺志》中所说："有人若得此书传，将会无尽勇气添，施尔一席洁净语，何愁舍内垢不干。"[2] 阿莽班智达·贡却坚赞《拉卜楞寺志》也说："愿这部大志使佛教的核心理义传播于世间各处，如日月照亮大千世界。"[3]

从体例上看，一般藏文寺志，除卷首的赞颂诗和卷尾的结束语外，主要包括三部分内容：一是寺院创建缘起；二是历任堪布或法台的生平及其对寺院的贡献；

---

[1] 刘凤强《论清代藏族的方志》，《历史文献研究》2014年第1期。

[2] 土观·洛桑却吉尼玛著，尕藏、蒲文成等译注《佑宁寺志（三种）》，青海人民出版社1990年，第51页。

[3] 阿莽班智达·贡却坚赞著，玛钦·诺悟更志、道周译注《拉卜楞寺志》，甘肃人民出版社1997年，第567页。

三是寺院所属佛殿、塔、佛像、典籍等。这是寺志的共同之处，在具体撰写时，不同寺志各具特色，结构并不相同。如《拉卜楞寺志》，全书分为7个部分：一是叙述第一、二世嘉木样生平；二是记载拉卜楞寺创建始末，包括时地之预言、诸相之昭示、伏藏重光、迎请嘉木样、初建宝刹5个方面；三是介绍寺院建立讲修制度的情况。除寺院创建时课程设置外，还详细介绍印藏五部大论即戒律、俱舍、因明、中观、般若等的传承；四是分别论述密续、密宗胜乐、密宗大威德、密宗音韵、时轮密宗、藏印医药学的产生与发展史以及拉卜楞寺密宗学院、时轮学院、医学院的建立与发展；五是叙述拉卜楞寺的诵经法规、罗汉供养、祈祷法会、供节及辨经等；六是介绍历任法台以及密宗院、时轮院、医学院法台；七是介绍拉卜楞寺的佛殿、佛像、佛塔及典籍等。《拉卜楞寺志》结构较一般寺志更详细完整，内容更丰富，包括了寺院的讲修制度、典章制度及密宗、历法、医学等的传承，这些是它较具特色之处。

## 第二节 地理志

地理志主要记述某一地区的地理概况，明代多罗那他的《后藏志》就是一部较为典型的地理志，清代则有章嘉·若必多吉《圣地清凉山志》、松巴堪布《南瞻部洲总志》、敏珠儿诺门汗的《瞻部洲志》、钦则旺布《卫藏道场圣迹志》《德庆山志及其传承世系》等。

西藏的地理志主要记载与宗教有关的遗迹、遗物、胜景及寺院。地理志与寺庙志的不同在于其不局限于具体的一地一寺，而是以一个地区，甚至整个人类的居住区域为对象来记述。比如《南瞻部洲总志》和《瞻部洲志》是从佛教的《阿毗达摩俱舍论》的理论来建构一个世界的地理、人种、国家、地区、物产、宗教等的构成分布及历史源流。这类著作在谈及西藏以外的地理时，臆想成分较多，历史价值不高。最有价值的则在述西藏的部分。其中所涉及的一些地理分类概念，还有作者所表达的对雪域高原的地理知识比较独特。《瞻部洲志》还增加了一些世界各大洲的知识。不过，该书涉及世界各地的记载，准确性并不高，有关风土人情的记载常有失实之处。在诸种地理志中，水准较高的当属章嘉·若必多吉《圣地清凉山志》与钦则旺布《卫藏道场圣迹志》。

《圣地清凉山志》对西藏宗教信徒长期景仰的山西五台山的历史沿革、地理状况、寺院分布以及著名高僧事业做了系统记述。作者利用了较多汉文史料，因此，对五台山的记载十分细致，小到山溪林木、草药奇石，大到山峰布局、古刹名寺均有述及。对五台山的高僧大德和历史名人的记载更为详细，当属藏文志书中记载汉地地理历史的杰出代表。

《卫藏道场圣迹志》作者钦则旺布曾广泛游历卫藏各地，遍访各处名寺古迹，沿途随时笔记，最后形成这部带有游历性质的地理志书。"该书篇幅不大，但对于卫藏大小寺院以及地名、方位的记录较为切实可靠，有关历史沿革和典故的记载以颇有学术价值，是一部比较重要的地理著作。"[①]

## 第三节 行路指南

行路指南类著作是指去印度或拉萨以及其他圣地的朝圣者所编的旨在指导行走路线、介绍宗教圣迹和道场的志书，与地理志类似。

行路指南按照内容可分为两类：一类是至境外地区和国家朝圣的指南，著名的有恰译师《印度指南》，拉唐译师《尼婆罗指南》《乌仗那指南》《金刚座指南》，满龙古鲁与曲吉觉尔登扎巴《香巴拉指南》，六世班禅《香巴拉指南》等；一类是到拉萨和其他佛教道场的指南，代表性的有《拉萨志晶镜》，噶脱司徒《圣地巡游》等。这类指南中，比较特别的是对于密教圣地香巴拉（又译香格里拉）的行路指南。《香巴拉指南》重点描写的是香巴拉的地理布局：其中心是大雪山，围绕此山形成的中心岭以2个圣湖、2个城堡及4条大河构成；在中心岭周围又

---

① 孙林《藏族史学发展史纲要》，中国藏学出版社2006年，第459页。

有形如莲花瓣状的 8 个岭，每个岭都有 12 个完美的城堡，最外部有轮围山环绕。香巴拉是传说中时轮乘的发源传承之地，它究竟在何处却没人能说得清。因此，《香巴拉指南》只是引导人们精神朝圣，并没有实际的地理指导意义。

总体来说，藏文西藏方志与内地志书有一定联系，但经过长期的编纂实践，又形成了自身的特色。藏文西藏方志在藏区之所以发达，与其实际功用密切相关。这些方志对于佛教信众和朝圣者来说，既是学习宗教的指导书，亦是朝圣的指南；对于寺院来说，撰写圣志、地理志等是光显寺院名声，扩展宗教影响力的重要手段。藏文西藏方志为宗教服务的功能，由此可见一斑。

# 附　录

## 一、《西藏志》抄本与刻本校勘举隅

今国家图书馆所藏乾隆抄本《西藏志》[①]，内容与刻本完全相同。目前无法确定这部抄本就是当年和宁据以刊刻的底本，但笔者以该抄本试校刻本《西藏志》，发现二者文字互异之处，抄本往往不误，则抄本有远胜刻本之处。由于刻本《西藏志》是以抄本《西藏志》为底本，而抄本《西藏志》全盘采录《西域全书》，笔者利用抄本《西藏志》以及《西域全书》对刻本《西藏志》展开了全面校勘，共辑得校勘资料近百条，兹条举如下：

1. 刻本《西藏志·事迹》："其国之始为君者，乃额勒特莽固礼之后，马克已之子纳礼藏布。"[②] 抄本作"马克扎巴"[③]，《西域全书》亦作"马克札巴"。据《西藏王统记》载："柱藏书《遗训首卷录》云，自天竺释迦日照族之法王阿育王出世，其后王裔世代相承至孪生子嘉森及马甲巴二人时，争夺王位不合。马甲王有三子，其最幼者颇具德相，未得王位，乃遵神指示，令其改作女装，流放至于藏地。布敦大师之《善逝教法源流史》谓此人……是一大圣哲具足德行者。以上

---

[①] 乾隆时抄本乃国家图书馆善本部所定。共四卷，卷之一事迹，卷之二疆圉等21篇，卷之三封爵等12篇，卷之四程途。

[②] 国家图书馆藏《西藏志》，乾隆五十七年刻本。

[③] 国家图书馆藏《西藏志》，乾隆时抄本。

诸种说法皆系同指聂赤赞普而言也。"① 马甲巴流放至藏地的幼子即日后成为西藏第一位藏王的聂赤赞普（纳礼藏布）。无论作"马克扎巴""马克巴"还是"马甲巴"，都只是译法问题，但作"马克已"显然是因形而讹，刻本误。

2. 刻本《西藏志·事迹》："苏隆藏干布又娶白国王之女为妾。"抄本作"白布国"。《西域全书》亦作"白布国"。又，刻本"寺庙"介绍"大召寺"时云："左廊有唐公主暨土蕃赞普并白布国王女塑像祀之"；"疆圉"有"西南至白布、卡契界"，均作"白布国"。"白布国"即今尼泊尔。② 刻本漏掉了"布"字。

3. 刻本《西藏志·事迹》："达赖喇嘛又化生于理塘地方，名曰噶尔藏嘉慕，青海蒙古称为呼必尔罕，蛮人称为申凹革桑姜错"。抄本作"甲凹革桑姜错"，《西域全书》亦作"甲凹革桑姜错"。藏语"甲凹"（rgyalwa，"凹"读作"wā"，亦有译作"嘉瓦"者）意为佛陀，唯有如同达赖喇嘛之最上层上师方能使用此尊称。和宁未能理解"甲凹"藏语之意，误作"申凹"。

4. 刻本《西藏志·事迹》：雍正五年，贝子阿尔布巴、公隆布鼐，台吉扎尔鼐等发生叛变。次年朝廷派各路兵马驰援。川兵方面，"命散秩大臣兼銮仪卫周瑛为正帅，化林协副将杨大立，夔州协副将张翌并游守各四员……"，抄本作"张翼"，《西域全书》亦作"张翼"。在《周瑛奏报川陕进藏官兵起程日期折》中，时任夔州协副将亦作"张翼"③。这份折子为周瑛上奏，张翼乃其部下，应不会写错。刻本作"张翌"，误。

5. 刻本《西藏志·事迹》：雍正十一年春，敕命在色拉、召之间札溪地方建立城垣，八月竣工。"重阳朔四月兵移驻札溪新城。"抄本作"重阳朔四日"，《西

---

① （元）索南坚赞著，刘立千译注《西藏王统记》，民族出版社2000年，第42页。关于西藏最初之王"纳礼藏布"（Gnah khri btsan po 亦译作"聂赤赞普"）身世来历，藏文史料中主要记载了三种说法：一天神之子入主人间说；二印度释迦王族王子说；三来自吐蕃波密地方说。《西藏王统记》采纳第二种说法。

② 任乃强《任乃强藏学文集》中册，中国藏学出版社2009年，第467页。

③ 中国藏学研究中心、中国第一历史档案馆等合编《元以来西藏地方与中央政府关系档案史料汇编》，中国藏学出版社1994年，第405页。

域全书》亦同。农历初一至初十为"朔",十一至二十为"望",二十一至三十日为"念"或"廿"。"朔"或"望"后接某日是一种纪日法。"重阳朔四日"即是九月初四日。刻本"事迹"篇尚有两处记载可以佐证:"雍正十三年夏四月,护送达赖喇嘛同章嘉呼图克图惠远起程,七月望二日抵召……十二月朔三日,颁赍世祖宪皇帝遗诏至藏。""七月望二日""十二月朔三日"的记载是正确的,分别指七月十二日、十二月初三日。刻本作"朔四月",误。

6. 刻本《西藏志·疆圉》:"康熙五十八年,永宁协副将岳钟琪斩迖哇蓝占巴、布木咱等九人。"抄本作"达哇蓝占巴",《西域全书》作"达娃郎章巴"。岳钟琪传记《岳襄勤公行略》载有"康熙五十八年,里塘喇嘛达哇蓝占巴等犯顺"[①]一事,也作"达哇"。"达"字繁体作"達",与"迖"极易混淆,刻本作"迖哇蓝占巴"系因形而讹。

7. 刻本《西藏志·疆圉》:"雍正三年,松潘镇总兵官周瑛勘定疆址,始定于南墩宁静山岭上为界,并建分界碑。岭东之巴塘、理塘属四川;岭西属西藏;其中叫察卡中甸属云南"。抄本作"其宗吽察卡中甸属云南",《西域全书》亦同。据《清实录·世宗实录》卷四十三载:雍正四年四月癸亥朔,议政王大臣等议复:"据川陕总督岳钟琪奏称:'巴塘系打箭炉之门户,久入川省版图。至中甸贴近滇省,久入滇省版图。附近中甸之奔杂拉、祈宗、喇普、维西等处虽系巴塘所属之地,而其界紧接滇省汛防,请改归滇省管辖。'应如所请。从之。" 实际上这里包含三处地名,分别为"其宗""吽察卡""中甸"。"其宗"(或"祈宗")即今维西县其宗区。"吽察卡"疑即"奔杂拉",即今德钦县奔子栏。在谭其骧《中国历史地图集》第八册清代云南地图中可以看到,这三处地方相距不远。刻本因形而误作"其中叫察卡",学者在征引此文时均作"其中叫察卡、中甸属云南",足见贻误之深。

8. 刻本《西藏志·寺庙》:"宗角……后为佛姊居住(即呼必尔罕之姊,雍正十二年病故)"。抄本作"雍正十一年病故",《西域全书》亦然。《七世达赖喇嘛传》

---

① 中国社会科学院清史研究室编《清史资料》第七辑,中华书局1989年,第54页。

记载：水阴牛年（即雍正十一年），"西藏传来噶桑卓玛死讯，喇嘛闻之"。① 则抄本所记不误，刻本误。

9. 刻本《西藏志·寺庙》："卡契园在布达拉西五里许劳湖柳林内，乃缠头回民礼拜之所。"抄本作"旁湖"，《西域全书》作"傍湖"。"旁"通"傍"，靠近也。布达拉宫往西五里，并无"劳湖"，只有"拉鲁湿地"，《西藏志》所谓之湖指的应是这片"拉鲁湿地"。今布达拉宫西三千米处，有一处回族园林"卡其林卡"（林卡即园林），即《西藏志》所提及的"卡契园"。该"林卡"与拉鲁湿地仅有一条马路之隔。刻本作"劳湖"，误。

10. 刻本《西藏志·寺庙》："有达赖喇嘛拣派黄教之呼图克图北萨楞布气居此。"抄本作"扎萨楞布气"，《西域全书》亦同。刻本"寺庙"同篇还有一处文字可与之互证："其呼图克图中之声名最著者，如西都楞布气、多尔吉拔姆、扎萨楞布气、三巴呼图克图、噶尔吗呼图克图……"，刻本系因形致误。

11. 刻本《西藏志·寺庙》："桑鸢寺，内供关圣帝君。传云：'唐以前其方多鬼怪为害，人民不安，帝君降圣除之，人始蕃息，土民建寺以奉之，称尊号曰草塞结波。'"抄本作"革塞结波"，《西域全书》亦同。关羽在藏地之形象，任乃强先生曾有记述："汉人呼格萨尔为藏关公，藏人呼关羽为贾格萨也。"② 贾察为汉人，"贾格萨"意谓关羽为汉地之格萨尔。徐国琼更直接指出"'革塞'即今译文用的'格萨'的谐音，'结波'为'国王'之意，'革塞结波'即'格萨王'。"③ 刻本因形而讹也。

12. 刻本《西藏志·天时》："藏地高下不一，寒暄各异，平壤则热，高平则冷，有十里不同天之语。"抄本作"高阜"，《西域全书》亦同。"高阜"即高山，平壤对高山，于文于理皆通，作"高平"不甚准确。

13. 刻本《西藏志·岁节》："初九日，大召内聚集各山寺喇嘛四万众，迎接

---

① 章嘉·若必多吉著，蒲文成译《七世达赖喇嘛传》，中国藏学出版社2006年，第113页。
② 任乃强《任乃强藏学文集》下册，中国藏学出版社2009年，第116页。
③ 徐国琼《格萨尔考察纪实》，云南人民出版社2013年，第180页。

达赖喇嘛诸佛登台。"抄本作"谒佛",《西域全书》亦同。关于达赖喇嘛"谒佛登台",石泰安《西藏的文明》记载云:"择日大诏内,聚集众山寺喇嘛,拥达赖喇嘛下山谒佛,登台讲大乘经,谓之'放朝'(使其自由)。"[1]"谒佛"即达赖喇嘛入大昭寺内拜谒释迦牟尼佛。刻本作"诸佛",不确。

14. 刻本《西藏志·婚嫁》:"亦通媒妁,惟富庶牒巴之家方有之,其余多苟合。如两姓各知子女好否,男家以一哈达托亲友一二人,云我有男,愿与某家女联姻。其亲友持哈达至女家,云某家有男,欲求汝女为妇,将哈达递上,彼此相乐。"抄本作"其媒",《西域全书》亦同。此段主要介绍西藏婚姻中媒妁说亲的形式。其程序是:首先,男方托亲友找到媒人,说愿与某女联姻;其次,媒人到女家介绍男方情况。若女方初步同意,则约定日子,媒人携男方再至女家,与女方亲友见面;再次,双方见面后,若对男方满意则饮其酒,交换哈达;若不同意,酒一滴不饮哈达亦不受。若按照刻本"亲友持哈达至女家,云某家有男"的记载,由男方亲友至女家提亲,又何须媒妁?"云我有男,愿与某家女联姻"应是男方托亲友转给媒人的话,而非让亲友将这段话转给女方。故刻本不确。

15. 刻本《西藏志·宴会》:"民间宴筵,男女同召,坐亦同坐,彼此相敬。歌唱酬答,竟日始散。散时,男女团聚,携手跌坐而歌之,至门外街中,歌唱而散。富者每月二三。"抄本作"跌足",《西域全书》亦同。"跌足"指盘膝而坐,佛教有"结跏趺坐"。"跌坐"指意外跌倒,文义不通。刻本因形而误。此外,抄本在"富者每月二三"后还有一句"贫者亦必一次云。"《西域全书》《西藏记》亦同。加上此句,文义更加完整,突出了藏族男女爱好歌舞的特点。

16. 刻本《西藏志·边防》,记汉藏驻防兵马,至九月雪封山径撤回,其后一句"休整,次年仍往,又设要卡数处"作小字,即正文之注也。此句与前文"九月雪封山径撤回"语意连贯,倘按注文处理则文意不顺,逻辑不通。抄本此句作大字为是。《西域全书》亦作正文。

17. 刻本《西藏志·外番》:"噶毕东鲁卜喇嘛卒,于是地土人民仍归诺彦

---

[1] [法]石泰安著,耿昇译《西藏的文明》,中国藏学出版社2005年,第240页。

林亲管辖，其不愿附之番民一百余户，奏明给与牛种安插商约之汪则地方。"抄本作"江则"。《西域全书》亦同。判断是"汪则"还是"江则"，可从分析文中提及的人物入手。诺彦林亲乃布鲁克巴族之首领。关于布鲁克巴的方位，《西藏志·外番》载："离藏西南约行月余，其罕诺彦林亲，乃红帽之传。南行月余，即天竺国界……外有噶毕一族，原系诺彦林亲所分者。"拉萨西南且靠近天竺界，其地即今之"江孜"。"江则"其实就是"江孜"，译名不同而已。刻本作"汪则"，误。

18. 刻本《西藏志·附录》："打箭炉四十里至折多山根，四十里至别始。"抄本作"剔如"，《西域全书》作"剔茹"。在清代文献中，"提茹"亦不时出现。心禅《西藏归程记》载："二十一日，由营官寨至安娘坝尖，折多塘宿。晓发，三十里至安娘坝……十里登山，二十里至提茹，有旅店、塘铺。"[①] 姚莹《康輶纪行》记载了其两次由川入藏行程。第一次所行路线是从成都出发，经新津、邛州、名山、雅州府、荥经、清溪至打箭炉。在此地休整后，越折多山，路经提茹、阿娘坝、阿松多……[②]"剔如"即"提茹"，刻本作"别始"乃因形而讹。

《西藏志》之讹误所在多有，限于篇幅不能尽考。以上仅就有代表性的略举十数例，其余列校记如下：

| 类目 | 刻本《西藏志》 | 抄本《西藏志》 |
| --- | --- | --- |
| 事迹 | 统召之南西泻 | 绕召之南西泻 |
| | 自唐而下，宋元之间，其国未闻 | 自唐而下，宋元之间，其国未开 |
| | 四川重庆镇总兵官任国学 | 四川重庆镇总兵官任国荣 |

---

① 心禅《西藏归程记》，中华书局1936年，第28页。心禅，具体情况不详，其于民国二年二月一日自拉萨出发，经川藏线行走，四月一日抵达成都，历时整整两月矣。此文为其归途日记。

② 姚莹撰，刘建丽校《康輶纪行校笺》，上海古籍出版社2017年，目录页。

续表

| 类目 | 刻本《西藏志》 | 抄本《西藏志》 |
| --- | --- | --- |
| 疆圉 | 近投副将岳钟琪于奔卡木地方 | 迎投副将岳钟琪于奔卡木地方 |
| | 过米噶拉山 | 过宋噶拉山 |
| | 由业党楮过铁索桥至千巴白尔极 | 由业党楮过铁索桥至干巴白尔极 |
| | 一由业尔奇木样纳山业郎地方 | 一由业尔奇木禄纳山业郎地方 |
| | 北通哈具得不忒尔 | 北通哈且得不忒尔 |
| | 由角子拉热正寺增项工至木鲁乌苏 | 由角子拉热正寺增顶工至木鲁乌苏 |
| 山川 | 东走四川，南达云南，西通西藏，北通青海，乃扼要之区。 | 东走四川，南达云南，西通西藏，北通青海，乃扼要之枢。 |
| | 立登三巴山，路陡有瘴，途长五十里。离巴塘一日。 | 立登三巴山，路陡有瘴，途长五十里。离巴塘[东]一日。 |
| | 察木多河分左右二江，有大木桥。 | 察木道河分左右二江，有大木桥。 |
| 寺庙 | 唐番和盟碑，厚约三尺 | 唐番和盟碑，厚约二尺 |
| | 殿内之佛像，名曰珠多吉 | 殿内之佛像，名明珠多吉 |
| | 禄康插木有一方池，上建八角琉璃亭，皮船通渡召，五世达赖喇嘛避暑处。 | 禄康插木有一方池，上建八角琉璃亭，皮船通渡，乃五世达赖喇嘛避暑处。 |
| | 哲蚌寺依山布立，层楼数重。 | 哲蚌寺依山布立，层楼数百。 |
| | 班禅乃金刚化生，第一世名桑吉年地楞桂，凡转生十三世，第十二世班陈罗藏吉坚鲁入觐。 | 班禅乃金刚化生，第一世名桑吉年地楞柱，凡转生十三世，第十二世班陈罗藏吉坚曾入觐。 |
| | 谚云：若无其子，则西番人当尽灭矣。 | 谚云：若其无子，则西番人当尽灭矣。 |
| | 色拉寺……圆亭数处……内有铁杵一枝。 | 色拉寺……园亭数处……内有铁杵一枚。 |
| | 热正寺，自东北二日角子拉上。 | 热正寺，召东北二日角子拉上。 |
| | 江巴林寺有掌教呼图克图二人，一名教巴喇戈喜丹奔俄木，一名拔巴丹奔姜错。 | 江巴林寺有掌教呼图克图二人，一名拔巴喇戈喜丹奔俄木，一名拔巴丹奔姜错。 |
| | 桑鸢寺……其地有查洋宗山，有洞高二千余丈。 | 桑鸢寺……其地有查洋宗山，有洞高二十余丈。 |
| | 设仓储巴一人，辨理地方事务 | 设仓储巴一人，办理地方事务 |

续表

| 类目 | 刻本《西藏志》 | 抄本《西藏志》 |
|---|---|---|
| 物产 | 洛隆宗南去二日有浪岩山 | 洛隆宗南去二日有浪宕山 |
| 岁节 | 上列"威剿除叛逆"五字 | 上刊"威剿除叛逆"五字 |
|  | 喇嘛装束神鬼诸妖 | 喇嘛装束神鬼诸天 |
| 纪年 | 或于月内摘去二日，即不呼此二三日。 | 或于月内摘去二、[三]日，即不呼此二三日。 |
| 风俗 | 男子有发，垢面不梳不沐 | 男子育发，垢面不梳不沐 |
|  | 女嫁则发纽细绳交顶上 | 女嫁则发搓细绳交顶上 |
|  | 男子帽高尺余，项缀纬制彷冬帽 | 男子帽高尺余，顶缀纬制彷冬帽 |
|  | 食奶茶、炒面、茶、马奶酒 | 食奶渣、炒面、茶、马奶酒 |
| 衣冠 | 夏戴绵帽 | 夏戴锦帽 |
|  | 居长穿大领无衩小袖衣 | 居常穿大领无衩小袖衣 |
|  | 画匠则以獭毛为笔 | 画匠则以猫毛为笔 |
|  | 过节令或公事，噶隆将发分作两股。 | 遇节令或公事，噶隆将发分作两股。 |
|  | 其形鸟兽，以两爪并嘴相擒掏一物状，名曰璜珰。 | 其形鸟兽，以两爪并嘴相掏噙一物状，名曰璜珰。 |
|  | 左耳坠金镶绿松石坠……右耳垂珊瑚坠。 | 左耳垂金镶绿松石坠……右耳垂珊瑚坠。 |
|  | 用李大珊瑚两颗，上下金镶，名曰工绸。身穿大领窄袖绸绿锦短衣，以水獭皮走边，袖口用五色缎各一条相接，前镶獭皮。 | 用李大珊瑚两颗，上下金镶，名曰工纳。身穿大领窄袖红绿锦短衣，以水獭皮走边，袖口用五色缎各一条镶接，前镶獭皮。 |
|  | 戴白圈帽如箭靫子边样 | 戴白圈帽如箭鼓子边样 |
|  | 自噶隆下至小民，手上俱带骨扳指；大领无衩褚巴，或布氆氇、绸缎等。 | 自噶隆下至小民，手上俱带骨扳指；[穿]大领无衩褚巴，或氆氇、绸缎[不]等。 |
|  | 上连珍珠珊瑚串，缀以银钩挂发上，名曰吞达；下以连珍珠珊瑚串。 | 上连珍珠珊瑚串，缀以银钩挂发上，名曰吞达；下亦连珍珠珊瑚串。 |
|  | 珍珠帽……以木作胎……周围满戴珍珠于胎上。 | 珍珠帽……以木作胎……周围满载珍珠于胎上。 |

续表

| 类目 | 刻本《西藏志》 | 抄本《西藏志》 |
|---|---|---|
| 婚嫁 | 其亲友持哈达至女家，云某家有男，欲求汝女为妇，将哈达递上，彼此相乐。 | 其亲友持哈达至女家，云某家有男，欲求汝女为妇，将哈达递上，彼此交换。 |
| | 项挂哈达拥新婿新妇绕街而游。凡在亲友门不延入。 | 项挂哈达拥新婿新妇绕街而游。凡至亲友门不延入。 |
| | 饮酒则团圆扶手，男女跌坐而歌。 | 饮酒则团团扶手，男女跌坐而歌。 |
| 夫妇 | 如种田、纺毛线、织辫子、当乌拉，人皆笑其无能。 | 如种田、纺毛线、织毪子、当乌拉，人皆笑其无能。 |
| 丧葬 | 其喇嘛则喂鹰，皆以火化筑塔。 | 其喇嘛则喂鹰，骨以火化筑塔。 |
| 医药 | 视其脉，以左手执病者之右手，右手执病者之左手，一时齐脉，不分先后。 | 视其脉，以左手执病者之右手，右手执病者之左手，一时齐诊，不分先后。 |
| 占卜 | 西藏占卜之术不一，有以青稞排挂抽五色毛线而占者。 | 西藏占卜之术不一，有以青稞排卦抽五色毛索而占者。 |
| 宴会 | 郡王前设矮方桌……牛羊肉或一腿或一大方，丰厚随时。两面铺长坐褥，前亦挨设矮桌摆列果食等类各半，郡王之半。 | 郡王前设矮方桌……牛羊肉或一腿或一大方，丰薄随时。两面铺长坐褥，前亦挨设矮桌摆列果食等类各减郡王之半。 |
| | 民间宴筵，男女同居坐亦同坐，彼此相敬。 | 民间宴筵，男女同召，坐亦同坐，彼此相敬。 |
| 市肆 | 皆贩自布鲁克巴、勒布天竺等处 | 皆贩自布鲁克巴、[巴]勒布、天竺等处 |
| | 其他藏茧、藏绸、毡子、氆氇 | 其他藏茧、藏绸、毡子、氆氇 |
| 刑法 | 若偷窃不道，将全家锁拿监内追比。 | 若偷窃大盗，将全家锁拿监内追比。 |
| 封爵 | 雍正六年，天兵诛叛定藏。 | 雍正六年，大兵诛叛定藏。 |
| 朝贡 | 其所进之物……卡契布 | 其所进之物……卡契刀 |
| 外番 | 藏之西南有巴勒布一区，天道和暖。 | 藏之西南有巴勒布一区，天道和暖。 |
| | 复蒙大主赐以生平未睹之异数，天恩远贲黄金满世界矣。 | 复蒙大主赐以生平未睹之异数，大恩远贵于黄金满世界矣。 |

续表

| 类目 | 刻本《西藏志》 | 抄本《西藏志》 |
| --- | --- | --- |
| 附录 | 宗里口子有一崖高约十五丈，以木搭梯，人往来行走，马不能通。 | 宗里口子有一崖高约十五丈，以木搭梯，人往来行走，马不能过。 |
| | 其白木戎有一王子住的房子，名曰劳丁宰，俱在山上，其先之王名叉多郎吉。 | 其白木戎有一王子住的房子，名曰劳丁宰，俱在山上，其先之王名叉多郎吉。 |
| | 局密郎结所管之地方内，纳噶尔汉、杂纳、额郎绸…… | 局密郎结所管之地方内，纳噶尔汉、杂纳、额郎纳…… |
| | 由西去十日尚属白木戎管辖，交西天界再行十日，始到小西天不尔牙王子住处。从此上海船，由海中行半月，即至大西天矣。 | 由西去十日尚属白木戎管辖，交[小]西天界再行十日，始到小西天不尔牙王子住处。从此上船，由海中行半月，即至大西天矣。 |
| 程站 | 成都府四十里至双流县，五十里至新津河。 | 成都府四十里至双流县，五十里至新津县。 |
| | 化林二十里至冷碛 | 化林三十里至冷碛 |
| | 咱吗纳洞五十里至大竹卡 | 咱吗纳洞五十里至火竹卡 |
| | 黎树五十里至阿窄拉塘 | 黎树五十里至阿布拉塘 |
| | 阿足五十里至谷家宗 | 阿足五十里至洛家宗 |
| | 乍丫三十里至两撒塘 | 乍丫三十里至雨撒塘 |
| | 恩达一百四十里至九合塘 | 恩达一百四十里至瓦合塘 |
| | 磊达六十里至马素江 | 磊达六十里至乌素江 |
| | 瓦七寨四十里至即寨堡 | 瓦七寨四十里至郎寨堡 |
| | 上八义五十里至汛马塘 | 上八义五十里至泥马塘 |
| | 吉马塘五十里至格葱 | 吉马塘五十里至林葱 |
| | 仲纳三巴六十里至约定同古 | 仲纳三巴六十里至纳定同古 |
| | 分小卡四处：库二塞、白兔山、齐岔河、泸右脑 | 分小卡四处：库库塞、白兔山、齐岔河、泸右脑 |

## 二、李梦皋《拉萨厅志》伪书考

《拉萨厅志》，李梦皋撰，作者生平事迹不详。据其自序，该书成于道光二十五年（1845年），《中国地方志综录》《中国地方志联合目录》均作为清代西藏方志予以著录。但是，房建昌《伪造的吴丰培先生所藏〈道光拉萨厅志〉手抄本》[1]以及赵心愚《道光〈拉萨厅志·杂记〉的有关问题及作伪证据》[2]二文，皆力证该志为伪，论据充分，几为定谳。然而，房文仅从《拉萨厅志·程站》一目展开辨伪，认为从拉萨到列城、从拉萨至达旺2条程站的记载抄自《西藏通览》；赵文亦仅以《拉萨厅志·杂记》一目为基础辩诬，认为"杂记"材料主要抄自《卫藏图识》与《西藏图考》，其说可商。笔者近来翻阅山县初男之《西藏通览》，发现《拉萨厅志》的材料基本来自前者。为能够对《拉萨厅志》的特点、价值进行更准确的认识与评价，笔者拟对《拉萨厅志》的材料来源进行全面、深入的分析。

### （一）抄录《西藏通览》的证据

《拉萨厅志》卷首有"拉萨厅疆域全图"及"城池图"各一幅。全文则分为两卷11目：卷上有沿革、疆域、城市、山川、寺庙、物产、风俗、道里等8目，卷下有艺文、著述、杂记等3目。这部自称撰成于道光年间的志书，其内容却与光绪末年成书的《西藏通览》[3]多所雷同，试举两例：

---

[1] 房建昌《伪造的吴丰培先生所藏〈道光拉萨厅志〉手抄本》，《西藏研究》2010年第6期。
[2] 赵心愚《道光〈拉萨厅志·杂记〉的有关问题及作伪证据》，《西藏大学学报》2014年第1期。
[3] 日人山县初男编撰的《西藏通览》，1907年在日本首次出版，1908年由四川西藏研究会组织编译，出版中译本。该书编次系统条理，内容十分详尽，是研究近代西藏政治、经济、军事、文化、宗教、对外关系等多个领域较为全面、价值较高的一部西藏志书。同时对近代西藏方志的编纂产生了较大影响，许光世、蔡晋成的《西藏新志》、陈观浔的《西藏志》以及尹扶一的《西藏纪要》等志书均效仿其体例抄录其内容。

例1 《拉萨厅志·寺庙》记大昭寺云：

> 大召寺在拉萨中，又名老木郎，唐代建，楼高四层，金殿五座，中大佛供觉释伽摩尼名，支那本部唐文成公主待随西藏。①

因该句有脱字有倒文，读之颇不通顺，但值得注意的是"支那本部"4个字。我们知道，甲午战争后日本始用"支那"一词蔑称中国，道光二十五年（1845年）成书的《拉萨厅志》这句话很可能源出《西藏通览》。该书"第十四章寺庙"记大昭寺云：

> 大召在拉萨大召内，名曰老木郎，为唐代中所建，高楼四层，上有金殿五座……中殿供大佛一，名觉释迦摩尼。相传彼自支那本部随侍唐之文成公主来至西藏。②

《西藏通览》语句通顺，旨意完整明晰：中殿所供大佛，名觉释迦摩尼，系随文成公主一同来藏。二书材料孰先孰后，不难分辨。《拉萨厅志》编者因为粗心，未能将"支那本部"4字删除净尽，留下了作伪痕迹。

例2 《拉萨厅志·道里》以拉萨为中心，记载了四条路线：向东，从拉萨至洛隆宗程站；向西，从拉萨至札什伦布程站；西北，从拉萨到拉达克列城程站；东南，从拉萨至达旺程站。前两条线路在以往西藏方志中有较多记载，后两条线路仅见于日人山县初男编纂的《西藏通览》。这两条路线实际上均是印度间谍南·辛格当年进出拉萨实地勘察的结果，后由印度测绘局工作人员绰特上尉记录成《班智达南·辛格从拉达克列城到拉萨的大西藏之行，经阿萨姆返回印度》，

---

① 李梦皋《拉萨厅志》，中国书店1959年，卷上第11页。
② [日]山县初男《西藏通览》，华文书局股份有限公司1969年，第207页。

山县初男将这两条路线编入《西藏通览》。① 下面以拉萨至达旺程站为例，比较《拉萨厅志》与《西藏通览》的记载：

| 程站 | 《拉萨厅志》 | 《西藏通览》 |
| --- | --- | --- |
| 拉萨 |  | 14 里 |
| 德庆 |  | 8 里 |
| 张珠 | 18 里 | 10 里 |
| 哥克哈尔拉 | 10 里 | 10 里 |
| 萨麻野孔巴 | 12 里 | 12 里 |
| 独木达 | 6 里 | 6 里 |
| 泽当 | 7 里 | 7 里 |
| 郑穆布 | 3 里 | 3 里 |
| 殊克雅休塘 | 9 里 | 9 里 |
| 必萨独库索 | 10 里 | 10 里 |
| 噶尔嘛拉克罕 | 6 里 | 6 里 |
| 达拉拉 | 9 里 | 9 里 |
| 噶尔乾 | 13 里 | 13 里 |
| 拉克张 | 11 里 | 11 里 |
| 由必 | 11 里 | 11 里 |
| 色拉萨 | 17 里 | 17 里 |
| 塘售 | 15 里 | 15 里 |
| 给巴 | 3 里 | 3 里 |
| 哥那城 | 3 里 | 3 里 |
| 蒙驼 | 5 里 | 5 里 |
| 札木克尔莫 | 9 里 | 9 里 |
| 珠乾 | 10 里 | 10 里 |
| 般岗 | 34 里 | 34 里 |
| 达旺 | 14 里 |  |

---

① 房建昌《〈西藏志〉所载清代后期入藏路线考》，《中国边疆史地研究》2010 年第 9 期。

《西藏通览》是按达旺至拉萨的程站顺序记叙，《拉萨厅志》则从拉萨记至达旺。虽然记录顺序相反，但程站名及里数完全吻合。这绝非偶然。是不是《西藏通览》抄录了《拉萨厅志》呢？应该不会。因为《西藏通览》不仅列出站名与里数，而且对每一驿站均有详细介绍。如记"哥那城"云："约三百余户，稍为繁盛，有石叠，颇为坚牢。地方官驻此，盖由拉萨所派遣者也。此地有温泉数所，温度约华氏九十一度乃至七十度，各所不一。由此经给巴村至塘售驿之路上高原，沿那拉牙母湖畔，湖长六里，广四里，冬季全湖结冰。"① 而《拉萨厅志》只有程站及里数，并且弄错了达旺的方位（达旺应在拉萨东南。《拉萨厅志》记作"拉萨东北至旺"）。所以房建昌认为《拉萨厅志》中的路程是抄录了《西藏通览》一书。②

### （二）抄录《西藏通览》的方式

《拉萨厅志》全文篇幅不大，对于《西藏通览》基本为截录，极少一字不差全文抄录。如《西藏通览》"第五章风俗"分为职业、衣冠、饮食、家屋、婚姻、生育、丧葬、占卜、医药、礼仪、宴会、哈达、护符及预言者、六字之陀罗尼祈祷筒 祈祷壁 念珠、祭祀节礼、历法等16小节，《拉萨厅志·风俗》依次选取了职业、衣冠、饮食、家屋、婚姻、丧葬、占卜、医药、祭祀节礼等9节，删去了生育、礼仪、宴会、哈达、护符及预言者、六字之陀罗尼 祈祷筒 祈祷壁 念珠、历法等7节。内容方面，对《西藏通览》删节也比较多，如《拉萨厅志·房屋》载：

> 房屋，土人、牧人各其构造。拉萨东至四川打箭炉沿道各地房屋皆石筑之，屋根扁平，覆土石以名碉房。至富家二层、三层、六七层皆有之。③

---

① ［日］山县初男《西藏通览》，华文书局股份有限公司1969年，第288页。
② 房建昌《伪造的吴丰培先生所藏〈道光拉萨厅志〉手抄本》，《西藏研究》2010年第6期。
③ 李梦皋《拉萨厅志》，中国书店1959年，卷上第6页。

相较之下,《西藏通览》记藏区房屋则要详明得多:

  土著人与游牧人家屋构造各别,自四川省打箭炉至拉萨沿道各地家屋俱用石砌成,屋根扁平,覆以土石,谓之碉房。自二层三层以至六七层,依贫富而各异。屋上有褴褛之纲翻舞风中,实有名之祈祷幢也。家畜圈居家中土间,人居则在其上。因寒威凛烈,故所开窗牖甚少,光线不甚明瞭,仅屋顶掘一小孔,阳光由此入,炊烟由此出。室内颇不洁净,异臭扑鼻,惟富人所居室中,必用雕刻彩画以为装饰。屋外壁上必画一寿星图像。碉楼叠石,如浮屠高峙,上下用梯,以坚硬铳丸击之不能伤也。如至山庄僻村之地,石居皆傍山建筑,以便樵汲。唯甲贡地方亦有用草盖者云。以游牧为业者,天幕即为居室,原野之间蔽以兽皮,居处其下,或以形似鱼网之犁牛毛组织成囊,用为天幕者,其形六角,称为黑帐房。蒙古种游牧民,多居住之拉萨境内,大家屋颇多,有可容数百人者。大召南之兴厦内,供铜锅一口,能容水百十余担(原注:一万一千余斤),大读经之际用以熬茶。①

  《西藏通览》从打箭炉至拉萨沿途房屋、藏区偏僻村庄两方面介绍了土著民房屋的外部结构特征以及内部装饰特点,并且对游牧民的黑帐房及蒙古游牧民的大家屋亦有详尽说明,记载不可谓不完备。反观《拉萨厅志》,只简要截取土著人家屋外形特征一段,寥寥数十言而已。

  再如,《西藏通览》"第一编第二章第一节山脉"记喜马拉雅与喀喇昆仑两座山脉,"第二节河江"记雅鲁藏布等5条江河,"第三节湖泽"记腾吉里等8个湖泊、牙母鲁克等5个池沼。《拉萨厅志》只采录其中有代表性的山脉江河。如"山川"目先记喜马拉雅与喀喇昆仑山,次记雅鲁藏布、澜沧、怒江及龙川等4江,次记腾吉里、布尔穆两湖,最后记牙母鲁克1池,江湖数量只有7个,远逊于《西藏通览》的18个。具体到某一山川时,文字亦大为缩减,如记雅鲁藏布河:

---

① [日]山县初男《西藏通览》,华文书局股份有限公司1969年,第63页。

雅鲁藏布河发源喜马拉亚山支流达木楚克巴布山，发起三源，会合雅鲁藏布河。折回东流小河，南流八百余里，东北桑里池，发敖水，合会那乌克藏布河，又东南鄡永河合流，稍东萨楚河，又东南翁楚河，又东式原底河满楚河会流，东北萨噶藏布河。由此无支流，或东北、西北、南等地方。①

相形之下，《西藏通览》所记雅鲁藏布河则甚为详备：

雅鲁藏布河自西东流，纵横全境，前后两藏皆其流域。其源发于喜马拉亚山支脉之达木楚克喀巴布山。凡有三源，合为雅鲁藏布河。折而东合小河，南流八里余。东北经桑里池，合数水与那乌克藏布河会。东南合鄡永河，再行稍东合萨楚河，又东南合翁楚河，东合式原的河满楚河。再东南合萨布楚河，东北合萨噶藏布河。自此或北或西北或东北或东南，与无数泉流会。

再东北经章拉则城之北与鄡宜楚藏布河会，东北过札什伦布城，北与年楚河会，自此或东北或东南，至日喀尔公喀尔城北噶尔招木伦河。自东北合诸水，西南流经拉萨来会合，而东南行更折向东及东南，纵横前藏东南部诸城间，约百余里，合年诸河，东向经母哈庙，北合底稚宗河而南，遂出西藏地，入于英领印度。通计长约一千八百英里。初发源时虽合细流无数，然不通舟楫。暨达于倾斜稍缓之地，流势渐舒，河身亦大。至涂都木寺近傍玛里阿木诸道相交处，土人始以小舟搭载货物往来其间。此地高拔海面约四千余米突，地球上可通舟楫最高之地未有如此河者。迨下流复入倾斜地险滩急湍奇岩怪石，不可胜计。普通小舟亦不能行，土人以兽皮蒙筏往来其江云。②

《西藏通览》除了记载雅鲁藏布江之发源、流经各地会合一众支流以及最终流入印度，还介绍了雅鲁藏布江的长度、特点、何处通舟楫等。《拉萨厅志》只

---

① 李梦皋《拉萨厅志》，中国书店1959年，卷上第2页。
② ［日］山县初男《西藏通览》，华文书局股份有限公司1969年，第44页。

截取雅鲁藏布江之发源以及一部分会合支流情况，截录相当随意，更遑论自成体系。

《拉萨厅志》在抄录《西藏通览》过程中，文字讹脱衍倒现象十分严重，许多语句不通畅，意思亦不完整，颇影响阅读，如"风俗"目：

> 工匠精巧，雕刻金银铜锡玉石珠珀。此物妇女首饰最爱，头戴翠玉。妇人刺绣，山水人物花卉等。花少年女子装束容貌秀丽。人民住户均尊喇嘛法王，总监管辖，生活为者，水草专牧畜从事，其农业从事。[1]

上面这段文字，因脱讹太甚，欲准确理解文意非常困难，反观《西藏通览》"职业"所载则明晰得多：

> 藏人职业因种而异。自尼泊尔布丹移住者多来拉萨，专以金银铜锡玉石等细工为业，所制作如缝箔金银铜锡珠玉诸器及妇女首饰等物，无不精巧绝伦，其雕镂人物花卉之象亦形神毕肖……又回回教人民自克什米尔移入拉萨者，亦属不少，其容貌秀丽可观……喇嘛法王设总监一，以统辖其全族人口……惟其大半尚为游牧生活，逐水草转徙四方，专以蓄殖畜牧为事，以农为业之土著民甚属少数。[2]

借助《西藏通览》我们知道，《拉萨厅志》中善于雕镂金银玉石多为尼泊尔移居拉萨者，容貌秀丽可观者多是自克什米尔移住拉萨的回教人民，管理人民的总监由喇嘛法王任命，专事放牧蓄殖的游牧民占大半，而以农业为生的土著民则极少。又，"风俗"云：

---

[1] 李梦皋《拉萨厅志》，中国书店1959年，卷上第6页。
[2] ［日］山县初男《西藏通览》，华文书局股份有限公司1969年，第58页。

> 拉萨人民善良，其性质过厚慈红，言行住实，思想亦且强壮勇悍，音乐舞蹈爱，故若之进取气象以，实完全称。然柔优，人服从易，自事为精神，喇嘛言所，是非问之，奉事法律如，敢之抗者。①

前一句尚能猜测大概，后一句完全不知所云，对照《西藏通览》，方才豁然开朗：

> 西藏人为地球上最善人民，其性质温厚仁慈，其言行信实可征，其思想高尚幽远，其身体强壮勇悍。爱音乐好舞踏，如再副以进取气象，实可称为完全国民。惟优柔过甚，每易服从他人，不能自行策厉，喇嘛一有所言，则不问是非，奉如法律，无敢反背。②

《拉萨厅志》将"温厚仁慈"错成"过厚慈红"，"信实"变成"住实"，"思想高尚幽远，身体强壮勇悍"竟错漏为"思想亦且强壮勇悍"，"实可称为完全国民"漏掉"国民"二字不说，语序亦颠倒。尤其后一句，几乎全部抄错。诸如此类谬误，《拉萨厅志》中比比皆是，其编纂之粗滥，不堪卒读。

### （三）抄《西藏通览》而非抄《西藏图考》《卫藏图识》

山县初男编纂《西藏通览》时所参考最重要的一部书为黄沛翘的《西藏图考》。其"第一章区划"截录自《西藏图考》卷五"前藏""后藏"，"第五章第二节衣冠""第三节饮食""第五节婚姻""第六节生育""第七节丧葬""第九节医药""第十节礼仪"全部引自《西藏图考》卷六"藏事续考·人事类"。《拉萨厅志》抄录的有没有可能是《西藏图考》而非《西藏通览》呢？赵心愚在他的文章中就提到，

---

① 李梦皋《拉萨厅志》，中国书店1959年，卷上第5页。
② ［日］山县初男《西藏通览》，华文书局股份有限公司1969年，第55页。

《拉萨厅志·杂记》材料有两个主要来源，即《卫藏图识》与《西藏图考》，① 却未提及《西藏通览》。我们先来看看《拉萨厅志》是否抄录了《卫藏图识》。《拉萨厅志·杂记》介绍西藏源流时云：

> 《汉书》记载，图伯特人，古代三苗种族。舜三苗三危窜，喀木印等地方。又汉士古代曰西徼称西戎或西羌。周平王东迁，前七百年后，西羌种族。秦始皇筑长城，前二百十四年，曰西羌。汉武帝西羌塞上居，种族番衍。晋怀帝时，至赤亭羌姚弋仲子姚长符秦灭其迹，再传刘裕宋为灭。盖西羌属百解稠族……②

关于这一段内容，赵心愚指出："将《卫藏图识·西藏源流考》内容与《杂记》文字比较，可发现后者实际上抄自前者。但不是照抄，而是做了一些删改与添加。"③ 我们来看《卫藏图识·西藏源流考》的记载：

> 西藏唐古忒即图伯物国，部落繁多。明统称乌斯藏，然溯其源，盖古三苗种也。舜徙三苗于三危。三危者，为喀木，为危，为藏。平王东迁后，羌逼诸夏杂居陇山，伊洛之间。秦始皇筑长城，汉武帝令居塞上，拒之曰西羌。晋怀帝时有赤亭羌姚弋仲者子苌灭符秦称帝袭号于长安，再传为刘裕所灭。盖西羌属凡百余种。④

《杂记》内容与《卫藏图识》相似之处确实不少，但与《西藏通览》相似度更

---

① 赵心愚《道光〈拉萨厅志·杂记〉的有关问题及作伪证据》，《西藏大学学报》2014年第1期。
② 李梦皋《拉萨厅志》，中国书店1959年，卷上第9页。
③ 赵心愚《道光〈拉萨厅志·杂记〉的有关问题及作伪证据》，《西藏大学学报》2014年第1期。
④ 马扬，盛绳祖《卫藏图识》，文海出版社1973年，第78页。

高。《西藏通览·史略》载：

> 据《汉书》所记，图伯特人者，古代三苗之种也。舜窜三苗于三危，以三危之地为喀木及藏之地也。又汉士古代称西徼之种族曰西戎或西羌。周平王东迁（西历纪元前七百年代）后，西羌种族通于汉土⋯⋯秦始皇筑长城（纪元前二百十四年）。汉武帝使西羌居于塞上（纪元前百三十年代），由是种族蕃衍于汉土。至晋怀帝时（纪元三百十年代）赤亭羌姚弋仲之子姚苌灭苻秦，袭其迹称帝号，居于长安。再传为刘裕所灭。盖西羌之属分百余种族。①

《杂记》与《西藏通览》文字表述几乎一致，且均提到"据《汉书》所记"，皆有"汉士古代称西徼曰西戎或西羌"一句，记周平王东迁及秦始皇筑长城均标明公元纪年⋯⋯以上这些内容皆不见于《卫藏图识》。所以，《拉萨厅志·杂记》抄录的是《西藏通览》，而非《卫藏图识》。

《拉萨厅志》是否也抄录了《西藏图考》？《拉萨厅志·杂记》最后两条材料记载的是乾隆末年廓尔喀再次侵藏，清高宗派官兵剿灭的经过：

> 五十六年，达赖班禅两喇嘛飞章急告卫巴忠，高奉命嘉勇公福康安，命将军超勇公海兰察参赞，屯练士兵，调进讨之。五十七，索伦兵三千名，金川各司兵五千皆集西藏，大清兵三千，稞麦七万石，牛羊二万余众，采买一年粮食，俱足。内地运输，连其屯界之贼，尽皆剿灭矣。②

赵心愚认为《杂记》该段内容"抄自《西藏图考》之《西藏源流考》"，③我

---

① ［日］山县初男《西藏通览》，华文书局股份有限公司1969年，第309页。
② 李梦皋《拉萨厅志》，中国书店1959年，卷上第11页。
③ 赵心愚《道光〈拉萨厅志·杂记〉的有关问题及作伪证据》，《西藏大学学报》2014年第1期。

们来看《西藏图考》的记载：

> 上知二人不足恃，乃命嘉勇公福康安为将军，超勇公海兰察为参赞，调索伦满兵及金川屯练土兵进讨。明年二月，将军、参赞由青海至后藏。闰四月，索伦兵二千、土屯兵五千并藏内官兵三千皆集。五月，连败其屯界之贼，尽复藏地。①

虽然二书所谈及的人物及事件基本相同，但文字表述上尚存一定差异。再比较《西藏通览·史略》的记载：

> 五十六年……两大剌麻飞章告急，侍卫巴忠扈驾热河，闻变畏罪自沉水死。时鄂辉为四川总督，成德为四川将军，因尽以罪委之巴忠，谓巴忠解唐古特语，故私议皆其一人所为已，二人不知也。及奉命赴藏剿御，又按程缓进。上知二人不足恃，乃命嘉勇公福康安为将军，超勇公海兰察为参赞，调索伦满兵及屯练土兵进讨其军……五十七年将军福康安等由青海至后藏。索伦兵二千，金川各土司兵五千皆集，并藏内官兵三千。共采买西藏稞麦七万石，牛羊二万余，足供万数千人一年之食。毋烦内地转运。五月，连败其屯界之敌，尽复藏地。②

《杂记》与《西藏通览》均有"两大剌麻飞章告急"之语，皆有"采买西藏稞麦七万石，牛羊二万余，供一年之食，无须内地转运"之语，这些内容不见于《西藏图考》。从三篇文字关联性来看，显然《拉萨厅志》与《西藏通览》关系更为紧密。

---

① 黄沛翘《西藏图考》，文海出版社1965年，第65页。
② ［日］山县初男《西藏通览》，华文书局股份有限公司1969年，第371页。

为进一步说明《拉萨厅志》抄录的是《西藏通览》而非《西藏图考》,[①]不妨再举几例。《拉萨厅志·寺庙》分别介绍了大昭寺、小昭寺、布达拉寺、色拉寺、别蚌寺、米堆寺、噶尔丹寺、木鹿寺、菊岗寺、招拉菊角山(笔者注:应为招拉笔洞山)寺、藏江寺、萨斯迦寺等12座寺庙,其记叙顺序与《西藏通览》完全一致。不过,后者记有24座寺庙,《拉萨厅志》只选取其中12座,删去12座。文字方面亦删节较大,但抄袭痕迹明显。如记色拉寺云:"大召北十里,山层楼,房屋参差,围墙内金殿三座,园亭数处,达赖喇嘛岁书读经一回。寺掌教呼图克图之主,喇嘛约五千",[②]这段材料本之于《西藏通览》:"色拉寺在召北十里,因山为趾,碉房层楼,参差高耸。围墙如廓,内有金殿三座,园亭数处。达赖喇嘛每岁至此读经一次。寺有掌教之呼图克图主持,其内喇嘛有五千人"。[③]《西藏图考》对西藏寺庙仅有百余字概要式介绍,并未逐一介绍重要寺庙的具体情况。此为《拉萨厅志》抄录《西藏通览》又添一证据。又如《拉萨厅志·祭祀礼节》载:"七月二十五日,宗喀巴成圣,各寺院窗棂墙壁间点点灯,其光照如白昼。"[④]此处所述宗喀巴成圣日燃灯习俗即燃灯节,应在藏历十月二十五日,非七月二十五日。《拉萨厅志》误记,概因抄袭《西藏通览》。《西藏图考》记载无误,为十月二十五日。又,《拉萨厅志·城市》胪列了得秦等29城,若加上拉萨为30城,与《西藏通览》"区划"所列前藏30城完全一致。然《西藏通览》在介绍诸城之前,有"前藏三十一城,以拉萨为首府"一句,说明本应有31城,所缺之札什城当是被山县初男漏掉。《西藏图考》纠正了《西藏通览》的错误,将札什城补上,所记即为31城。以上诸例都有力地说明,《拉萨厅志》参考的不是《西藏图考》而是《西藏通览》。

---

① 《西藏通览》凡例在"引用或参考之主要书籍"中提到了《西藏图考》,但又提到6种"可为参考者用的但未得见"的书籍,其中包括《卫藏图识》,说明山县初男没有看到更未引用后者。所以,这里只探讨《西藏图考》一书。

② 李梦皋《拉萨厅志》,中国书店1959年,卷上第4页。

③ [日]山县初男《西藏通览》,华文书局股份有限公司1969年,第216页。

④ 李梦皋《拉萨厅志》,中国书店1959年,卷上第8页。

## 余论

《拉萨厅志》共11目，其中9目内容与《西藏通览》有密切联系，[1]除了"艺文""著述"2目。"艺文"部分辑录了《刻方册藏经序》等21篇序、记、赞，皆明末金陵高僧德清所作。[2]李梦皋如此集中辑录一人的文章，或是出于对德清高僧学识的服膺。"著述"部分著录了67部佛典译著，包含卷数、作者或译者。这些佛典基本属于大乘经，如《佛说能断金刚般若波罗蜜多经》《佛说优填王经》等，均见于《乾隆大藏经》。但"艺文"及"著述"所录文章及著作，均与西藏无甚瓜葛，作者将其附于《拉萨厅志》后，令人费解。抑或李梦皋是对佛教有一定造诣的学者？然而，"著述"中很多佛经的卷数与译者都有问题。如"《普曜经》八卷，宝云撰"，[3]事实上，《普曜经》乃西晋竺法护所译，并且是"译"不是"撰"[4]；"《无量义经》一卷，智严"，[5]真正的译者为天竺僧人昙摩伽陀耶舍[6]；"《方等泥洹经》六卷，法贤述"，[7]实为"二卷，失译人名"。[8]

李梦皋自称《拉萨厅志》成于道光二十五年，事实是，该书主要由抄撮日人山县初男的《西藏通览》而成，成书当在1908年以后。因作者自署成书时间与实际成书时间不符，故认定其为伪书。如果伪书能提供作伪时代的史料，自有其

---

[1] 《拉萨厅志》亦偶有不见于《西藏通览》材料者，如卷首"拉萨厅疆域全图"及"城池图"；"疆域"之"（拉萨）东西广一千二百八十五里，南北九百七十五里"；"山川"之"昆仑山比喜马拉雅山高四百余丈"；"物产"之"药类：车前子、黄连、福寿草、红花、青果、茜菜、青杜木、菊花、金银花，菜蔬类：大葱、蒜、蕨荽、生姜、蕨菜"，等等，不知出于何处。

[2] 曹越主编《憨山老人梦游集》，北京图书馆出版社2005年。

[3] 李梦皋《拉萨厅志》，中国书店1959年，卷下第7页。

[4] 《乾隆大藏经》编委会编《乾隆大藏经》第35册，宗教文化出版社2010年，封面。

[5] 李梦皋《拉萨厅志》，中国书店1959年，卷下第7页。

[6] 《乾隆大藏经》编委会编《乾隆大藏经》第32册，宗教文化出版社2010年，封面。

[7] 李梦皋《拉萨厅志》，中国书店1959年，卷下第6页。

[8] 《乾隆大藏经》编委会编：《乾隆大藏经》第31册，宗教文化出版社2010年，封面。

价值。但《拉萨厅志》基本截取自《西藏通览》，未能提供第一手的材料，且因编纂态度不严谨，文字讹夺衍倒现象较为严重，因此文献价值有限。

## 三、《中国地方志联合目录》著录西藏方志指瑕

中国科学院北京天文台主编的《中国地方志联合目录》（以下简称《联目》）1985年由中华书局出版，收录1949年以前编修的历代地方志共8200余种，是迄今为止收录地方志最为完备的工具书。由于受时代所局限，《联目》错漏在所难免。笔者在从事西藏方志研究时，就发现《联目》存在漏收、错收及著录错误等问题，现一一指出，以供研究者利用和《联目》再版增补时参考。

### （一）应收而未收

#### 1.（清）子铭氏《西域全书》

根据《西域全书》自序约略可知，子铭氏，锦城（今成都）人，于壬子岁即雍正十年随军进藏。据《西域全书·历代事迹》载："雍正十年……副都统李柱、西宁镇周开捷特奉命统领四川督标中协副将张可才，游守各二员，兵一千名进藏，更换都统僧格、统领迈禄并永昌副将马纪师旧任川陕官兵。"[1]此为驻藏军队正常轮值，子铭氏应是此时随张可才之川军入藏。在藏期间，他留心考察西藏历史、地理、风俗、人情等，对西藏有了较为深入的了解，《西域全书》即在此基础上编纂而成。

全志共37目，分别为：拉撒康卫全图、拉撒舆图、戎城全图、人物图形、历代事实、四至疆圉、山川形势、寺庙名色、天时寒暑、土地畜产、年节时令、属相纪年、风俗好尚、衣冠饮食、婚姻嫁娶、夫妇配偶、生产养育、死丧孝服、

---

[1]（清）子铭氏《西域全书》，南京图书馆藏，抄本，四册，不分卷。

疾病医药、占卜吉凶、交接礼仪、生易经营、居住房屋、刑法律例、封爵职衔、设委碟巴、兵防甲胄、设隘防边、文书征调、催科差徭、表章贡赋、招徕土地、历代碑记、台站粮务、略笔杂叙、考遗、道途全载等。

《西域全书》是一众清代西藏方志编纂的母本，对西藏方志编纂的影响既深且广：《西藏志考》完全是在《西域全书》原稿本基础上编纂而成；《西藏志》则全盘抄录了《西域全书》增补本；《西藏考》有选择地抄录了《西域全书》的"外番""碑文""程站"等3目，内容全同。以上受《西域全书》直接影响的3部志书中，《西藏志》对后世影响最大，而佚名的《西藏记》，萧腾麟的《西藏见闻录》，杨应琚的《西宁府新志·武备志·西藏》，马扬、盛绳祖的《卫藏图识》，和琳的《卫藏通志》等一批志书的编纂不同程度地从《西藏志》中采撷材料，这些材料的共同远源即是《西域全书》。无论是材料的完备性（《西域全书》类目更全，内容更丰富），还是校勘的精良性（乾隆本《西藏志》文字谬误百余处[①]，《西域全书》则大体不错），《西域全书》都远胜《西藏志》。毫不夸张地说，《西域全书》奠定了清代西藏志书体例与内容的基本格局。正因其极高的文献价值，理应受到研究者重视。

### 2.（民国）吴忠信《西藏概要》

吴忠信（1884—1959），字礼卿，安徽合肥人。1905年毕业于江南武备学堂，在清军任管带，入同盟会。参加辛亥革命、二次革命和护法运动等。1927年起历任淞沪警察厅长，华北编遣委员会主任，安徽省主席等职。1932年8月任南京国民政府蒙藏委员会委员长。1940年赴拉萨主持第十四辈达赖坐床大典。1944年任新疆省政府主席。1947年任国民政府委员。1948年任总统府资政、秘书长。1949年去台湾，后任国民党中央评议委员、中央纪律委员会主任委员。

吴忠信于民国二十八年秋奉国民政府派遣，赴西藏主持第十四辈达赖坐床大典，"至二十九年夏，任务完毕，东返陪都，著有'入藏报告'一册。是书根据

---

① 杨学东《乾隆刻本〈西藏志〉校勘举隅》，《西藏民族大学学报》2018年第4期。

实地考察之结果,详述西藏史地、宗教、政治、经济、社会、文化、军事以及对外关系。"①据此,《入藏报告》成书时间当在民国二十九年(1940年)后不久。1953年由台北"中央文物供应社""重为印行,名曰《西藏纪要》"。该书反映的是20世纪三四十年代西藏的人文史地概况,理应将其归于民国西藏方志予以研究。

《西藏概要》共分三章:第一章中央与西藏关系之今昔、第二章奉派赴藏及在藏洽办各案之经过、第三章西藏现状之考察。其中第一章、第三章与西藏史志关系最为密切。第一章,没有像以往志书一样,溯源西藏与中央的历史,而是从民国建立以来20余年间说起,并将这段时期大致分为三个阶段:民元至十三辈达赖圆寂,即1912—1933年,此为藏中关系最恶劣时期;黄慕松入藏及其任蒙藏委员会委员长期内,即1933—1935年,此为藏中关系缓和期;吴忠信任蒙藏委员会委员长及奉派入藏,即1935—1938年,此时西藏主权已归中央。此前每部藏志,但凡涉及西藏历史,必定要从唐代溯源,千篇一律。《西藏纪要》这种省略过往历史、突出当下时代的有详有略的做法值得肯定。第三章西藏现状之考察分为11节,分别为:第1节西藏社会之特质、第2节宗教、第3节礼俗、第4节政治、第5节军事、第6节财政金融、第7节教育、第8节交通、第9节对外关系、第10节经济、第11节卫生及人口等,这一章内容与西藏地志密切相关。

《西藏概要》为作者在藏实地考察所得,多为独家材料,仅举一例。第三章第一节西藏社会之特质之"三、贵族专政"一段,作者将西藏之贵族称为世家,称有二百之数,并概括了西藏世家之渊源,即(一)地方原始土司有功于政府者;(二)历辈达赖之家属;(三)曾为噶伦以上官吏者;(四)其他富绅政府特许者。介绍20世纪三四十年代西藏贵族的数量及来源,这在西藏方志中尚属首次。在西藏方志材料重承袭少一手的情况下,该志显得弥足珍贵,文献价值颇高。

---

① 吴忠信《西藏纪要》,全国图书馆文献缩微复制中心1991年。

## （二）不该收而收

### 1.（清）段鹏瑞《巴塘盐井乡土志》

《巴塘盐井乡土志》涉及巴塘与盐井两个地方，先说巴塘。"清初，巴塘为青海和硕特部控制。康熙三年，巴塘属西藏管辖……康熙五十八年蒙古准噶尔部入侵西藏，清廷派定西将军噶尔弼进驻打箭炉，副将岳钟琪进军西藏，途中抵达巴塘。巴塘弟巴陀翁布率众来归。岳钟琪上奏清廷留陀翁布袭职，获'正土司'之称（俗称大营官），扎西次仁获得'副土司'之称（俗称二营官），管辖巴塘、得荣、盐井、中甸、阿敦子（德钦）等地。自此巴塘为清朝直接控制……雍正五年，勘定川、藏、滇边界，立界碑于宁静山，东属四川，南属云南，西属西藏，巴塘纳入四川版图……光绪三十二年，在巴塘实行改土归流，由朝廷派流官管理……光绪三十四年一月，正式成立巴安县，是为巴塘置县之始。七月，升巴安县为巴安府，辖定乡、盐井、三坝等县。"① 康熙五十八年以后，巴塘或属清廷，或隶川边，或归四川，均牢牢控制在中央政府手中。再说盐井。其东北与四川巴塘相邻，隶属情况与巴塘相似："明末清初受蒙古各硕特部管辖；清康熙三年，属西藏五世达赖辖地；康熙五十八年，清政府封巴塘第巴为土司，管理巴塘、盐井等地。至此，盐井始为巴塘土司之辖地；光绪三十四年改土归流，设盐井县，隶巴安府……民国二十一年（1933年）康藏《岗拖协议》签订后，盐井归属西藏地方政府；民国二十八年（1939年）一月，盐井划归西康省管辖……1951年11月成立盐井宗解委会，隶昌都地区解委会……1999年9月，经国务院批准，撤销盐井县建制，并入芒康县。"② 与巴塘仅在康熙三年（1664年）至康熙五十八年（1719年）期间归属西藏不同，盐井有3段时间隶属西藏：一为康熙三年至康熙五十八年，一为民国二十一年（1932年）至二十八年（1939年），一为1951年至今。

---

① 巴塘县志编纂委员会编纂《巴塘县志》，四川民族出版社1993年，第9—10页。
② 芒康县地方志编纂委员会编《芒康县志》，巴蜀书社2008年，第389页。

《巴塘盐井乡土志》自序云："予于光绪龙集丁未之岁，奉檄司榷其地。"① 编者段鹏瑞于"丁未之岁"即光绪三十三年（1907年）奉命赴巴塘盐井任职。又，《巴塘盐井乡土志》成书于宣统元年。据此，《巴塘盐井乡土志》主要反映的是光绪三十三年至宣统元年 3 年间巴塘盐井的风貌。综观光绪及宣统时期，无论巴塘还是盐井均不属于西藏，《联目》将其置于西藏方志之列，令人费解。笔者以为，《巴塘盐井乡土志》既不属于四川方志，也不属于西藏方志，而属于川边方志。正如吴丰培先生跋《巴塘盐井乡土志》时所言："不失为川边地志较优之作"②，这才是实事求是的态度。

**2.（民国）格桑泽仁《拉章扎西溪概况》**

《拉章扎西溪概况》系介绍甘南拉卜楞的寺庙志。寺庙志是藏族志书的特色，即围绕一座寺庙，记述其地理、历史、圣物、圣迹等内容，其与由汉人编纂的全面记录藏地史地风俗的汉文藏志迥然不同。编者格桑泽仁精通汉藏语言，故该志由汉文编成，但仍具有典型的藏族寺庙志特色。《联目》中仅《拉章扎西溪概况》一部是由藏人编纂的。其实，藏传佛教格鲁派其他几大寺庙亦曾编纂寺志，比如成书于 1645 年的五世达赖阿旺罗桑嘉措的《大昭寺志》，成书于 1800 年的阿莽班智达·贡却坚赞的《拉卜楞寺志》，1854 年成书的夏扎·旺秋杰布的《桑耶寺志》，成书于 1903 年的色多·罗桑崔臣嘉措《塔尔寺志》，等等。如果《拉章扎西溪概况》能够入列，其他寺志缘何不能？抑或将《拉章扎西溪概况》从《联目》中剔除，全书体例方能统一。

## （三）著录有误

1.《联目》载有民国陈观涛所纂《西藏通志》，纂者与书名皆不确。纂者应为

---

① 段鹏瑞编《宣统盐井乡土志》，江苏古籍出版社 1995 年。
② 吴丰培著，马大正等整理《吴丰培边事题跋集》，新疆人民出版社 1998 年，第 139 页。

陈观浔，书名应为《西藏志》。笔者曾见过陈观浔后人陈志明于1950年抄录的本子（巴蜀书社1985年版《西藏志》即是根据该手抄本编印），上面清楚写着：

  西藏志
  成都陈观浔酉生父著
  陈志明 写

因《联目》通篇用繁体排版，故"陳觀潯"因形似误作"陳觀濤"。至于书名，除了陈氏后人笔迹的证实，陈观浔在该书"总论"中亦有说明："旧志定名为《西域志》，盖沿《明史西域乌斯藏传》及《方舆纪要》《西域闻见录》之说。以今论之，似是实非……今撰《西藏志》，定以《西域志》名称，是犹解《禹贡》者，移远就近，以申己说也。"① 陈观浔认为，将"西藏"称为"西域"是错误的，更不能称西藏志书为《西域志》，他撰《西藏志》，不乏正名之意。巴蜀书社1985年版亦作《西藏志》。《联目》作《西藏通志》，非。

  2.《联目》载有民国石青阳编纂的《西藏纪要初稿》。根据国家图书馆所藏民国二十二年（1933年）油印本确定，石青阳所编之本正确题名为《藏事纪要初稿》，《联目》将"藏事"讹作"西藏"。

  3.《联目》记载，民国时期有两部同名为《西藏》的方志：一为蓝世钲纂，民国二十五年（1936年）晒印本，收藏于"民院"（原中央民族学院）；一为王维栋纂，亦为民国二十五年（1936年）晒印本，亦藏民院。乍一看，以为是两种不同的西藏方志。笔者曾亲赴中央民族大学图书馆古籍室查阅该书。该书分上下两册，上册署名蓝世钲，下册署名王维栋，故《西藏》乃蓝世钲、王维栋两人合作编纂，《联目》误记。

  4.《西藏概览》的编者，《联目》写作"孔庆宋"。"宋"实为"宗"之讹，应作"孔庆宗"。孔庆宗（1895—1981），重庆长寿县（今重庆市长寿区）人，1939年，

---

① 陈观浔编《西藏志》，巴蜀书社1985年，第2—3页。

任蒙藏委员会驻藏办事处处长。1950年为和平解放西藏，撰写《西藏概览》《尼泊尔、不丹、锡金与西藏之关系》供进军西藏团级以上干部参考。[1]

## 四、汉文西藏方志一览表

| 序号 | 西藏方志名称 | 编纂者 | 成书时间 | 主要版本或收藏地 |
| --- | --- | --- | --- | --- |
| 1 | 藏纪概 | 李凤彩 | 康熙六十年（1721年）至雍正五年（1727年） | 国家图书馆藏民国二十六年国立北平图书馆抄本<br>中央民族学院图书馆1978年<br>中国藏学出版社1995年 |
| 2 | （雍正）四川通志·西域 | 黄廷桂、张晋生 | 乾隆元年（1736年） | 四库全书本 |
| 3 | 雅州府志·西域 | 曹抡彬 | 乾隆四年（1739年） | 中央民族大学图书馆藏嘉庆十六年补刊本<br>成文出版社1969年<br>巴蜀书社2017年 |
| 4 | 西域全书 | 子铭氏 | 乾隆元年（1736年） | 南京图书馆 |
| 5 | 西藏志 | 佚名 | 乾隆七年（1742年） | 国家图书馆乾隆五十七年刻本<br>西藏人民出版社1982年 |
| 6 | 西藏志考 | 佚名 | 不详 | 中央民族大学图书馆藏抄本<br>国家图书馆藏抄本 |
| 7 | 西藏考 | 佚名 | 不详 | 仰视千七百二十九鹤斋丛书光绪中刻本<br>商务印书馆1936年 |
| 8 | 西藏纪述 | 张海 | 乾隆六年（1741年）后 | 国家图书馆藏渐学庐光绪二十年刻本<br>成文出版社1968年<br>中国藏学出版社1995年 |

---

[1] 四川省长寿县地方志编纂委员会编纂《长寿县志》，四川人民出版社1997年，第1171页。

续表

| 序号 | 西藏方志名称 | 编纂者 | 成书时间 | 主要版本或收藏地 |
|---|---|---|---|---|
| 9 | 西藏见闻录 | 萧腾麟 | 乾隆十一年（1746年） | 国家图书馆藏抄本<br>中央民族大学图书馆1978年 |
| 10 | 西宁府新志·武备志·西藏 | 杨应琚 | 乾隆十二年（1747年） | 国家图书馆藏乾隆十二年刻本<br>青海人民出版社1988年<br>青海人民出版社2016年 |
| 11 | 西藏记 | 佚名 | 乾隆十六年（1751年）或之后 | 龙威秘书乾隆五十九年大酉山房刻本<br>商务印书馆丛书集成初编1936年 |
| 12 | 西域遗闻 | 陈克绳 | 乾隆十八年（1753年）之后 | 禹贡学会1936年铅印本 |
| 13 | 卫藏图识 | 马扬、盛绳祖 | 乾隆五十七年（1792年） | 国家图书馆藏乾隆五十七年刻本<br>中国藏学出版社1995年 |
| 14 | 卫藏通志 | 和琳、松筠、和宁 | 嘉庆二年（1797年）后 | 浙西村舍光绪二十二年刻本<br>西藏人民出版社1982年 |
| 15 | 西招图略 | 松筠 | 嘉庆三年（1798年） | 国家图书馆藏道光二十七年刻本<br>西藏人民出版社1982年 |
| 16 | （嘉庆）四川通志·西域志 | 常明、杨芳灿 | 嘉庆二十一年（1816年） | 故宫博物院藏嘉庆二十一年刻本<br>巴蜀书社1984年<br>扬州古籍书店1986年 |
| 17 | 西藏图考 | 黄沛翘 | 光绪十二年（1886年） | 国家图书馆藏光绪十二年刻本<br>西藏人民出版社1982年 |
| 18 | 西藏通览 | [日]山县初男 | 1906年 | 四川西藏研究会宣统元年铅印本 |
| 19 | 西藏新志 | 许光世、蔡晋成 | 宣统三年（1911年） | 上海自治编辑社印本 |
| 20 | 藏政撷要 | 马吉符 | 宣统三年（1911年） | 民国二年铅印本 |

续表

| 序号 | 西藏方志名称 | 编纂者 | 成书时间 | 主要版本或收藏地 |
|---|---|---|---|---|
| 21 | 卫藏揽要 | 邵钦权 | 民国六年（1917年） | 国家图书馆藏民国抄本<br>成文出版社 1968 年 |
| 22 | 西藏志 | 陈观浔 | 民国十四年（1925年） | 巴蜀书社 1985 年 |
| 23 | 藏事举要 | 胡炳熊 | 宣统二年（1910年）至民国二十年（1931年） | 国家图书馆藏宣统铅印本 |
| 24 | 西藏纪要 | 尹扶一 | 民国十八年（1929年） | 蒙藏委员会编译室民国十九年印本 |
| 25 | 藏事纪要初稿 | 石青阳 | 民国二十二年（1933年） | 国家图书馆藏民国二十二年油印本 |
| 26 | 西藏史地大纲 | 洪涤尘 | 民国二十四年（1935年） | 国家图书馆藏民国三十六年印本 |
| 27 | 昌都调查报告 | 蒙藏委员会调查室 | 民国三十一年（1942年） | 中央民族大学图书馆 1942 年 |
| 28 | 现代西藏 | 法尊 | 民国二十六年（1937年） | 国家图书馆藏民国二十六年印本<br>东方书社 1943 年 |
| 29 | 昌都县图志 | 刘赞廷 | 民国三十四年（1945年） | 民族文化宫图书馆 1962 年油印本<br>四川民族出版社 2017 年 |
| 30 | 同普县图志 | 刘赞廷 | 民国三十四年（1945年） | 民族文化宫图书馆 1962 年油印本<br>四川民族出版社 2017 年 |
| 31 | 武城县志 | 刘赞廷 | 民国三十四年（1945年） | 民族文化宫图书馆 1962 年油印本<br>四川民族出版社 2017 年 |
| 32 | 贡县图志 | 刘赞廷 | 民国三十四年（1945年） | 民族文化宫图书馆 1962 年油印本<br>四川民族出版社 2017 年 |
| 33 | 察雅县图志 | 刘赞廷 | 民国三十四年（1945年） | 民族文化宫图书馆 1962 年油印本<br>四川民族出版社 2017 年 |
| 34 | 宁静县志 | 刘赞廷 | 民国三十四年（1945年） | 民族文化宫图书馆 1962 年油印本<br>四川民族出版社 2017 年 |

续表

| 序号 | 西藏方志名称 | 编纂者 | 成书时间 | 主要版本或收藏地 |
| --- | --- | --- | --- | --- |
| 35 | 盐井县志 | 刘赞廷 | 民国三十四年（1945年） | 民族文化宫图书馆1962年油印本<br>四川民族出版社2017年 |
| 36 | 科麦县志 | 刘赞廷 | 民国三十四年（1945年） | 民族文化宫图书馆1962年油印本<br>四川民族出版社2017年 |
| 37 | 察隅县图志 | 刘赞廷 | 民国三十四年（1945年） | 民族文化宫图书馆1962年油印本<br>四川民族出版社2017年 |
| 38 | 恩达县图志 | 刘赞廷 | 民国三十四年（1945年） | 民族文化宫图书馆1962年油印本<br>四川民族出版社2017年 |
| 39 | 硕督县志 | 刘赞廷 | 民国三十四年（1945年） | 民族文化宫图书馆1962年油印本<br>四川民族出版社2017年 |
| 40 | 嘉黎县图志 | 刘赞廷 | 民国三十四年（1945年） | 民族文化宫图书馆1962年油印本<br>四川民族出版社2017年 |
| 41 | 太昭县志 | 刘赞廷 | 民国三十四年（1945年） | 民族文化宫图书馆1962年油印本<br>四川民族出版社2017年 |
| 42 | 定青县图志 | 刘赞廷 | 民国三十四年（1945年） | 民族文化宫图书馆1962年油印本<br>四川民族出版社2017年 |
| 43 | 九族县志 | 刘赞廷 | 民国三十四年（1945年） | 民族文化宫图书馆1962年油印本<br>四川民族出版社2017年 |
| 44 | 冬九县志 | 刘赞廷 | 民国三十四年（1945年） | 民族文化宫图书馆1962年油印本<br>四川民族出版社2017年 |
| 45 | 波密县志 | 刘赞廷 | 民国三十四年（1945年） | 民族文化宫图书馆1962年油印本<br>四川民族出版社2017年 |
| 46 | 西藏 | 蓝世钲 | 民国十九年（1930年）后 | 中央民族大学图书馆藏 |
| 47 | 西藏 | 王维栋 | 民国二十三年（1934年）后 | 中央民族大学图书馆藏 |
| 48 | 西藏纪要 | 吴忠信 | 民国二十九年（1940年） | 台北"中央文物供应社"1953年全国图书馆文献缩微复制中心1991年 |